CAMBRIDGE LIBRARY COLLECTION

Books of enduring scholarly value

History

The books reissued in this series include accounts of historical events and movements by eye-witnesses and contemporaries, as well as landmark studies that assembled significant source materials or developed new historiographical methods. The series includes work in social, political and military history on a wide range of periods and regions, giving modern scholars ready access to influential publications of the past.

Rapport Historique sur les Progrès de l'Histoire et de la Littérature Ancienne Depuis 1789

In 1808, Napoleon I (1769–1821), emperor of the French from 1804 to 1815, commissioned a series of reports on the progress of scientific research since 1789. Published in 1810, this report on the current state of history and classical literature was edited by the French historian, philologist and colleague of Champollion, Bon-Joseph Dacier (1742–1833). The translator of Xenophon's *Cyropaedia* (1777) and other classical texts, Dacier was elected to the Académie Française in 1822. The report provides an introduction by Dacier himself and an overview of works published in Europe between 1789 and 1808. The remainder of the book was written by experts, such as the Orientalist Silvestre de Sacy (1758–1838) on oriental languages and literatures, and the architect Louis Visconti (1791–1853) on philology and antiquities. It also includes contributions on ancient, medieval and modern history, and on philosophy.

Rapport Historique sur les Progrès de l'Histoire et de la Littérature Ancienne Depuis 1789

Edited by Bon-Joseph Dacier

CAMBRIDGE UNIVERSITY PRESS

Cambridge, New York, Melbourne, Madrid, Cape Town,
Singapore, São Paolo, Delhi, Tokyo, Mexico City

Published in the United States of America by Cambridge University Press, New York

www.cambridge.org
Information on this title: www.cambridge.org/9781108038140

This edition first published 1810
This digitally printed version 2011

ISBN 978-1-108-03814-0 Paperback

RAPPORT HISTORIQUE

SUR LES PROGRES

DE L'HISTOIRE

ET

DE LA LITTÉRATURE ANCIENNE.

RAPPORT HISTORIQUE

SUR LES PROGRES

DE L'HISTOIRE

ET

DE LA LITTERATURE ANCIENNE

DEPUIS 1789,

ET SUR LEUR ÉTAT ACTUEL,

Présenté à SA MAJESTÉ L'EMPEREUR ET ROI, en son Conseil d'état, le 20 Février 1808, par la Classe d'Histoire et de Littérature ancienne de l'Institut;

RÉDIGÉ par M. DACIER, *Secrétaire perpétuel de la Classe.*

IMPRIMÉ PAR ORDRE DE SA MAJESTÉ.

A PARIS,

DE L'IMPRIMERIE IMPÉRIALE.

M. DCCC. X.

AVERTISSEMENT.

CE Rapport, que le Secrétaire perpétuel a été chargé de rédiger, est moins son ouvrage que celui de la Commission à laquelle la Classe avoit confié le soin d'en rassembler les matériaux, de les examiner, de les discuter, et de lui rendre compte de son travail.

Les membres de cette Commission étoient M. *Visconti*, pour la philologie Grecque et Latine et pour les antiquités ; M. *Silvestre de Sacy*, pour les langues et la littérature Orientales ; M. *de Sainte-Croix*, pour l'histoire ancienne ; M. *Brial*, pour la diplomatique et l'histoire du moyen âge ; M. *Lévesque*, pour l'histoire moderne ; M. *Gossellin*, pour la géographie ancienne ; M. *Pastoret*, pour la législation ; M. *Degérando*, pour la philosophie.

Le Secrétaire perpétuel doit ajouter qu'il a cru ne devoir presque rien changer à la rédaction de quelques-unes des parties de ce travail, et qu'elle est, à peu de chose près, dans le même état où elle lui a été remise par les Commissaires : il auroit craint, avec raison, de faire moins bien s'il avoit entrepris de faire autrement.

TABLE

Des principaux Articles qui composent ce Rapport.

FIN DE LA TABLE.

INTRODUCTION,

INTRODUCTION.

Sᴀ Mᴀᴊᴇsᴛᴇ́ ɪᴍᴘᴇ́ʀɪᴀʟᴇ ᴇᴛ ʀᴏʏᴀʟᴇ étant en son Conseil,

Séance du Conseil d'état, du 20 fevrier 1808.

Une députation de la classe d'histoire et de littérature ancienne de l'Institut, composée de MM. Lévesque, président; Boissy d'Anglas, vice-président; Dacier, secrétaire perpétuel; Silvestre de Sacy, Visconti, Pastoret, Gossellin, Degérando, Brial, Sainte-Croix, du Theil, Ameilhon, est présentée par S. Exc. le Ministre de l'intérieur, et admise à la barre du Conseil. M. Lévesque, président, adresse à sa Majesté le discours suivant :

SIRE,

Tᴏᴜᴛᴇs les sciences dont s'occupe la classe d'histoire et de littérature ancienne de l'Institut, et dont elle a l'honneur de présenter l'état actuel à votre Majesté impériale et royale, ont un centre commun, l'histoire : toutes concourent à lui préparer ses matériaux, et les moyens d'opérer; toutes ont fait des progrès successifs; et la critique, qui les éclaire toutes, est, en quelque sorte, une science de nos jours.

Littérature ancienne. A

L'histoire moderne, née en France à-peu-près en même temps que la monarchie, cultivée en France dans des siècles où par-tout ailleurs elle étoit muette, conserva la palme de l'art, ou la disputa constamment avec gloire dans les siècles de lumière. Mais, tout-à-coup réduite au silence par les troubles publics, elle sembla menacée d'être ensevelie sous les débris des institutions sociales. C'est à votre Majesté, SIRE, qu'elle doit sa renaissance ; et à peine a-t-elle recouvré la voix, qu'elle se montre digne d'être entendue, et capable d'énoncer, sous vos auspices, les plus saines maximes de la morale : déjà, s'exerçant sur des sujets moins mémorables, elle se prépare à célébrer dignement un jour le plus grand des règnes et la plus grande des nations.

SIRE, la classe a émis un vœu que son desir le plus ardent est de voir agréer, et qu'elle a chargé son président de déposer au pied du trône : c'est que ces jours à jamais mémorables dans lesquels votre Majesté daigne recevoir l'hommage des sciences, des lettres et des arts, et se faire rendre compte de leur situation et de leurs progrès, soient immortalisés par une médaille et consignés dans l'histoire métallique.

M. Dacier va, dans un discours succinct, esquisser l'état actuel et les progrès des sciences qui se rapportent aux travaux de la classe.

DISCOURS de M. DACIER, Secrétaire perpétuel.

SIRE,

ON a vu des souverains honorer et protéger les lettres, les encourager par leur munificence, leur consacrer de grands établissemens, pour en répandre et en perpétuer le goût et la culture; mais on n'en a vu aucun chercher à s'entourer de toutes les lumières, pour embrasser d'un coup-d'œil l'universalité des connoissances humaines, les apprécier dans leur ensemble et dans leurs diverses parties, juger de l'utilité dont elles peuvent être pour le bonheur et la prospérité de la grande société du genre humain: car elles doivent toutes tendre vers ce but; et si les sciences de calcul et d'observation ajoutent à nos jouissances physiques, et nous en font espérer de nouvelles pour l'avenir, les sciences morales exercent leur empire sur l'ame; elles l'éclairent, la dirigent, la soutiennent, l'élèvent ou la tempèrent; elles avancent ou conservent la civilisation; elles apprennent à l'homme à se connoître lui-même, et lui donnent dans tous les temps, dans tous les lieux, dans toutes les conditions, ce bonheur dont les autres sciences ne peuvent lui promettre que des moyens.

Cette vaste et magnifique conception, SIRE, étoit réservée au génie de votre Majesté; à ce génie tout-puissant qui plane sur la terre entière, et la domine par la pensée comme il pourroit la dominer par les armes.

Appelée à concourir à l'exécution de cette belle et noble

idée, la classe d'histoire et de littérature ancienne sent toute l'importance du ministère honorable que votre Majesté a daigné lui confier ; et quoiqu'elle en sente aussi toute la délicatesse, aucune considération particulière n'a influé sur ses jugemens : ils sont tous dictés par l'amour de la justice, par l'amour des lettres, et par l'ardent desir de remplir dignement, autant qu'il est en elle, les grandes ·vues de votre Majesté.

Il n'en est pas, SIRE, de la littérature comme des sciences exactes et naturelles, dont on peut, à chaque instant, connoître le véritable état et calculer les progrès ; l'état de la littérature ne peut s'estimer que par les ouvrages qu'elle produit : s'ils sont bons, elle se soutient ; s'ils sont médiocres ou mauvais, elle dépérit ou rétrograde ; s'ils sont excellens, elle fait des progrès. Ainsi le compte que la classe vient présenter à votre Majesté, n'est et ne peut être que le résultat de l'examen qu'elle a fait des ouvrages qui ont paru en Europe depuis 1789, et l'exposé des moyens les plus propres à entretenir ou à ranimer chacune des parties dont est composé ce qu'on appelle la littérature ancienne ; littérature qui est le modèle primitif et éternel du goût, du grand et du beau dans les lettres, comme les monumens de la sculpture et de l'architecture antiques le seront toujours de tous les arts du dessin.

Ce travail, qui auroit demandé un long espace de temps pour être médité et exécuté d'une manière digne du sujet, et, s'il est possible, digne du Héros qui l'ordonne, comprend, sous les titres généraux de *Philologie*, *Antiquités*, *Histoire*, *Langues et Littérature Orientales*, *Géographie ancienne*, la littérature presque entière, et l'indication des efforts qu'ont faits depuis vingt ans les hommes de lettres, François et étrangers, pour ajouter quelques pierres à l'immense et imposant édifice des connoissances humaines. La classe a cru qu'il étoit aussi de son devoir de joindre à son Rapport le tableau des travaux relatifs à la législation et à la philosophie, pour acquitter une portion de la dette de la classe des sciences morales et politiques, dont elle a recueilli en partie l'héritage.

Votre Majesté verra que, malgré les troubles politiques qui ont agité la France, elle n'est, jusqu'à présent, restée en arrière dans aucune des branches de la littérature; mais c'est avec un sentiment pénible que nous sommes forcés de lui faire apercevoir que plusieurs sont menacées d'un anéantissement prochain et presque total. La philologie, qui est la base de toute bonne littérature, et sur laquelle reposent la certitude de l'histoire et la connoissance du passé, qui a répandu tant d'éclat sur l'Académie des belles-lettres, que notre classe doit continuer, ne trouve presque plus personne pour la cultiver. Les savans dont les talens fertilisent encore chaque jour son domaine, restes, pour la plupart, d'une génération qui va disparoître, ne voient croître autour d'eux qu'un trop petit nombre d'hommes qui puissent les remplacer; cette lumière publique, propre à encourager et à juger leurs travaux, diminue sensiblement de clarté, et son foyer se rétrécit tous les jours de plus en plus. Faire connoître le mal à votre Majesté, c'est s'assurer que votre main puissante saura y appliquer le remède.

Cependant, SIRE, ces savans, gardiens fidèles du dépôt précieux des connoissances positives, et du temple consacré, par le temps présent, au temps à venir et au temps qui n'est plus, paroissent redoubler de zèle et d'énergie, a mesure que leur nombre diminue, et qu'ils approchent plus du terme de leur carrière. Quatre volumes des Mémoires posthumes de l'Académie des belles-lettres, qui paroîtront dans peu de temps, et auxquels ils ont eu une très-grande part, ainsi qu'aux deux volumes des Mémoires de notre classe, dont l'impression est commencée à l'Imprimerie impériale, en vertu d'un décret de votre Majesté, et que nous ne croyons pas indignes de faire suite à la riche collection des ouvrages de cette illustre académie, en offrent un témoignage incontestable. Il seroit, au besoin, puissamment confirmé par l'importante traduction du père de l'histoire, d'Hérodote, qui est devenu, dans notre langue, un trésor de connoissances aussi variées que profondes et peu communes; par l'Examen critique des historiens d'Alexandre-le-Grand, par la traduction d'Eschyle, le plus difficile des tragiques Grecs, ouvrages éminemment philologiques et critiques; et par une multitude d'autres qui sont tous extrêmement recommandables, et que nous indiquons dans notre Rapport.

Le langage des monumens, les inscriptions, cette partie de la littérature Latine qui doit transmettre d'une manière à-la-fois simple, noble et concise, à la postérité, les fastes du temps présent, vient de recevoir des règles plus sûres, et d'être rappelé à l'imitation des plus excellens modèles.

La science des antiquités a fait des progrès remarquables, dont une grande partie est due à la France. L'étude des monumens a répandu sur les études philologiques et historiques des lumières inattendues; et elle y a puisé en échange cette critique saine et éclairée, au moyen de laquelle la science des médailles a formé de nos jours un corps de doctrine. La paléographie Grecque et la paléographie Latine ont atteint un degré de perfection inconnu à nos prédécesseurs. L'archéographie, qui explique les monumens, a renoncé à ses chimères, et est devenue la dépositaire ou l'interprète fidèle des mœurs, des coutumes, des rites, des événemens et des arts de l'antiquité. Les restes admirables de la sculpture antique, que votre Majesté a déjà fait transporter et va faire transporter encore des bords du Tibre (1) dans sa nouvelle Rome, releveront l'importance de la science des antiquités, et en faciliteront de plus en plus les progrès. L'iconographie ancienne, excitée par un de vos regards, va remettre sous nos yeux les images trop long-temps négligées des grands hommes de l'antiquité, qui sont vos aïeux de gloire, et dont vous avez su conquérir et agrandir le sublime et immortel héritage.

La littérature Orientale, qui devoit déjà tant à la France, loin d'avoir été négligée, s'est enrichie de quelques découvertes et d'un grand nombre d'ouvrages utiles. Une nouvelle école établie pour l'enseignement des principales langues de l'Orient, la réunion d'une multitude de différens caractères Orientaux, qui place l'Imprimerie impériale à la tête des premiers établissemens typographiques de l'Europe, une nouvelle chaire de persan créée par votre Majesté au Collége de France, sont des bienfaits signalés pour cette littérature, et des gages certains de ses futurs accroissemens; mais ce qui sur-tout garantit ses progrès, c'est que votre Majesté a voulu qu'elle fût admise au concours pour les

(1) Les monumens du musée Borghèse.

grands prix décennaux institués par votre munificence.
Puissent encore les lettres lui devoir des éditions des meilleurs écrivains Orientaux, pour ouvrir à la jeunesse stu-
dieuse les sources de cette littérature, qui, jusqu'à présent,
n'ont été accessibles qu'à un trop petit nombre d'hommes!

C'est dans les caractères essentiels de la véritable philosophie, telle que Socrate et les sages de tous les siècles l'ont
enseignée, que nous avons cherché la règle nécessaire pour
apprécier le mérite des travaux dont cette science a été
l'objet; et nous avons été assez heureux pour trouver dans
différentes contrées, des écrivains qui ont su la conserver
dans toute sa pureté et la faire fructifier, et pour pouvoir
indiquer quelques perfectionnemens sensibles dans les
doctrines utiles aux bonnes mœurs; perfectionnemens qui
consolent des écarts imputés à la philosophie, mais désa-
voués par elle. Nous avons essayé de tracer le tableau des
révolutions qu'elle a éprouvées en Allemagne, et de présenter l'aperçu des services que lui a rendus l'école d'Écosse.
La France nous a offert deux principaux résultats : les lumières répandues sur l'analyse des idées et des facultés
humaines, et l'histoire de la philosophie, histoire qui manquoit jusqu'à ce jour à notre littérature.

Si les progrès faits dans les différentes sciences depuis
vingt ans sont dus en grande partie à tant d'hommes distingués que la France possède, dans la science de la législation on a dû presque tout aux lumières, à la prévoyance
active, à la sagesse et à la volonté ferme du Gouvernement.
Le Code Napoléon, ce code si digne du grand nom dont il
est décoré, a été donné à la France, et offert pour modèle
à l'Europe : des écoles ont été formées, et de nombreux

élèves

élèves y reçoivent d'utiles leçons; un code de procédure civile et un code commercial ont été publiés; un nouveau code criminel se prépare, et promet à la France un nouveau bienfait. Néanmoins nos jurisconsultes n'ont jamais cessé de travailler pour perfectionner la législation; et quelques-uns ont secondé, d'une manière utile, les hautes méditations du Chef suprême de l'Empire. Au moment même où le désordre de nos lois étoit à-la-fois la cause et l'effet de nos malheurs publics, les étrangers cherchoient dans des ouvrages précédemment publiés par des François les principes propres à améliorer la législation; et l'Allemagne, si riche en savans jurisconsultes, ne craignoit pas de donner cet exemple, et de traduire nos livres pour en féconder les travaux législatifs commandés par ses princes.

Nos codes ont produit subitement une infinité de commentaires, dont quelques-uns peuvent mériter le suffrage des hommes instruits. Le droit de la nature, le droit des gens, ont été pareillement cultivés; et des ouvrages élémentaires sont venus en faciliter l'étude. Les grands principes de la législation et de la morale publique ont été examinés dans leurs rapports nécessaires avec l'ordre social, et aussi avec les liens les plus étroits de la famille et de la cité.

En Allemagne, ainsi qu'en Angleterre et en Italie, plusieurs traités ont paru sur différentes parties de la législation; quelques-uns, mais en petit nombre, l'ont embrassée toute entière. Les lois civiles et politiques des Romains ont été l'objet spécial de plusieurs ouvrages publiés dans ces mêmes pays, et principalement en France, où, peu de temps avant la révolution, avoient paru quelques ouvrages sur les lois que Moïse, Zoroastre, Confucius, donnèrent

Littérature ancienne.   B aux Hébreux, aux Perses, aux Chinois, et sur celles que Mahomet donna par la suite aux Arabes. La France a encore répandu de nouvelles lumières sur les gouvernemens fédératifs de la Grèce. Ainsi aucune partie de la science des lois antiques et modernes n'a été abandonnée ; et dès qu'il a été permis de rattacher la législation aux principes fondamentaux, dont elle ne s'écarte pas sans danger pour le repos et le bonheur des peuples, on en a repris l'étude avec une ardeur qui promet de jour en jour de nouveaux succès.

Depuis la mort de d'Anville, dont les travaux fixent à-peu-près l'état où la géographie ancienne étoit parvenue à l'époque que nous examinons, plusieurs ouvrages publiés dans différens pays, et particulièrement en France, ont contribué à la perfectionner. Les opinions des principaux géographes de l'école d'Alexandrie, et le système entier de la géographie des Grecs, ont été tirés de l'oubli, et de l'espèce de néant où ils étoient plongés depuis quinze siècles. Le développement de ce système, en faisant naître des idées nouvelles, a donné de grands moyens pour étendre ce genre de connoissances si nécessaires à l'histoire, puisqu'elles servent à déterminer l'emplacement des lieux, et à circonscrire avec précision les contrées qui ont été le théâtre des événemens mémorables. Déjà un grand nombre de difficultés et d'incertitudes qui environnoient la plupart des discussions géographiques, ont été éclaircies; et cette science, si long-temps conjecturale, peut prétendre à se ranger désormais parmi les sciences exactes.

Plusieurs voyages en Europe, en Asie, en Afrique, entrepris pour visiter des contrées beaucoup mieux connues des anciens qu'elles ne l'étoient de nos jours, ont aussi contribué à étendre la sphère de nos connoissances en géographie ancienne. L'expédition glorieuse de votre Majesté en Égypte a fait connoître, dans ses détails, cette terre merveilleuse, qui rappelle toujours les plus étonnans souvenirs; et nos géographes ne tarderont pas à appliquer sur le nouveau plan qu'ils attendent avec impatience, toutes les connoissances que l'antiquité nous a transmises sur ce pays classique.

Plusieurs parties de la Grèce, et les environs du Bosphore, ont été levés avec le plus grand soin, depuis environ vingt ans. Cette belle opération jettera un nouvel intérêt et un nouveau jour sur les anciennes descriptions de ces rivages, dont trente siècles n'ont fait qu'accroître la célébrité.

Le Piémont, les Alpes, une grande partie de l'Italie mieux connus maintenant qu'ils ne l'étoient autrefois, ont offert de nombreuses découvertes aux géographes qui se sont occupés de l'état où étoient ces pays sous la domination des Romains.

Les côtes occidentales d'une portion de l'Afrique et la géographie de l'Inde, rectifiées dans un grand nombre de points, ont fait reconnoître les principaux lieux visités par les anciens navigateurs qui ont parcouru ces contrées lointaines pour les besoins du commerce.

La géographie ancienne a fait des progrès : la traduction de Strabon, ordonnée par votre Majesté, et le zèle de ceux qui cultivent cette science, lui en assurent de nouveaux.

L'histoire, cette grande institutrice du genre humain, ainsi que l'appelle Cicéron, n'a peut-être été cultivée par aucune nation autant que par la nôtre; et aucune n'a produit un aussi grand nombre d'historiens dignes d'être cités.

Pour trouver le premier anneau de la longue chaîne qu'ils forment, il faut remonter presque jusqu'à l'origine de la monarchie, jusqu'à Grégoire de Tours, qui écrivoit sous les petits-fils de Clovis; et le dernier anneau embrasse le temps présent. C'est à un François que l'Italie a dû la première histoire de Rome, écrite par un moderne : c'est aussi un François qui le premier a fait connoître aux Anglois leur propre histoire. L'époque que votre Majesté nous a fixée, a été glorieusement préparée et ouverte, en France, par une histoire de la vie privée des Grecs, de leurs mœurs, de leurs sciences, de leurs opinions, de leur philosophie, qui a été traduite dans toutes les langues et lue par toute l'Europe. Mais bientôt la France fut contrainte de renoncer à moissonner le sol qu'elle avoit cultivé avec succès depuis si long-temps : l'histoire, qui n'est plus elle-même quand elle cesse d'être libre, garda un silence de plusieurs années. Et comment auroit-elle élevé la voix, lorsque toute liberté fut comprimée au nom de la liberté? Elle se réfugia chez les nations voisines : elle inspira Muller, elle inspira Mitford, et prêta une partie de ses pinceaux à quelques écrivains déjà exercés à les manier et qui ont su s'en servir utilement.

Cependant, en France, quelques hommes de lettres continuoient, dans le silence de la solitude, leurs études et leurs travaux; et dès que les circonstances l'ont permis, on a vu paroître dans les collections de l'Institut un assez grand nombre de notices de manuscrits et de mémoires relatifs à notre histoire du moyen âge et à la diplomatique. Le quatorzième volume du recueil des Historiens de France a été publié par les ordres et sous les auspices du Gouvernement; le quinzième s'imprime, ainsi que le

quinzième volume du recueil des Ordonnances des rois de
la troisième dynastie Françoise. D'autres ouvrages du même
genre, qui ont été interrompus, attendent encore, à la vérité, des continuateurs; et nous sommes obligés d'avouer,
quoiqu'à regret, à votre Majesté, que nous ne pouvons
espérer qu'ils en trouvent tous, à moins qu'un de vos regards
puissans ne ranime ce genre d'études dans lequel la France
s'est illustrée pendant plus de deux siècles, et qu'elle paroît
aujourd'hui avoir presque entièrement abandonné.

L'Histoire de Russie, due à un François, a été augmentée
et perfectionnée dans une nouvelle édition; l'Histoire de la
république Romaine a été traitée dans des vues nouvelles;
celle du Bas-Empire a été reprise et s'achève. L'Histoire
des gouvernemens mobiles de la France et de ses longs
malheurs a été écrite avec un style et des couleurs convenables au sujet. Le Tableau historique et politique de
l'Europe pendant dix ans a été tracé avec autant de vérité
que d'élégance et de talent. Le Tableau des révolutions de
cette même partie du monde, qui vient de paroître, est un
livre qu'il sera utile d'étudier avant de lire l'histoire, et
d'avoir encore sous les yeux en la lisant; l'auteur a su éviter
la diffusion justement reprochée à quelques-uns de nos historiens : ils ne veulent rien perdre de leurs recherches; tout ce
qui leur a donné de la peine à trouver, prend à leurs yeux
de l'importance. Nos contemporains doivent être dans une
disposition d'esprit plus favorable que leurs devanciers pour
écrire l'histoire : ils ont vu tant de grands renversemens, tant
de grandes calamités, tant de grandes créations, de grandes
conceptions, de grandes actions, un si grand homme, que
tout ce qui ne sera pas véritablement grand leur paroîtra

petit. De tout ce qu'ils ont vu de grand, ils auront sans doute appris à voir grandement ; et quand on voit ainsi, on s'exprime toujours avec force, noblesse et concision.

Sire, les ordres de votre Majesté auront fait éclore un ouvrage d'un genre tout nouveau, dont l'intérêt et l'utilité s'accroîtront à mesure que les siècles s'accumuleront les uns sur les autres. Si Alexandre ou Auguste avoient fait constater par une réunion de savans l'état général des sciences sous leur règne, combien ce noble et important tableau auroit ajouté à leur gloire ! combien il auroit conservé de chefs-d'œuvre qui ont péri, parce que l'ignorance les a méconnus ! avec quelle ardeur on l'auroit parcouru dans tous les temps ! Il seroit encore aujourd'hui le premier de tous les livres classiques.

Celui que nous venons déposer au pied du trône de votre Majesté, nous n'en doutons pas, Sire, protégé par votre grand nom, sera préservé de la destruction et de l'oubli, et passera, malgré ses imperfections, à la postérité la plus reculée. Toujours il sera consulté avec empressement ; toujours il sera le point d'où l'on partira pour estimer les progrès ultérieurs de la partie si intéressante des connoissances humaines dont il présente l'état actuel ; toujours il excitera les hommes nés avec le desir de savoir, à les cultiver et à les accroître. Les générations futures, recueillant ainsi les fruits des grandes pensées de votre Majesté, partageront l'admiration et la reconnoissance dont la génération présente est pénétrée pour votre auguste personne ; et ces sentimens, Sire, se perpétueront d'âge en âge, et seront immortels comme votre gloire.

SA MAJESTÉ a répondu :

« Messieurs les Président, Secrétaire et Députés de la
» troisième Classe de l'Institut,
   » Je prends un grand intérêt à la prospérité des
» sciences, et j'en prends un tout particulier au succès de
» vos travaux. Vous pouvez compter constamment sur
» les effets de ma protection. »

Littérature ancienne.

RAPPORT

SUR

L'HISTOIRE ET LA LITTÉRATURE ANCIENNE.

PHILOLOGIE.

L'EXPÉRIENCE d'un grand nombre de siècles nous a prouvé que si les modèles du goût et de la perfection dans les lettres, modèles que nous devons aux Grecs, et aux Romains qui se sont, pour ainsi dire, identifiés avec eux, venoient à disparoître, la littérature des nations modernes s'égareroit et éprouveroit bientôt une décadence dont elle ne se releveroit peut-être jamais.

Ni la connoissance de l'homme, ni celle des règles de la grammaire et de la logique, ni les études de la nature, ne pourroient remplacer cette perte immense. L'art de bien écrire n'est pas une science exacte; il n'est pas non plus un art mécanique : les règles les plus certaines ne sont pour la plupart que négatives, et quelquefois les meilleurs écrivains s'en écartent. Ce qui fait le grand historien, le grand orateur, le grand poëte, est une espèce de mystère ; on ne peut s'en former quelque idée que par les exemples des ouvrages excellens. Les chefs-d'œuvre des langues modernes, produits tous ou presque tous par des hommes pénétrés du sentiment de ces antiques beautés, ne pourroient pas les remplacer. Ce beau original et pur s'affoiblit toujours dans la copie, et sa vive lumière perd nécessairement une partie de son éclat dans l'imitation. Les chefs-d'œuvre modernes sont quelquefois, à la vérité, plus réguliers et plus scrupuleusement soignés dans les détails que ceux des anciens : mais ils ne pourront jamais en tenir lieu ; et s'ils méritent eux-mêmes d'être cités à leur tour pour modèles, c'est sur-tout par la manière originale avec laquelle les écrivains ont su se rapprocher plus ou moins des grands modèles de l'antiquité.

Il en est des lettres comme des arts, cette vérité est généralement reconnue ; et tous les artistes dignes de ce nom s'accordent à penser que si les restes de la sculpture et de l'architecture Grecque venoient à se perdre, si les grandes collections de monumens antiques n'étoient pas l'objet continuel de l'étude de ceux qui s'appliquent aux arts, si les plâtres moulés sur l'antique n'étoient pas répandus dans tous les ateliers, les chefs-d'œuvre immortels des Raphaël, des Titien, des Michel-Ange, des Poussin, des Palladio, n'empêcheroient pas les beaux-arts de dépérir, ou du moins de descendre au niveau subalterne de l'école Flamande ; niveau auquel elle ne se seroit même jamais élevée sans l'influence médiate des anciens modèles, sur lesquels s'étoient formés les maîtres Italiens, qui ont donné, par ce moyen, aux Flamands, une idée moins bornée et moins imparfaite des arts du dessin.

La philologie, c'est le nom qu'on donne à l'étude approfondie des écrivains Grecs et Latins, n'a pas seulement l'avantage d'en perpétuer le goût et d'en conserver la pureté ; elle est encore la pierre fondamentale de la littérature ; elle est sur-tout indispensablement nécessaire à l'histoire : car

c'est

c'est à la philologie qu'est due la critique, ce flambeau sans lequel l'histoire se perd dans la fable ou dans le roman, cette lumière qui éclaire toutes les sciences morales, et sans laquelle la jurisprudence dégénéreroit bientôt en chicane, et la théologie en superstitions ridicules et absurdes.

Il est d'autant plus essentiel de bien faire sentir le mérite, l'importance et la nécessite de la philologie, que les dernières générations ne paroissent pas l'avoir assez appréciée. Dès que la France a eu de grands écrivains, elle a négligé les langues anciennes qui les avoient formés. Dès que la critique a eu ouvert un champ libre à la philosophie de l'histoire, la philosophie et le bel esprit ont traité de pédantisme les études qui avoient enfanté la critique et fécondé le génie des Corneille, des Bossuet, des Racine, des Pascal, des Fénélon, &c. dont les noms sont à jamais consacrés par la gloire. Presque aussitôt les sciences exactes et les sciences physiques, peu cultivées en France dans un siècle qui paroissoit ne trouver de charmes que dans la littérature, ont pris l'essor le plus rapide : leur attrait naturel ; la facilité d'acquérir, en s'amusant, quelques connoissances superficielles; la facilité même d'en acquérir d'assez profondes et d'assez étendues pour se placer au rang des maîtres, dans un âge où, pour l'ordinaire, on commence à peine à balbutier en littérature; enfin la mode, si puissante sur les François, ont fait que presque tous les esprits se sont tournés vers les sciences. Au lieu de se borner à croire qu'elles étoient utiles à beaucoup de choses, on s'est persuadé qu'elles étoient nécessaires à tout, et à tout le monde, et que l'étude des langues et des chefs-d'œuvre de l'antiquité étoit à-peu-près inutile, si elle ne l'étoit pas

Littérature ancienne. C

tout-à-fait; et, si l'on n'a pas osé s'élever contre la littérature nationale, on a du moins cherché à décréditer la littérature ancienne, sans faire attention qu'en tarissant la source du goût, qu'on ne peut remplacer par des théories, quelqu'ingénieuses qu'elles soient, on éteindroit toute bonne littérature.

Il ne falloit cependant pas remonter bien loin pour trouver dans l'histoire un exemple frappant de la nécessité où est une nation d'allier toujours à l'étude des sciences celle des véritables et antiques modèles du goût, et conséquemment la philologie et la critique. Les Arabes, loin de détériorer l'héritage des sciences, qu'ils tenoient de la Grèce et de Rome, l'avoient augmenté par des découvertes heureuses : mais, restés étrangers à la philologie ainsi qu'à la saine critique, leur histoire n'est qu'un ramas de contes puérils ou ridicules, remplis d'anachronismes grossiers qu'on pardonneroit à peine aux romanciers ou aux poëtes. Ils n'ont pas même tardé à introduire dans les sciences le goût des vaines subtilités et des recherches futiles qui devoient en amener la décadence; et leur littérature, quoique cultivée par un nombre immense d'esprits féconds et pleins de verve, n'a pu fournir aucun modèle aux nations civilisées.

Pourrions-nous craindre que le Gouvernement qui veut illustrer la France par tous les genres de gloire, laissât plus long-temps en souffrance une partie si importante de l'instruction nationale? Il traitera la saine littérature, la littérature considérée dans ses bases et dans sa source, comme il traite les arts; et tous les hommes qui en connoissent le prix, s'empresseront de répéter à l'envi cet éloge, qu'il mérite déjà à tant de titres : *Veteres revocavit artes.*

Les philologues les plus distingués du dernier siècle, quoiqu'inférieurs peut-être, par l'étendue de leurs études et de leurs travaux, aux Étienne, aux J. Scaliger, aux Casaubon, aux Saumaise et à tant d'autres hommes prodigieux, qui ont tous fleuri en France et qui ont associé pour toujours leurs noms aux noms les plus célèbres de l'antiquité, ont cependant un caractère particulier qui leur donne, sous certains rapports, quelques avantages sur les premiers. D'abord, leur critique est plus sûre, plus générale ; en second lieu, ils ont réuni à l'étude des langues et des livres celle des monumens ; et pour exceller dans la philologie, ils ont voulu être antiquaires. Cette réunion, dont les Spanheim, les Corsini, les Fréret, les Barthélemy, les Brunck, les Villoison, ont donné l'exemple, a été également profitable à ces deux parties de nos connoissances.

Fréret et Corsini ont sur-tout porté la critique à un grand point de perfection : l'histoire ancienne en a reçu de nouvelles lumières ; car la critique de l'histoire et même la chronologie sont presque entièrement fondées sur la philologie, et ont souvent besoin de la science des antiquités.

On peut regarder M. Larcher, membre de la classe, *Philologie Grecque.* comme le patriarche des hellénistes et des critiques François : sa traduction d'Hérodote, enrichie d'un grand nombre de remarques sur le texte, et réimprimée en 1802 avec beaucoup d'additions et de corrections importantes, est indispensablement nécessaire à tous ceux qui veulent bien étudier ce père de l'histoire. C'est un ouvrage éminemment philologique et critique : les savantes remarques du traducteur, ses observations géographiques et chronologiques, ses tables, mettent son Hérodote au rang des ouvrages les plus recommandables qui aiént jamais été faits sur les auteurs Grecs.

Le même savant a communiqué à la classe deux mémoires qu'elle a entendus avec un grand intérêt : dans l'un, il essaie de prouver que le discours attribué a Démosthène sur la lettre de Philippe, est apocryphe ; dans l'autre, il traite des périodes de l'ancienne chronologie Égyptienne, et particulièrement de la période caniculaire.

On ne peut parler des hellénistes et des philologues sans nommer M. de Sainte-Croix. Il sera fait une mention plus particulière de ses ouvrages dans l'article consacré à l'histoire ancienne : mais la philologie réclame sa part dans l'Examen des historiens d'Alexandre, que l'auteur a fait réimprimer en 1804, et qui suppose la critique la plus saine et la plus judicieuse. M. de Sainte-Croix a donné d'autres preuves de ses connoissances philologiques, dans un grand nombre d'excellens mémoires insérés dans le recueil de l'Académie des belles-lettres, dans plusieurs autres qu'il a lus à la classe, et dans la dissertation où il réfute avec le plus grand avantage le paradoxe hasardé sur les poëmes d'Homère par M. Wolf, savant très-distingué, dont il sera question à l'article des *Philologues étrangers*.

Un autre de nos confrères, M. du Theil, doit encore être placé parmi les plus fermes soutiens de la philologie Grecque et Latine. Plusieurs morceaux qu'il a publiés avec des remarques où règne la plus saine critique, entre autres, des pièces inédites de Théodore l'Hyrtacénien et de Théodore Prodrome, qu'on trouve dans le recueil des Notices des manuscrits de la Bibliothèque impériale, attesteroient suffisamment ses vastes connoissances philologiques, quand même il n'en auroit pas donné des preuves multipliées dans son édition du poëme attribué à Musée, et du Banquet de Plutarque, et sur-tout dans sa traduction d'Eschyle, qui a paru en 1796. Un ouvrage non moins important, dont on parlera encore à l'article de la GÉOGRAPHIE, c'est la traduction de Strabon, dont il s'occupe par ordre du Gouvernement, de concert avec MM. Gossellin et Coray, et dont le premier volume a été publié.

M. Ameilhon avoit déjà prouvé, par ses Mémoires sur la teinture dans les siècles reculés, combien cette partie de la philologie Grecque qui tend à pénétrer dans la connoissance des arts et des métiers chez les anciens, lui étoit familière : il en a fourni de nouvelles preuves dans différens morceaux imprimés dans le recueil des Notices des manuscrits de la Bibliothèque impériale, et notamment dans la notice qu'il a donnée d'un manuscrit Grec de la même bibliothèque sur les anciens chimistes, notice que peu d'autres savans auroient été en état de faire.

M. Lévesque, dont on retrouvera le nom dans plusieurs chapitres de ce Rapport, a publié, dans les Mémoires de l'Institut, des observations et des remarques savantes et judicieuses sur les trois poëtes Grecs dont il nous reste des tragédies, et sur Aristophane.

Les Mémoires de M. Bitaubé sur Pindare et sur quelques ouvrages d'Aristote et de Platon, qui sont insérés dans la collection des Mémoires de l'Institut, sont également dignes d'attention.

M. l'abbé Garnier, dont la classe regrette la perte, lui avoit communiqué de savans mémoires, également intéressans pour l'histoire de la philosophie et pour la littérature

Grecque et Latine, sur Corax, sur Panétius et sur les Offices de Cicéron, qui seront imprimés dans les premiers volumes de notre recueil.

M. Visconti a étendu la science des antiquités, en réunissant à l'étude des monumens celle de la philologie Grecque et Latine ; et la connoissance des monumens lui a procuré, en revanche, le moyen d'expliquer d'une manière nouvelle un grand nombre de passages obscurs des auteurs Grecs et Latins. Il a inséré dans ses ouvrages plusieurs épigrammes Grecques inédites, et il en a fait le premier connoître dix-neuf qui étoient dans le temple de Cyzique. Il n'en a publié que trois ; les autres ont été l'objet d'un travail de M. Jacobs, helléniste Allemand, dont nous parlerons bientôt. On doit encore à M. Visconti un bon ouvrage sur les deux poëmes Grecs connus sous le nom d'*Inscriptions Triopéennes*, que nous ne pourrons nous dispenser de rappeler à l'article des ANTIQUITÉS, parce que cet ouvrage n'appartient pas moins à la paléographie qu'à la philologie.

Quoiqu'en général les traductions ne doivent guère être regardées comme appartenant à la philologie, et que quelques-unes même, loin d'être utiles, ne présentent souvent que des erreurs à réfuter et de nouvelles fautes à corriger, nous ne devons point passer sous silence celles qui peuvent fournir quelques secours pour l'intelligence du texte, et lui servir de commentaire, parce que le traducteur en a bien saisi le sens et qu'il y a joint de bonnes remarques.

Telles sont la traduction de Thucydide, par M. Lévesque ; celle des Politiques d'Aristote, par M. Champagne ; de l'Histoire des animaux, du même philosophe, par feu M. Camus ; de quelques Dialogues de Platon, par M. Thurot ; de l'Iliade et de l'Odyssée, par M. Bitaubé; de l'Iliade seule, par Mgr l'Architrésorier; de Plutarque, par M. l'abbé Ricard; des Histoires diverses d'Élien et de la Cyropédie de Xénophon, par M. Dacier, secrétaire perpétuel de la classe, qui travaille maintenant à publier, dans les derniers volumes du recueil de l'Académie des belles-lettres, la traduction de quelques épigrammes choisies de l'Anthologie Grecque, qu'il a presque entièrement traduite et accompagnée de notes grammaticales et critiques qu'il n'a point encore fait imprimer; de plusieurs ouvrages de Xénophon, par M. Gail; d'Apollodore, par M. Clavier, juge à la cour criminelle du département de la Seine, ouvrage sur lequel nous serons obligés de revenir à l'article MYTHOLOGIE.

Jusqu'ici nous n'avons presque fait mention que de membres de la classe. Nous avons seulement indiqué M. Coray comme un des traducteurs de Strabon. Pour donner une juste idée des services que ce savant, né en Grèce et naturalisé en France, a rendus à la philologie Grecque, il suffit de citer les nombreux ouvrages qu'il a publiés: les Caractères de Théophraste, avec des corrections heureuses qu'il a faites au texte, et des remarques très-érudites; la traduction de l'ouvrage d'Hippocrate sur l'air, les eaux et les lieux, où il a fait un usage avantageux de ses connoissances philologiques réunies à ses connoissances médicales; les commentaires qu'il a joints au Traité de Xénocrate Aphrodisien sur la nourriture qu'on tire des animaux aquatiques, ouvrage publié à Naples par le docteur Ancora, et que les philologues et les médecins se sont également empressés d'accueillir; des notes sur Athénée, insérées dans l'édition que M. Schweighæuser a donnée à Strasbourg de cet écrivain ; l'édition d'Héliodore ; celle des Histoires diverses d'Élien, et de quelques fragmens de Nicolas de Damas ; enfin l'édition d'Isocrate, qu'il vient de donner. Ces trois dernières éditions sont accompagnées de savantes et nombreuses remarques écrites en grec.

A une grande distance d'âge, mais non de mérite, nous placerons M. Boissonade. Son édition des Héroïques de Philostrate est enrichie de notes bien écrites en latin, et qui prouvent qu'il n'a pas moins de goût que d'érudition et de critique. Il est à desirer qu'aucun obstacle n'arrête ce jeune érudit, et ne l'empêche de poursuivre la carrière dans laquelle il a débuté avec tant de succès. M. Visconti lui a fourni des notes sur quelques passages difficiles du texte de Philostrate. M. Boissonade fait maintenant imprimer Eunapius, auteur plus intéressant que Philostrate ; et il s'occupe en même temps de la traduction Françoise de Dion.

C'est à lui que M. Bast a adressé sa lettre critique sur trois auteurs Grecs, Antoninus Liberalis, Parthenius et Aristenète. Cette lettre, publiée à Paris, assure à M. Bast un rang distingué parmi les hellénistes et les critiques François : car il est né François, quoiqu'il soit conseiller de la légation du grand duc de Hesse. La littérature Grecque va lui devoir un ouvrage très-important ; c'est une édition d'Apollonius Dyscolus, un des plus érudits des grammairiens Grecs, dont il publiera plusieurs morceaux inédits qu'il a trouvés dans les manuscrits de la Bibliothèque impériale.

M. Chardon de la Rochette, helleniste très-recommandable par la justesse de ses critiques et l'étendue de ses

connoissances

connoissances bibliographiques, travaille depuis long-temps à donner une Anthologie Grecque dans laquelle se trouveront réunies toutes les épigrammes écrites dans cette langue. Les petits ouvrages qu'il a publiés, et les essais qu'il a insérés dans le Magasin encyclopédique, ne permettent pas de douter qu'il ne remplisse cette tâche difficile d'une manière digne de sa réputation.

On attend, avec intérêt, le texte jusqu'à présent inédit et la traduction de l'Histoire Grecque de Léon Diaconus, qui fait partie de l'Histoire Byzantine, et que M. Hase, employé à la Bibliothèque impériale, a traduite d'après un manuscrit conservé dans ce riche dépôt.

M. Clavier prépare une édition et une nouvelle traduction de Pausanias, auteur si intéressant pour les antiquaires, et que l'on connoît très-mal par la traduction de Gédoyn. L'édition de M. Clavier aura encore le mérite de contenir un grand nombre d'observations destinées à corriger le texte ou à l'éclaircir.

M. Gail, professeur au Collége de France, dont on a déjà fait mention, prépare une.édition du texte de Thucydide avec une version Latine, des notes et des variantes tirées de treize manuscrits de la Bibliothèque impériale : il vient de publier un essai satisfaisant de son travail. On attend pareillement de lui les Œuvres complètes de Xénophon, avec deux traductions, l'une Latine, l'autre Françoise, des variantes et des remarques, dont le dernier volume est sous presse. Ce savant laborieux et plein de zèle n'a cessé, depuis plus de vingt ans, de bien mériter de la littérature Grecque, soit par ses leçons qui en ont inspiré le goût à ses élèves, et qu'il n'a jamais discontinuées, même dans les circonstances les plus difficiles ; soit par les nombreux ouvrages, tels que traductions, éditions, abrégés, &c. qu'il a consacrés à l'instruction et dont on ne peut méconnoître l'utilité.

Dans les départemens, la ville de Strasbourg est presque la seule qui puisse fixer nos regards : elle possède M. Schweighæuser, un des plus célèbres correspondans de la classe, savant infatigable, qui a rendu des services également importans à l'histoire ancienne et à la philologie Grecque par ses éditions d'Appien d'Alexandrie et de Polybe, et par celle des Déipnosophistes d'Athénée, qu'il vient de publier en quatorze volumes, et qui est un des monumens les plus importans qui nous restent de l'érudition et de la littérature Grecque : il a enrichi cette édition, ainsi que les précédentes, d'un grand nombre de savantes remarques, dont quelques-unes lui ont été fournies par M. Coray et M. Boissonade.

Le fils aîné de M. Schweighæuser marche sur les traces de son père. On a inséré dans les Mémoires de l'Institut une note de sa composition sur un passage inédit des Commentaires de Simplicius sur Épictète, passage qui a éclairci un fait intéressant de la vie de Xénophon. Ses remarques sur la traduction des Caractères de Théophraste par la Bruyère contiennent des observations qui méritent d'être lues, même après celles que M. Coray et M. Schneider ont faites sur cet auteur Grec.

M. Mollevaut l'aîné, professeur à Metz, s'occupe d'un Dictionnaire Grec et François, à l'imitation du Dictionnaire Grec et Allemand de M. Schneider. Quoique persuadés qu'on ne peut devenir un helléniste très-habile sans savoir la langue Latine, nous sommes loin de penser qu'un pareil travail soit inutile, moins encore qu'il soit nuisible à la littérature Grecque. Ce qui nous paroît beaucoup moins louable dans le professeur de Metz, c'est la nouvelle orthographe qu'il a voulu mettre en usage dans son projet d'une édition d'Homère. Rien de plus condamnable dans l'étude et dans la pratique des langues anciennes, que ces innovations pour le moins inutiles, et qui ne sont le fruit d'aucune nouvelle découverte, d'aucun progrès de la science. Les grands hellénistes qui ont fleuri depuis trois siècles, connoissoient très-bien les motifs qui pouvoient autoriser ces innovations; mais, après les avoir pesés, ils s'en sont tenus à l'orthographe établie, qui présente, avec peu d'inconvéniens, un grand nombre d'avantages qu'on perdroit en la changeant. Ceux même qui ont paru desirer cette innovation, se sont bien gardés d'en donner l'exemple.

Tel est l'état de la philologie Grecque en France. Florissante à Paris, elle n'est presque pas cultivée dans le reste de l'Empire, si l'on en excepte Strasbourg. Elle a perdu, ainsi que la France, pendant l'époque dont nous parcourons l'histoire littéraire, deux hommes justement célèbres, dont il est à craindre que la perte ne soit bien longue à réparer; Brunck et d'Ansse de Villoison.

Le premier, l'un des critiques doués de la plus grande sagacité, du jugement le plus sain et du meilleur goût, a rendu à la littérature Grecque des services immenses par ses éditions de Sophocle, d'Aristophane, d'Apollonius de Rhodes, d'Anacréon, et des épigrammes Grecques sous le titre d'*Analecta.*

M. de Villoison, moins ingénieux et moins heureux dans ses conjectures, guidé par un jugement et par un goût moins

sûrs, mais aussi versé que Brunck dans la connoissance des
auteurs Grecs, et beaucoup plus dans celle des écrivains du
Bas-Empire et dans celle des monumens de l'antiquité, dont
l'étude l'a particulièrement occupé pendant les dernières
années de sa vie, s'est acquis, comme philologue, de grands
titres à la reconnoissance des hellénistes, par l'édition qu'il
a donnée des Scholies inédites sur Homère tirées d'un manuscrit de la bibliothèque de Saint-Marc à Venise ; par les
notes qu'il a jointes à son édition de Longus ; par son édition
du Dictionnaire inédit d'Apollonius le Sophiste ; par celle
du Dictionnaire historique de l'impératrice Eudoxie, pareillement inédit, et intitulé Ἰωνιὰ, ou *Jardin de violettes ;* par ses
Anecdota Græca, ses *Epistolæ Vinarienses,* ou Lettres de Wei-
mar ; ses Fragmens des anciennes versions Grecques de la
Bible ; sans parler de plusieurs autres opuscules moins considérables, mais qui supposent tous la plus vaste érudition.

Peu d'hommes s'occupent maintenant de la philologie
Grecque en Italie. Le P. Pagnini, à Parme, a donné anciennement des traductions élégantes de Théocrite et de Calli-
maque en vers Italiens, et a fait voir, dans ses remarques,
qu'il n'étoit pas moins bon critique que bon versificateur :
mais son âge avancé ne permet pas d'attendre de lui de
nouveaux ouvrages.

M. l'abbé Morelli, bibliothécaire à Venise et correspondant de la classe, a donné de savantes Notices des manuscrits de la bibliothèque de Saint-Marc : il a publié aussi
plusieurs morceaux inédits d'anciens auteurs, entre autres
un morceau très-remarquable des Histoires de Dion. Il ne
cesse d'enrichir la littérature de divers opuscules intéressans sur la philologie Grecque et Latine et sur l'histoire

littéraire, qui prouvent tous l'étendue, la variété et la profondeur de ses connoissances.

La traduction poétique des Chants de Tyrtée, avec une version Latine et des notes excellentes, par M. Lamberti, bibliothécaire de Brera à Milan; l'un des écrivains les plus élégans de l'Italie, soit en prose, soit en vers, et des meilleurs critiques, fait regretter que cet habile philologue n'ait pas donné au public un plus grand nombre d'ouvrages du même genre.

Les *Commentationes Laertianæ*, composées par M. l'abbé Ignace Rossi, professeur de langue Hébraïque, à Rome, dans l'université du collége Romain, ouvrage dans lequel il donne une explication de plus de cent passages du biographe des philosophes, placent M. l'abbé Rossi au rang des critiques les plus éclairés et les plus ingénieux, et des hommes les plus versés dans la connoissance de l'histoire et dans celle des anciens systèmes de philosophie.

La traduction d'Homère, par M. Cesarotti, mérite à peine d'être indiquée : mais on ne peut se dispenser de dire que ses notes, écrites d'un style maniéré, portent l'empreinte d'un esprit d'innovation et de néologisme très-favorable à l'ignorance, et qu'elles sont en général fort opposées au bon goût et à la bonne critique.

A la tête des philologues de l'Allemagne, on doit placer M. Heyne, secrétaire perpétuel et bibliothécaire de l'Académie de Gottingue, et l'un des associés étrangers de la classe. Ce vieillard respectable n'a pas cessé, pendant sa longue carrière, de bien mériter de la littérature Grecque et Latine. Ses travaux philologiques sont d'autant plus distingués, qu'on y remarque une connoissance peu commune

des monumens de l'antiquité. L'édition d'Homère , qu'il
a récemment publiée avec des commentaires très-savans;
celles de Pindare et d'Apollodore , déjà réimprimées plusieurs fois avec le même luxe d'érudition ; plusieurs dissertations qu'on lit dans les Mémoires de l'Académie de
Gottingue, et dans un recueil particulier qu'il a publié, lui
assurent à jamais la reconnoissance des hommes qui cultivent la philologie Grecque : il n'en mérite pas moins pour
les services qu'il a rendus à la philologie Latine, comme on
le verra dans un instant.

Après M. Heyne nous nommerons M. Schneider, professeur à Francfort-sur-l'Oder, l'un des plus grands hellénistes
de l'Allemagne, comme il l'a prouvé par son Dictionnaire
Grec et Allemand, qui a obtenu les suffrages de tous les
savans de son pays. Ses Notes sur les fragmens de Pindare,
que M. Heyne a insérées dans l'édition de ce poëte, ses éditions d'Oppien, de Nicandre, de Théophraste, d'Orphée,
de Xénophon, de l'Histoire des animaux d'Élien, &c. ne
permettent pas de douter de son érudition et de sa critique.

M. Wolf, professeur à Halle, devenu célèbre par ses
doutes sur les écrits d'Homère et sur quelques discours de
Cicéron, est un des hellénistes les plus savans de notre
temps. Ses prolégomènes sur Homère supposent une rare
érudition; et, quoique parsemés de paradoxes, ils sont le
premier ouvrage dans lequel on ait su profiter des nouvelles
lumières que le scholiaste publié par M. de Villoison
pouvoit fournir sur le premier et le plus grand des poëtes.
M. Wolf a donné aussi une édition du Discours de Démosthène contre Leptine, où il se montre, comme dans ses
autres ouvrages, un critique habile et profond.

Un autre helléniste très-savant, c'est M. Godefroi Hermann, professeur à Leipsig. Son ouvrage *de Metris* contient des observations neuves sur la prosodie Grecque ; et l'application de ces observations lui a donné lieu de corriger plusieurs passages des poëtes Grecs : ses conjectures sont savantes et heureuses. Son traité *de emendanda ratione Græcæ grammaticæ* est, à la vérité, quelquefois un peu obscurci par les subtilités métaphysiques de l'école de Kant; mais cependant il contient beaucoup de remarques nouvelles et utiles, et particulièrement celles que l'auteur consacre à développer la doctrine des verbes anomaux, qui forme la partie la plus difficile de la grammaire Grecque. Les éditions qu'il a données des Hymnes d'Homère et d'Orphée, de la Poétique d'Aristote, de l'Hécube d'Euripide, des Nuées d'Aristophane, prouvent toutes un grand helléniste et un grand critique.

M. Harles, l'un de nos correspondans, professeur à Erlang, a rendu un service signalé à la littérature Grecque, en donnant une nouvelle édition de la Bibliothèque Grecque de Fabricius, dont on vient d'imprimer à Hambourg le dixième volume. Ce grand ouvrage est indispensable pour tous ceux qui cultivent ce genre de littérature. Les nombreuses additions et les remarques qu'il y a jointes, démontrent qu'il est profondément versé dans l'histoire littéraire et dans la bibliographie. Ses éditions de plusieurs auteurs Grecs, et, entre autres, celle de Théocrite, prouvent qu'il ne l'est pas moins dans la philologie Grecque. Son Histoire de la littérature Grecque, beaucoup plus courte que la Bibliothèque de Fabricius, mais disposée dans un meilleur ordre, est un ouvrage d'une très-grande utilité.

Les commentaires sur l'Anthologie, ou le recueil général

des épigrammes Grecques, les observations sur Euripide,
et les *Exercitationes criticæ* sur plusieurs auteurs, et notamment sur Philostrate et sur Callistrate, prouvent évidem-
ment l'érudition et la bonne critique de M. Jacobs.

M. Schütz, qui a donné une édition très-estimable des
ouvrages d'Eschyle; M. Heindorff, dont l'édition des Dialogues choisis de Platon montre autant de critique que de
savoir; M. Spalding, qui travaille à Berlin sur le même
philosophe, et qui a publié quelques discours de Démosthène avec des remarques; M Eichstædt, à qui nous devons
de bonnes éditions de Diodore et de Théocrite; M. Schæffer,
qui en a donné une de la Pastorale de Longus; M. Bredow,
qui s'occupe du recueil utile des géographes Grecs dits *les
Petits Géographes*; M. Beck, qui s'est exercé sur un grand
nombre d'auteurs Grecs, entre autres sur Euripide, dont il
a publié une édition très-estimée; MM. Lange, Manso, Sturtz,
Weiske, professeurs en différentes universités d'Allemagne,
et qui ont donné des éditions utiles de quelques auteurs
Grecs, ou des fragmens de ces auteurs, sont des hellénistes
dont le nom passera à la postérité avec celui des écrivains
qu'ils ont commentés et éclaircis.

On ne peut non plus, sans injustice, se dispenser de citer
honorablement M. Heeren, professeur à Gottingue, qui a
donné, en 1792, une très-bonne édition des *Églogues
physiques* de Jean Stobée, et qui n'est pas moins bon antiquaire qu'habile philologue, ainsi qu'il l'a prouvé par deux
Mémoires archéographiques, écrits en latin, et très-justement
estimés, qu'il a publiés pendant un séjour qu'il a fait à Rome.

La Hollande nous présente aussi des hommes qui cultivent avec distinction la philologie Grecque : le plus célèbre
est

est M. Wyttenbach, professeur à Leyde, qui a donné le texte complet des Œuvres morales de Plutarque, sur lesquelles on attend ses remarques avec impatience. Il est l'auteur de l'*Epistola critica* à Ruhnkenius, et de la Vie de ce professeur illustre, opuscules précieux pour ceux qui aiment la philologie Grecque et Latine. On lui doit une édition séparée du Traité de Plutarque *de sera Numinis vindicta*, et il a pareillement publié des *Eclogæ historicæ*, ou choix de quelques morceaux d'Hérodote, de Thucydide et de Xénophon : il s'occupe actuellement du *Phædon* de Platon; et l'on peut dire qu'il est un des hommes les plus éclairés dans l'histoire de la philosophie Grecque.

M. Huschke remplace à Leyde M. Luzac, mort victime du funeste accident qui a bouleversé l'Athènes de la Hollande : les savantes et ingénieuses conjectures qu'il a publiées sur différens écrivains Grecs, dans ses *Analecta critica*, sont une preuve suffisante de ses connoissances et de ses talens.

M. Borger cultive avec succès la philologie sacrée; ses remarques sur l'Épître de S. Paul aux Galates attestent une vaste érudition et une critique éclairée.

On desire ardemment de jouir du fruit des veilles de deux autres hellénistes Bataves, M. Van-Lennep, professeur à Amsterdam, et digne d'un nom déjà cher à la littérature Grecque, et M. Van-Heusde. On sait que le premier prépare une édition d'Hésiode, et que l'autre s'occupe depuis long-temps d'un travail sur les Œuvres de Platon, dont il a déjà publié un *specimen*.

Mais il seroit presque impossible de citer seulement les noms de ceux qui cultivent avec succès la philologie en

Allemagne et en Hollande: *Non mihi, si linguæ centum sint &c.*
Nous nous sommes bornés à indiquer ceux auxquels on
doit de nouvelles lumières dans ce genre d'études, ou qui
paroissent donner à la littérature les espérances les mieux
fondées.

M. Heinrichs, professeur à Kiel, qui a publié le Bouclier
d'Hésiode, et M. Thorlacius, qui travaille maintenant à
donner une édition de Photius, et qui réunissent l'un et
l'autre la connoissance des monumens à celle de la langue
Grecque, sont, avec M. Schow, les philologues les plus
distingués du Danemarck. Nous ignorons si celui-ci, qui
travailloit à une édition de Stobée, a continué de s'en occuper, depuis qu'il a perdu son porte-feuille dans l'incendie
du château royal de Copenhague. Nous lui devons la première édition de Laurent de Lydie, et des travaux excellens
sur Hesychius, Quintus de Smyrne et Héraclide de Pont.

Nous ne nommerons que M. Porson parmi les hellénistes
Anglois: il a fait preuve de la critique et de l'érudition
les plus rares, dans son travail sur Homère et sur quatre
tragédies d'Euripide; et quoiqu'il n'ait donné qu'un petit
nombre d'ouvrages, il n'en est pas moins regardé comme
l'un des premiers hellénistes vivans.

M. Belin de Ballu, François, établi maintenant à Wilna,
a donné une édition d'Oppien, où l'on trouve quelques
bonnes remarques; et une traduction de Lucien, qui, sans
être mauvaise, laisse beaucoup à desirer.

La Russie possède encore deux autres hellénistes qui
méritent d'être cités: M. Buhle, né en Allemagne, avantageusement connu par son édition d'Aratus, et plus encore
par celle d'Aristote qu'il avoit commencée, et dont il a

publié cinq volumes à Deux-Ponts; et M. Matthei, à qui la littérature doit la découverte de l'Hymne d'Homère à Cérès. Il avoit cru nous donner aussi une nouvelle tragédie de Sophocle, la *Clytemnestre;* mais les critiques ont bientôt reconnu que cet ouvrage, indigne d'un si grand tragique, n'étoit que l'essai d'un grammairien qui a dû vivre à l'époque de la décadence des lettres.

Les hommes remarquables dans la philologie Grecque, dont nous comptons plusieurs parmi les membres de la classe, sans avoir traité particulièrement, dans ceux de leurs ouvrages que nous avons indiqués ou dont nous parlerons par la suite, des sujets qui appartiennent spécialement à la philologie Latine, n'ont pas laissé d'en éclaircir plusieurs points, à l'occasion des écrivains Grecs, ou des monumens de l'antiquité qui faisoient l'objet de leurs recherches. Nous aimons à leur rendre cette justice; mais, pour éviter la prolixité, et ne pas répéter sans cesse les mêmes noms, nous nous bornerons à citer ici les savans qui se sont fait connoître, soit par des éditions des auteurs Latins, soit par la pureté et la correction avec laquelle ils écrivent en latin, soit par des travaux utiles sur quelques parties de la philologie Latine en particulier.

A ce titre, nous ne devons pas passer sous silence les services que rend M. Dupuis, membre de la classe et professeur d'éloquence Latine au Collége de France, en faisant sentir et goûter, dans ses cours, les beautés des grands écrivains de l'ancienne Rome.

Les traductions accompagnées de notes critiques pour fixer le sens du texte si l'auteur est difficile, intéressent la philologie Latine. Ce motif nous oblige à parler du travail

Philologie Latine.

de M. Ginguené sur l'Argonautique de Catulle : sa traduction en vers de cette pièce, le morceau de littérature qui la précède, et les notes qui l'accompagnent, ont été entendus avec satisfaction dans les séances de la classe, et seront imprimés dans le recueil de ses Mémoires.

M. Louis Petit-Radel, pareillement membre de la classe, s'est exercé avec succès à la composition des inscriptions Latines : celles qu'il a données dans ses *Fasti Neapolionei,* sont dignes du bon siècle.

La classe s'occupe plus particulièrement de cette branche de littérature, depuis que le Gouvernement l'a chargée de la composition des médailles pour l'Histoire métallique de sa Majesté l'Empereur, et de celle des inscriptions pour les monumens publics.

M. Serra, né à Gènes, a écrit en latin et fait imprimer à Paris une Histoire succincte des deux campagnes de sa Majesté l'Empereur, dans les années 1806 et 1807 Il a voulu, sans doute, rivaliser avec son compatriote Uberto Foglietta, qui écrivit en latin, dans le siècle dernier, l'Histoire de la conquête de Naples par l'armée Françoise et Espagnole ; ou plutôt il a cherché à imiter Salluste et Tacite. Son style est pur et de bon goût, et son ouvrage estimable.

M. Noël, inspecteur de l'instruction publique, a donné un Dictionnaire étymologique, qui prouve que l'auteur cultive avec succès la littérature ancienne. Si nous ne faisons pas mention, à l'article des ANTIQUITÉS, de quelques dictionnaires mythologiques, de l'un desquels M. Noël est l'auteur, c'est que nous pensons que les ouvrages de ce genre, sans prétendre nier qu'ils ne puissent être utiles, n'ajoutent rien aux connoissances acquises.

Les Muses Latines n'ont point abandonné les rives de la Seine : elles inspirent souvent, dans la langue de Virgile et d'Horace, à MM. Cauchy, Maron, Philippe Petit-Radel, &c. des vers qui ne prouvent pas moins leurs connoissances dans cette langue que l'abondance et la facilité de leur verve.

M. Dureau de Lamalle, membre de l'Institut, que les lettres viennent de perdre, préparoit une traduction du poëme de Valérius Flaccus, avec des notes philologiques. Nous ne désespérons pas de voir cet ouvrage achevé : son fils, qui étoit son collaborateur, et qui a déjà donné des preuves de ses connoissances dans la philologie Grecque et Latine, ne le laissera pas sans doute imparfait.

C'est à la classe de la langue et de la littérature Françoise qu'il appartient de parler du style de la traduction de Tacite, qui avoit fait la réputation de M. Dureau de Lamalle ; mais nous devons citer les notes sur le même historien, que M. Ferlet a publiées en 1801, et qui en éclaircissent plusieurs passages.

L'un de nos correspondans, feu M. Oberlin, professeur à Strasbourg, a bien mérité aussi de Tacite par la bonne édition qu'il en a donnée. Ses éditions d'Horace, des Fastes et des Tristes d'Ovide, et des Commentaires de César, ne sont point inférieures à celle de Tacite, et sont d'un grand usage.

Un travail non moins intéressant et plus difficile est celui dont M. Bernardi a fait jouir le public, et dont il vient de publier une seconde édition. Ce savant jurisconsulte a tâché de réparer la perte qu'on a faite du Traité de Cicéron sur la République ; il a restitué le texte Latin en remplissant les lacunes avec autant de goût que de savoir, et il a fait preuve, dans cette ingénieuse entreprise, d'une grande sagacité et de connoissances très-étendues.

Quand on parle de philologie Latine, il est difficile de ne pas rappeler la traduction que M. Gueroult a donnée de quelques livres de Pline : on doit lui tenir compte de la fidélité de la traduction d'un écrivain dans lequel on remarque un grand nombre d'obscurités qui ne peuvent être dissipées que par un habile critique.

Il a paru encore, pendant l'époque que nous examinons, plusieurs traductions estimables, telles que celle de Virgile, par M. Binet, proviseur du lycée Bonaparte, et quelques autres qui n'ont pas été moins bien accueillies : mais comme elles n'ajoutent rien aux connoissances philologiques, c'est à une autre classe qu'il appartient de les apprécier, sous le rapport de la correction et de l'élégance du style.

Le petit nombre d'hommes qui cultivent avec succès la philologie Latine dans un aussi grand empire que la France, prouve que cette branche de littérature y languit et a besoin d'être relevée par une main puissante.

L'Italie, qui a toujours paru jalouse de conserver l'héritage de la langue de ses anciens habitans, n'a pas fourni non plus, pendant l'espace de temps que nous parcourons, beaucoup d'ouvrages considérables en ce genre : elle peut néanmoins se glorifier d'un certain nombre d'hommes qui ont fait revivre le style des bons écrivains Latins du XVI.e siècle, en imitant ceux du beau siècle de Rome.

L'Italie a perdu, depuis 1789, le prélat Stay, auteur de deux poëmes Latins composés à l'imitation du poëme de Lucrèce. Dans l'un, il expose le système de la philosophie

Cartésienne; dans l'autre, celui de la philosophie Newtonienne : le célèbre abbé Boscovich a enrichi ce dernier ouvrage d'un grand nombre de notes très-savantes.

L'abbé Cunich, mort en 1791, est l'auteur d'une traduction de l'Iliade en vers héroïques Latins; et il a laissé un grand nombre d'épigrammes manuscrites, dont on nous fait espérer l'édition.

Son collègue, l'abbé Zamagna, né à Raguse ainsi que les deux précédens, a donné une traduction Latine de l'Odyssée, et une autre des poëmes d'Hésiode.

L'abbé Giovenazzo, mort récemment à Rome, avoit la réputation d'être l'homme le plus habile de l'Italie dans la langue Latine. Sa dissertation Italienne sur la ville d'*Aveja ne' Vestini*, dans laquelle il explique des passages très-difficiles des auteurs *rei agrariæ* ou qui ont écrit sur la division et les limites des terres, répand beaucoup de lumière sur plusieurs points de la philologie Latine. Ses inscriptions gravées sur le marbre dans plusieurs endroits de Rome et des environs; ses poésies Latines, dont on a imprimé un petit recueil et qui paroissent écrites par un contemporain de Catulle, confirment sa réputation.

C'est principalement à l'abbé Giovenazzo que la littérature Latine a dû le fragment inédit du livre XCI des Histoires de Tite-Live, découvert en 1773 dans la bibliothèque du Vatican, sur un parchemin dont on avoit presque entièrement effacé l'ancienne écriture pour lui en substituer une nouvelle.

M. l'abbé Morcelli, ex-Jésuite ainsi que tous les littérateurs Italiens dont on vient de parler, excepté le prélat Stay, est encore vivant et membre de l'Institut du royaume d'Italie. Son style Latin, soit en vers, soit en prose, est pur et élégant. Mais ce qui le rend encore plus recommandable, c'est son ouvrage *de Stylo inscriptionum*, où il donne les préceptes et les exemples pour la composition des inscriptions Latines : cet ouvrage didactique est du meilleur goût, et rempli d'une érudition aussi agréable que peu commune.

Un autre littérateur non moins distingué, c'est M. l'abbé Morelli, dont nous avons déjà parlé à l'article de la *Philologie Grecque :* sa Bibliothèque Latine de Nani, ses éditions de quelques écrivains Latins du xv.e siècle, et sur-tout l'élégance de style de plusieurs opuscules qu'il a écrits en latin, lui assurent un des premiers rangs dans la philologie Latine.

A Rome, le prélat Testa, secrétaire des lettres Latines du pape aux évêques, et M. Cancellieri, éditeur, avec M. Giovenazzo, du fragment inédit de Tite-Live, dont on vient de parler, écrivent en latin avec beaucoup de pureté et de grâce. On doit rendre le même témoignage à M. Strocchi, de Faënza, membre du collége des *Dotti* du royaume d'Italie.

Plusieurs écrivains des derniers temps se sont plus à décréditer le style des ouvrages écrits en latin par les modernes. Cicéron et Virgile, disent-ils, en riroient et ne les comprendroient pas. Ces sarcasmes ne prouvent autre chose qu'une grande ignorance, ou du moins une connoissance très-imparfaite des auteurs Latins : car quel est le philologue, familiarisé avec la lecture de ces auteurs, qui ne soit pas intimement convaincu que Cicéron auroit plus de peine à comprendre Pline et Sénèque qu'à bien entendre Manuce et Muret, et que Virgile croiroit plus rapprochés de son siècle Sannazar et Fracastor que Lucain et Stace ?

M.

M. Heyne et M. Wolf, dont il a déjà été question à l'article de la *Philologie Grecque*, sont encore les philologues Latins les plus distingués de l'Allemagne.

M. Heyne a signalé son nom dans ce genre d'étude par plusieurs éditions de Tibulle, et bien plus par les trois qu'il a données des Œuvres complètes de Virgile. L'érudition la plus vaste, réunie au goût, à la critique, à la science des antiquités, rend le Virgile de M. Heyne un monument très-précieux de philologie.

La critique de M. Wolf sur quatre discours de Cicéron qu'il ne veut pas reconnoître pour authentiques, peut paroître un peu paradoxale; mais elle suppose nécessairement un savoir très-étendu et une grande sagacité.

M. Godefroi Hermann ne s'est distingué jusqu'ici que dans la philologie Grecque. Ses travaux sur Plaute, dont nous savons qu'il prépare une édition, lui procureront sans doute le même avantage dans la philologie Latine.

Plusieurs Allemands ont donné des éditions d'auteurs Latins, accompagnées de notes critiques. M. Doëring et M. Mittscherlick en ont publié une de Catulle; M. Ruperti, une de Juvénal et une autre de Perse. Ces éditions sont estimables, et prouvent beaucoup d'habileté dans la philologie Latine; mais l'édition de Quintilien, de M. Spalding, et celle de Pline le jeune, de M. Giesig, ont un mérite plus reconnu.

M. Huschke, professeur à Amsterdam, dont on a parlé à l'article de la *Philologie Grecque*, ne doit pas être cité moins avantageusement dans celui-ci pour l'excellente lettre critique qu'il a publiée sur Properce.

On attend une édition des Héroïdes d'Ovide, par M. Van-Lennep, qui a pareillement été déjà nommé avec distinction parmi les hellénistes. C'est un poëte Latin plein de grace et d'élégance, comme sa *Rusticatio Mappadica* vient de le prouver.

M. Van-Reenen a donné la Poétique d'Horace avec d'excellentes remarques.

M. Bosch a bien mérité des Muses Grecques et des Muses Latines, en publiant la traduction poétique, faite par Grotius, de presque toute l'Anthologie Grecque. M. Bosch a traduit aussi plusieurs épigrammes Grecques en vers Latins, écrits avec beaucoup de pureté et de correction.

L'Angleterre ne peut guère compter que M. Wakefield et M. Charles Combe parmi les philologues Latins dignes d'être cités : ils ont donné des éditions utiles de Lucrèce, de Virgile et d'Horace ; mais ils sont bien loin d'égaler en philologie Latine le mérite de leur compatriote M. Porson dans la philologie Grecque.

Pour soutenir et ranimer les bonnes études, si nécessaires dans un grand Empire qui occupe le premier rang par les lumières comme il l'occupe par la puissance, il seroit nécessaire de donner, des ouvrages de l'antiquité, des éditions nouvelles qui fussent à la portée de tout le monde. De toutes celles des auteurs Latins qu'on a publiées en France sous le règne de Louis XIV et sous une grande partie de celui de son successeur, le Pline du P. Hardouin et le Cicéron de l'abbé d'Olivet sont presque les seules qui aient conservé quelque réputation ; et dans l'état où sont parvenues aujourd'hui la critique et les connoissances dans les antiquités et dans les sciences, on pourroit aisément surpasser ce qu'on a fait de mieux jusqu'à présent, si ce travail étoit confié à des mains habiles. Il seroit pareillement nécessaire de donner, avec le même soin, de nouvelles éditions de quelques auteurs Grecs. On obtiendroit par-là le double avantage de rendre l'instruction plus facile et plus sûre; et, comme l'exécution d'une pareille entreprise seroit très-longue, d'offrir un but honorable et utile aux travaux des savans les plus distingués, et d'encourager à les imiter les jeunes gens qui se sentiroient de l'attrait pour suivre la même carrière.

Un autre moyen, non moins puissant, pour arriver au même but, seroit d'ériger dans quelques-unes des principales villes, de nouvelles chaires pour des professeurs qui expliqueroient les passages les plus obscurs des auteurs Grecs et Latins, en prenant pour sujet de leurs cours, soit des auteurs particuliers, soit quelques parties importantes de la philologie et de l'archéologie.

Les professeurs ne devroient pas se borner aux leçons qu'ils donneroient dans leur cours d'enseignement; il faudroit encore qu'ils admissent chez eux, ou dans la classe, à des jours et à des heures indiqués, les étudians qui desireroient des explications particulières et plus développées des difficultés qu'ils rencontreroient dans les auteurs anciens, ou qui auroient besoin d'être dirigés sur certains objets de leurs études. Ces chaires seroient utiles à ceux qui en suivroient les leçons, et elles offriroient, comme les éditions dont on vient de parler, un but honorable aux hommes studieux qui voudroient s'adonner à cette partie de la littérature. C'est ainsi que la chaire de littérature Grecque, fondée à Leyde par un particulier, et richement dotée pour le temps, a fait qu'il y a toujours eu en Hollande des hellénistes habiles, non-seulement parce qu'elle formoit des élèves, mais parce que l'espoir qu'elle offroit aux plus distingués de l'obtenir un jour, les excitoit à faire tous leurs efforts pour se rendre dignes d'y prétendre.

Les voyages littéraires faits par de jeunes philologues qui auroient déjà donné des preuves de leur habileté, et qui seroient chargés de visiter les principales bibliothèques de l'Europe et de l'Orient, d'examiner les ouvrages Grecs et Latins qui peuvent nous manquer, ainsi que ceux qui sont écrits dans les différentes langues Orientales, et même les manuscrits modernes et les porte-feuilles oubliés d'un grand nombre d'hommes de lettres, enfin de recueillir les anecdotes historiques et littéraires qui peuvent s'y trouver éparses, seroient encore un bon moyen de ranimer en France l'étude d la littérature ancienne et de l'histoire. Les voyages littéraires de M. de Villoison, qui étoit encore jeune lorsqu'il les entreprit; ceux que M. du Theil a faits pour visiter les bibliothèques de l'Italie, et particulièrement les archives de Rome, d'où l'on a tiré tant de lumières pour éclaircir les ténèbres qui couvroient l'histoire du moyen âge; ceux qu'ont faits dans le même but des savans étrangers, parmi lesquels on peut nommer avec éloge M. Münter, savant Danois; les voyages qui tendent à la découverte des monumens et des inscriptions, tels que ceux des Anglois Chandler et Stuart, entrepris aux frais d'une société particulière, ne permettent pas de douter qu'on ne retirât de grands avantages de semblables voyages, pour l'érudition historique, ainsi que pour la philologie et la critique, qui sont les interprètes de l'histoire, et qu'ils ne fournissent une multitude de nouveaux documens propres à étendre et à perfectionner nos connoissances acquises.

Les États ne manquent jamais d'hommes habiles dans une partie quelconque des connoissances humaines, quand ces hommes sont sûrs d'être employés à des travaux utiles et honorables.

Les hommes distingués par leur érudition et par leurs connoissances historiques pourroient encore servir dans la carrière diplomatique : il ne seroit peut-être pas sans convenance que dans la légation d'un peuple puissant et éclairé il y eût quelque homme qui connût bien l'histoire et les antiquités du pays où cette légation devroit se rendre, et qui fût en état d'en apprécier la littérature. Ce seroit un moyen de plus de se concilier l'estime des nations étrangères, qui ne pourroient voir sans intérêt qu'on s'occupât en France de l'étude de leur histoire.

ANTIQUITÉS.

Les recherches des antiquaires sont de deux espèces, et peuvent être divisées en deux parties : ont-elles pour but d'éclaircir les usages, les rites, les opinions religieuses, les mœurs, les costumes, les origines des nations anciennes, elles appartiennent à l'archéologie; l'objet de ces recherches se borne-t-il uniquement à examiner et expliquer isolément quelques-uns des monumens qui nous restent de l'antiquité, elles sont du ressort de l'archéographie.

L'archéologie se subdivise en plusieurs parties diffé- *Archéologie.* rentes, sur chacune desquelles nous jetterons successivement un coup-d'œil.

L'ouvrage le plus important qui ait paru dans l'époque dont nous nous occupons, quoiqu'il ne concerne que les

Grecs, est le Voyage d'Anacharsis par l'abbé Barthélemy, que les meilleurs juges dans cette matière ne balancent pas à placer parmi les livres classiques.

M. Mongez a publié, en 1804, un volume de gravures appartenant au Dictionnaire d'antiquités qu'il avoit précédemment composé pour l'Encyclopédie méthodique. Ces planches, consacrées à l'iconographie et aux costumes, n'offrent rien qu'on ne connût déjà; et la nature même de l'entreprise dont elles font partie, n'a pas permis de donner à la gravure une exécution plus soignée : mais, M. Mongez ayant puisé dans les meilleures sources, ces dessins peuvent être utiles aux artistes; et ceux qui représentent les costumes, peuvent l'être pareillement aux antiquaires.

Le Choix de costumes civils et militaires que M. Willemin publie par livraison, est exécuté avec plus de netteté et d'étendue : il seroit à souhaiter qu'il eût apporté plus de critique dans le choix des objets, et que les explications présentassent toujours l'érudition nécessaire. Les artistes y trouveront néanmoins, sur-tout pour les sujets qui appartiennent à la mythologie ou à l'histoire ancienne, de bons modèles pour l'ajustement des figures et pour tous les accessoires.

On ne peut en dire autant de l'ouvrage de M. Maillot sur le costume : ce n'est qu'un recueil informe de dessins peu exacts et ramassés sans jugement et sans goût.

Quoique les Mémoires sur les lois somptuaires des Romains, communiqués à la classe par M. Pastoret, soient particulièrement consacrés aux antiquités du droit Romain, ils sont néanmoins intéressans pour l'archéologie, par la description rapide et détaillée, sans être minutieuse, que l'auteur y fait du luxe et du commerce de l'empire Romain.

La connoissance de la religion des anciens et de toutes Mythologie. les fables qui tiennent aux traditions sacrées du paganisme, répand un grand jour sur les monumens des arts et sur les écrits des auteurs anciens, particulièrement sur ceux des poëtes. La saine critique est l'ame de cette partie de la science des antiquités, et l'esprit de système en est le fléau. On doit regretter que cet esprit ait trop souvent dirigé les grands travaux de M. Dupuis dans la composition de son Origine des cultes; ouvrage si riche d'ailleurs en connoissances mythologiques, et où les lecteurs trouveront plusieurs traits propres à faire naître des vues et des réflexions nouvelles.

C'est encore à un système, mais à la vérité très-différent, que M. Martin-Godefroi Hermann a consacré ses Lettres sur la mythologie d'Homère, et ses Recherches sur la mythologie, publiées les unes et les autres en allemand.

M. Heyne, que nous avons déjà cité, a enrichi ses commentaires sur Apollodore, dans la dernière édition qu'il a donnée de cet auteur, de nouveaux éclaircissemens sur plusieurs points obscurs de la mythologie.

Le même Apollodore est encore venu ajouter à nos connoissances mythologiques, par la traduction Françoise qu'en a faite M. Clavier, juge en la cour de justice criminelle du département de la Seine, et qu'il a fait imprimer avec le texte Grec et un volume de remarques faites à l'imitation de celles de Meziriac sur les Héroïdes. On y trouve une érudition aussi variée qu'étendue, avec des notices curieuses tirées d'anciens scholiastes Grecs qui n'avoient point encore été traduits. Le savant commentateur a su s'abstenir de répéter ce qu'avant lui M. Heyne et d'autres savans avoient bien expliqué. Le discernement avec lequel il a puisé dans les meilleures sources, rend son travail véritablement utile pour ceux qui s'adonnent à ce genre de connoissances.

Histoire des arts.
L'Histoire de l'art chez les anciens, qui a répandu, avec raison, dans toute l'Europe, la réputation de Winckelmann, n'est cependant, à proprement parler, qu'une esquisse : un ouvrage complet sur le même sujet pourroit à peine être conduit à sa perfection par les travaux successifs de plusieurs hommes de lettres. L'espèce d'ordre dans lequel l'antiquaire Allemand a disposé cette matière immense, a l'avantage de faire connoître les lacunes qu'il étoit extrêmement difficile de remarquer dans le recueil peu méthodique du savant François Junius.

La tâche des antiquaires est de remplir ces lacunes, et de rectifier un grand nombre d'idées et de propositions erronées énoncées par Winckelmann. M. Heyne s'en est occupé avec succès, et a relevé, dans plusieurs discussions insérées dans ses *Opuscula academica* imprimés à Gottingue, un assez grand nombre des erreurs échappées à Winckelmann.

M. Quatremère de Quincy a fourni de nouvelles richesses à l'histoire des arts chez les anciens, dans les Mémoires, je dirois presque dans les Traités qu'il a lus à la classe sur la toreutique, sur la sculpture polychrome, et sur la manière d'éclairer les temples. Ce sont les fruits précieux des longues études d'un homme qui connoît les arts et qui les juge avec autant de goût que de lumières.

L'Institut a couronné, en 1801 [an 9], des Recherches sur l'art statuaire des anciens. M. Émeric David, qui en est l'auteur, en se présentant pour recevoir la médaille, et depuis en faisant imprimer son ouvrage, a eu la noble

franchise

franchise d'annoncer que les conseils de M. Giraud, sculpteur, membre de l'ancienne Académie de peinture, lui avoient été très-utiles, sur-tout pour la partie didactique. Cet ouvrage contient des vues nouvelles et des considérations ingénieuses, qui doivent lui concilier les suffrages du public, comme elles lui ont concilié ceux de l'Institut.

M. Émeric David continue à bien mériter des arts par des observations importantes sur l'histoire des artistes anciens, et par de nombreuses rectifications de ce que Winckelmann avoit dit sur le même sujet : les unes et les autres se trouvent dans la partie qu'il a été chargé d'ajouter au discours de M. Croze-Magnan (1) sur la sculpture antique, qui est placé à la tête de la belle collection du Musée François.

Plusieurs époques de l'histoire de l'art y sont fixées par des recherches chronologiques, portées presque jusqu'à la démonstration ; et l'auteur a eu soin d'insérer dans son discours le résultat des découvertes du même genre faites par M. Visconti, et que celui-ci a consignées dans son *Museo Pio-Clementino*.

Les divers points de l'histoire des arts que M. Visconti a eu occasion d'éclaircir en examinant des monumens particuliers, doivent trouver leur place dans l'article de l'*Archéographie*.

Les dernières époques de l'histoire des arts chez les anciens n'en présentent que la décadence : mais, si ce n'est plus l'admiration que les monumens du moyen âge commandent, c'est comme témoins de l'histoire qu'ils méritent d'être soigneusement étudiés. Il est digne de l'observateur

(1) A partir de la page 60.
Littérature ancienne.   G

de chercher à reconnoître les caractères des différentes époques, et à fixer ces époques; d'examiner comment et par quels degrés les artistes sont parvenus à sortir de la barbarie et à renoncer au style gothique et maigre qui a régné pendant tant de siècles; jusqu'à quel point les croisades et la chute de l'empire de Constantinople ont pu contribuer à faire, pour ainsi dire, renaître les arts dans l'Occident.

L'importance de ces recherches a soutenu le zèle de M. Dagincourt, correspondant de la classe des beaux-arts. Les dessins gravés à Rome, à ses frais, et dont il a dirigé l'exécution avec autant d'habileté que de soin, sont déjà en grand nombre. Malheureusement son âge avancé, sa santé chancelante, et peut-être encore l'insuffisance de moyens pécuniaires, retardent la publication d'un travail précieux, qui a coûté tant d'années, et qui rempliroit une lacune immense dans l'histoire des arts.

On ne peut terminer ce qui concerne l'archéologie, sans citer un ouvrage Allemand de M. Sickler, sous le titre d'*Histoire des transports des ouvrages remarquables de l'art, du pays des vaincus dans celui des vainqueurs.* Cet ouvrage est intéressant et plein d'érudition.

Archéographie.   Quoiqu'on puisse comprendre généralement sous le nom d'*archéographie*, l'explication, la description, le dessin ou la copie [γραφή] d'un monument antique, de quelque espèce qu'il soit, les antiquaires divisent néanmoins cette science en plusieurs classes, qu'ils distinguent par des dénominations particulières. Ainsi, la *numismatique* a pour objet les médailles; la *dactyliographie*, les camées et les pierres gravées en creux; l'*iconographie*, les portraits des hommes illustres de l'antiquité; la *paléographie*, les inscriptions, &c.

Les antiquités Égyptiennes , ayant un caractère tout particulier, et ne pouvant guère être expliquées sans la réunion de quelques connoissances en littérature Orientale et d'une connoissance profonde des écrivains Grecs et Latins, doivent être considérées comme formant une classe à part et une sorte d'ensemble dont toutes les parties sont nécessaires à l'intelligence les unes des autres.

Il en est à-peu-près de même de l'étude des anciennes localités et des grands monumens d'architecture, tels que les restes des enceintes des villes , des ponts, des grands chemins, &c. qu'on peut appeler *antiquités topographiques;* et de l'étude des antiquités du Nord, ainsi que des antiquités Celtiques, Gauloises, &c.

L'archéographie proprement dite est donc restreinte , pour les Grecs et pour les Romains, aux monumens des arts qui ne sont compris dans aucune des subdivisions qu'on vient d'indiquer, c'est-à-dire, aux statues, aux peintures antiques , aux mosaïques, aux bronzes, aux instrumens, aux meubles, &c.

Archéographie proprement dite.

L'Antiquité expliquée du P. Montfaucon est un de ces exemples de plans parfaitement conçus , mais trop foiblement exécutés. A la vérité, la vie d'un seul homme n'auroit pu suffire à une tâche si considérable et si difficile, sur-tout dans l'état où étoient alors les connoissances archéographiques. Les savans n'en avoient pas encore fait l'objet de leurs études, et n'avoient point examiné les monumens avec le flambeau de la critique; ils s'étoient bornés à l'étude des médailles et des inscriptions, dont on avoit commencé à former, depuis le xve siècle, des collections où l'on trouvoit réunis un grand nombre d'objets de comparaison. Mais comment comparer et porter un jugement raisonné sur des statues, des bas-reliefs, des bronzes épars et presque isolés dans les palais ou les jardins des grands? comment distinguer l'antique d'avec des restaurations trop souvent faites de manière à dénaturer le morceau primitif par des accessoires de pure fantaisie?

Le prélat Fabretti surmonta tous ces obstacles, et donna, au commencement du siècle dernier, des explications aussi savantes que justes de la table Isiaque et des bas-reliefs de la colonne Trajane.

La plupart des autres antiquaires se perdoient en vaines conjectures, et vouloient découvrir dans un cercle très-resserré d'érudition Latine ce qu'il falloit chercher dans la vaste étendue de l'érudition Grecque. Plus jaloux souvent de se signaler par la bizarrerie de leurs opinions, qué d'aspirer à des succès dans la recherche de la vérité, ils s'étoient fait une doctrine de convention qu'ils reproduisoient sans cesse, et qui, laissant le lecteur judicieux dans les ténèbres et dans l'incertitude, le portoit à mépriser cette partie de la science.

Winckelmann arriva d'Allemagne en Italie : il consacra à l'archéographie les nombreuses connoissances qu'il avoit puisées dans la lecture des anciens. Tous les yeux s'ouvrirent à cette lumière éclatante ; les nouvelles explications qui enrichissent l'Histoire de l'art, firent excuser les imperfections et les lacunes de l'ensemble. Bientôt un ouvrage beaucoup moins connu des lecteurs vulgaires, quoique bien supérieur au premier, les Monumens inédits, vint répandre une clarté inattendue sur un grand nombre de monumens.

A la même époque, le comte de Caylus, membre de l'Académie des belles-lettres, publioit le recueil nombreux

des petits monumens dont il possédoit la plus grande partie.
Cet antiquaire, sans être doué d'une vaste érudition, possédoit à un degré éminent l'esprit d'observation et de comparaison; et il a singulièrement contribué à nous faire connoître l'état des arts mécaniques chez les anciens.

Vingt ans après la mort de Winckelmann, M. Visconti
fut chargé d'expliquer l'immense collection des monumens
du musée du Vatican, dont la France possède aujourd'hui
les morceaux les plus importans. Ce savant antiquaire, à
l'aide des connoissances qu'il avoit acquises dans la numismatique et dans la paléographie, connoissances qui lui
sont beaucoup plus familières qu'elles ne paroissent l'avoir
été à Winckelmann, et au moyen des combinaisons différentes et des comparaisons que les grandes collections
formées à Rome depuis le milieu du XVIII.ᵉ siècle l'ont mis
à portée de faire, est parvenu à donner à cette partie de
la science une méthode comparative qui conduit souvent
à une démonstration complète. Éloigné de tout système,
il interroge les contemporains Grecs ou Latins sur la véritable idée qu'on doit se former des sujets représentés par
les ouvrages des arts; il remonte, autant qu'il lui est possible, à l'origine de ces ouvrages, et s'attache à reconnoître
les copies antiques de ces chefs-d'œuvre dont les écrivains
de l'antiquité nous ont transmis la mémoire.

La multiplicité des objets réunis au Vatican, ayant ouvert
à M. Visconti un champ presque aussi vaste que celui de
Montfaucon, lui procura l'occasion et les moyens d'expliquer la plus grande partie des monumens analogues qui
existent dans les différentes collections de l'Europe.

Le premier et le deuxième volumes de cet ouvrage

avoient paru avant 1789, et l'auteur en a publié quatre autres depuis 1790 jusqu'en 1796. Son établissement en France ne lui a pas permis de compléter cette belle entreprise.

La même cause l'a empêché de donner au public un ouvrage du même genre, qu'il avoit fait sur la collection Borghèse, et qui est resté inédit dans son porte-feuille.

Heureusement la formation du Musée Napoléon, auquel il est attaché comme antiquaire, le rend à ses études favorites.

Il a déjà publié, sous le titre de *Notices des antiques du Musée Napoléon*, un ouvrage presque élémentaire, propre à donner aux artistes, et même aux personnes les moins instruites, des idées justes sur les monumens de la sculpture antique, et à leur inspirer le goût de l'archéographie.

Des notices plus étendues de ces mêmes antiques se trouvent dans le Musée François, publié par MM. Robillard-Péronville et Laurent. M. Croze-Magnan est l'auteur des explications qui accompagnent les trente-huit premières livraisons; mais il paroît en avoir pris le fond dans la Notice de M. Visconti, qui, depuis la trente-neuvième livraison, a lui-même composé toutes les explications. Il y suit la même méthode qu'il avoit adoptée pour expliquer les monumens du Vatican; et il y ajoute les observations et les opinions nouvelles que la continuité de ses études ne cesse de lui fournir.

Les frères Piranesi ont publié une autre collection des antiques du Musée Napoléon, gravées à l'eau forte par M. Piroli, expliquées jusqu'à la quarantième planche par M. Schweighæuser fils, et jusqu'à la trois cent dix-huitième, par M. Louis Petit-Radel, membre de la classe : le peu d'étendue de ces explications n'empêche pas qu'elles ne puissent être lues avec utilité.

Quelques savans d'Allemagne sont entrés dans la carrière et marchent sur les traces de Winckelmann.

M. Boettiger a donné des explications savantes des peintures de plusieurs vases Grecs.

M. Becker a commencé à décrire les antiques du musée de Dresde.

M. Heyne a décrit et expliqué les antiques réunies par M. Tischbein pour l'ornement des poëmes d'Homère. Ces explications, quoique très-succinctes, annoncent un homme profondément savant. On doit regretter que M. Tischbein n'ait pas choisi les sujets avec plus de goût et de discernement.

C'est aussi à l'archéographie qu'appartiennent les descriptions de deux mosaïques récemment découvertes, l'une en Espagne, près de la ville d'Italica, l'autre à Lyon, et qui toutes deux représentent les courses du cirque.

La mosaïque d'Italica, quoique très-mutilée, a été beaucoup mieux expliquée par M. Alexandre de la Borde, que celle de Lyon, qui est presque intacte, ne l'a été par M. Artaud.

M. Millin, dans ses Monumens inédits, a eu l'avantage de faire connoître plusieurs morceaux dignes d'être publiés, et le mérite de les expliquer en savant aussi versé dans la connoissance des monumens que dans celle des bons ouvrages archéographiques.

Quelques antiquaires, doués d'une imagination féconde, aiment mieux s'y abandonner que de se livrer à des recherches pénibles pour expliquer les monumens par les passages des auteurs anciens et par la comparaison des monumens analogues. Leurs travaux ne sont propres qu'à faire rétrograder la science.

Pour les combattre, M. Fea a publié à Rome une Dissertation sur les images de Léda, dans laquelle il a réfuté M. Adam Fabroni, qui prétendoit que toutes ces figures représentoient Lamia, courtisane favorite de Démétrius Poliorcète. La dissertation de M. Fabroni étoit trop dénuée de preuves et trop foible en raisonnement pour persuader les hommes instruits et qui ont un jugement sain; la réfutation de M. Fea préservera de l'erreur jusqu'aux lecteurs vulgaires.

On ne fera pas mention de plusieurs autres opuscules dans lesquels on suit, pour l'explication des antiquités, cette manière capricieuse et bizarre qui ne peut que décréditer les études archéologiques et nuire à leurs progrès.

C'est par des moyens plus sûrs que, profitant des lumières précédemment répandues par M. Lanzi sur les antiquités des Étrusques et des autres anciens peuples de l'Italie, M. Vermiglioli a donné des explications satisfaisantes de quelques patères Étrusques.

M. Mongez a publié, dans les Mémoires de l'Institut, de savantes explications de quelques statues antiques; entre autres, de celle du gladiateur mourant, qu'on admire aujourd'hui au Musée Napoléon.

Il faut encore distinguer parmi les mémoires archéographiques que le même auteur a lus à la classe, celui qui a pour objet les meules de moulin trouvées près d'Abbeville, dans l'emplacement connu sous le nom de *camp de César*.

Ce monument a fourni à M. Mongez l'occasion de

parler

parler des moyens employés par les anciens pour réduire le grain en farine, et de la nature de leurs meules. Ses connoissances en histoire naturelle, et principalement en minéralogie, lui ont facilité l'interprétation de plusieurs passages anciens sur ce sujet. C'est ainsi que dans quelques autres mémoires, dont on auroit pu faire mention dans l'article de l'archéologie en général, M. Mongez a examiné le métal de plusieurs antiques, entre autres celui qu'on employoit à la fabrication des armes, de même qu'il a su expliquer ce que c'étoit que l'*æs album* des anciens, et quelle est la matière que les auteurs classiques Latins appellent *argilla, creta, marga*. Il a aussi recherché et déterminé la valeur de l'*opobalsamum* dans les différens siècles, et a indiqué les causes de la cherté constante de ce baume jusqu'à nos jours. L'emploi qu'on faisoit du chanvre dans l'antiquité a pareillement fixé son attention, et il a aussi fait voir que les anciens ne s'en servoient que pour faire des cordes et étouper les navires, et qu'on n'a commencé à en faire de la toile, en France et en Angleterre, que vers le milieu du XIII.ᵉ siècle.

La dactyliographie, ou l'étude des pierres gravées, a sur celle des autres chefs-d'œuvre des arts antiques deux grands avantages. L'un est la belle conservation des monumens dont elle s'occupe, et qui nous parviennent presque tous sans altération, grâces à la dureté des pierres fines qui en sont la matière, à la petitesse de leur volume, et au genre de la gravure, qui est le plus souvent en creux : les attributs des figures ne tombent pas avec les membres, comme dans les ouvrages de sculpture, et ne s'effacent pas comme ceux de la peinture. Le second avantage est la

Dactyliographie.

facilité d'étudier les pierres gravées sur les empreintes avec autant de certitude que sur les originaux, tandis qu'on doit toujours se défier de la fidélité des dessins et des copies des autres monumens, et que même les plâtres moulés sur des statues ou des bas-reliefs ne permettent pas de reconnoître les restaurations. Mais ces avantages sont atténués par un grand inconvénient; c'est l'extrême difficulté qu'éprouvent quelquefois les antiquaires eux-mêmes à distinguer les pierres gravées antiques, des pierres modernes, quand celles-ci sont gravées par un artiste habile. La critique, la connoissance la plus profonde des arts, l'expérience la plus consommée, suffisent à peine pour se préserver de l'erreur.

Le *Traité des pierres gravées* de Mariette, avec la Bibliothèque dactyliographique qui y est jointe, a répandu beaucoup de jour sur cette partie des antiquités. La Description du cabinet de Stosch, par Winckelmann, et le Choix de quelques pierres gravées du cabinet de Vienne, par Eckhel, sont également regardés comme de bons modèles à suivre dans l'explication de ces monumens.

On n'a publié aucun ouvrage remarquable sur cet objet depuis 1789. Il n'a paru qu'un livre élémentaire, mais qui n'est cependant pas sans utilité; c'est l'*Introduction à l'étude des pierres gravées*. L'auteur, M. Millin, en a donné une seconde édition en 1797.

On trouve aussi, au bas des estampes gravées d'après les tableaux de la galerie de Florence, un grand nombre de dessins des pierres gravées qui enrichissoient la même collection, avec des explications très-succinctes, mais satisfaisantes, composées par M. Mongez.

Le chevalier Zulian, ambassadeur de Venise à Constantinople, avoit apporté d'Éphèse un superbe camée représentant le buste de Jupiter : il avoit confié le soin de le graver au célèbre Morghen, associé de l'Institut, et celui de l'expliquer, à M. Visconti; cette explication, imprimée à Padoue en 1793, contient de nombreuses observations sur la dactyliographie. Le cabinet des médailles et antiques de la Bibliothèque impériale doit au Héros qui a conquis l'Italie, la possession de ce précieux monument.

L'iconographie, ou l'étude des portraits des personnages Iconographie. célèbres, ne peut pas, sans doute, être regardée comme la partie la moins intéressante des antiquités. Dans l'ancienne Rome, elle avoit été cultivée par Varron, et, à la renaissance des lettres, elle le fut, avec autant de soin que d'ardeur, par Fulvius Ursinus. Mais celui-ci, plus jaloux d'augmenter sa collection de portraits antiques, que d'en compléter la gravure, en avoit omis un grand nombre dans les deux éditions qu'il a données de son ouvrage. Après sa mort, J. Faber répara cette omission, en publiant la totalité des portraits d'hommes illustres recueillis par Ursinus.

Les deux siècles suivans ajoutèrent peu aux connoissances iconographiques : on pourroit même dire qu'elles rétrogradèrent; car, si les collections de Gronovius, de Bellori, de Canini, offrent quelques têtes de plus que celle de J. Faber, la gravure manque de fidélité, et les jugemens manquent de critique.

Nous devons aux fouilles faites à Rome à la fin du dernier siècle, différens portraits dont un assez grand nombre sont d'autant plus importans qu'ils sont constatés par des inscriptions. M. Visconti a su en profiter; et le sixième volume du *Museo Pio-Clementino*, qu'il a publié en 1796, a fait connoître, pour la première fois, les traits de Bias, de Périandre, de Périclès, d'Aspasie, d'Antisthène, sur la foi d'inscriptions authentiques; et ceux d'Archiloque, de Thalès, de Zénon le Stoïcien, de Corbulon, et d'autres, sur les conjectures les plus probables.

L'iconographie en étoit à ce point, lorsque le desir de faire revivre les traits des grands hommes de l'antiquité, et de célébrer leur mémoire, s'est fait sentir au grand homme qui avoit hérité de tous leurs droits à la gloire. Sa Majesté l'Empereur a voulu qu'une iconographie ancienne, imprimée avec magnificence et gravée avec le plus grand soin, réunît les images de tous les personnages illustres dont les portraits authentiques nous sont parvenus. M. Visconti a été chargé de la tâche honorable d'en recueillir les dessins, de les faire graver, et de les accompagner d'un texte qui contînt le précis historique de chaque sujet et l'examen critique du monument. Par les ordres de sa Majesté, le ministre des relations extérieures a interposé ses bons offices auprès des cours étrangères, pour obtenir les dessins, les moules ou les empreintes des monumens, souvent inédits, qui devoient entrer dans l'ouvrage. Le premier volume est sous presse; il contient l'iconographie Grecque, et les suites des rois qui ont fait frapper des médailles dont les légendes sont Grecques : il sera en état de paroître sous quelques mois.

Comme M. Visconti n'est pas né en France et ne s'y est fixé que depuis un petit nombre d'années, M. Dacier, secrétaire perpétuel de la classe, s'est chargé de revoir le style de l'ouvrage.

Les médailles forment à elles seules la plus nombreuse partie des antiquités : aussi la numismatique a-t-elle eu de bonne heure des règles certaines.

Les antiquaires François lui ont fait faire de grands progrès dans le XVIII.ᵉ siècle. Aux immenses travaux de J. Vaillant de l'Académie des belles-lettres, qui n'avoit laissé aucune partie de la science sans lui donner un commencement de culture, succédèrent les recherches plus profondes de l'abbé Belley, de l'abbé Barthélemy, tous les deux membres de la même académie, et celles de quelques autres savans. En même temps, Pellerin enrichit cette branche des antiquités d'un si grand nombre de monumens, que la critique en devint plus facile. Les dix volumes de son recueil ont donné à la numismatique des villes Grecques un aspect tout nouveau ; et son cabinet est encore, au milieu du cabinet impérial, le principal flambeau de la numismatique Grecque.

Il étoit réservé à l'époque dont nous rendons compte, de couronner tant de travaux par un corps de doctrine complet, lumineux, bien lié, où une érudition sage et étendue réunît toutes les différentes parties de la science des médailles. Elle doit cet important service à M. l'abbé Eckhel, antiquaire de l'empereur d'Autriche, qui a publié à Vienne, depuis 1792 jusqu'en 1798, son ouvrage intitulé *Doctrina nummorum*, à la publication duquel il a trop peu survécu ; ouvrage immortel, auquel on peut seulement regretter que l'auteur n'ait pas joint des planches gravées, qui en rendroient l'utilité plus générale.

Tout ce qui reste à parcourir en numismatique, après la doctrine d'Eckhel, ne peut plus être que d'un intérêt secondaire. Cependant on peut placer à la suite, quoiqu'à une grande distance de cette Doctrine, comme en étant une application heureuse, la Description des médailles antiques Grecques et Romaines qui existent pour la plupart dans le cabinet de la Bibliothèque impériale, et dont M. Mionnet, premier employé à ce cabinet, a déjà donné deux volumes, auxquels il a joint un recueil de gravures qui offrent l'imitation fidèle des monogrammes et des inscriptions paléographiques.

Sans pouvoir être rangée parmi les ouvrages savans, cette Description, disposée suivant la méthode d'Eckhel, annonce dans l'auteur la plus grande connoissance pratique des médailles, et sera de la plus grande utilité pour l'étude de la numismatique. M. Mionnet s'occupe encore de la faciliter, en distribuant des empreintes très-exactes d'un nombre immense de médailles dont il possède les moules.

Quelques services particuliers ont encore été rendus à la science des médailles.

Dom San-Clemente, de la congrégation des Camaldules à Rome, a écrit en latin une lettre remplie d'érudition, de critique, et adressée à M. Cousinery, numismatiste François, sur les médailles Grecques portant la tête de Cicéron.

Le même antiquaire a publié à Rome, vers la fin du siècle dernier, un ouvrage sur le véritable commencement de l'ère Chrétienne, qu'il voudroit avancer de six ans. Quoiqu'il ne paroisse pas avoir rempli complétement son objet, on peut puiser dans son ouvrage beaucoup de connoissances historiques, chronologiques et numismatiques.

M. l'abbé Sestini a profité de ses voyages dans le Levant pour faire des découvertes numismatiques, et pour déterminer les pays où ont été frappées quelques médailles incertaines : il a consigné ces découvertes dans ses lettres imprimées et dans quelques autres ouvrages également utiles à la numismatique.

Les anciens ont quelquefois frappé des médailles de plomb, non pour les employer comme monnoie, mais pour en faire, soit des marques affectées à des sociétés ou à des corporations, soit des *tessères* ou cachets d'entrée pour les spectacles et les jeux solennels. M. Visconti a composé sur quelques médailles de ce genre, deux mémoires qui répandent de nouvelles lumières sur cette partie de la numismatique.

Une branche toute nouvelle a été ajoutée à cette science par M. Silvestre de Sacy. Il a réussi à lire les caractères, jusqu'alors inconnus, des légendes des médailles frappées sous les rois Sassanides qui ont régné en Perse depuis l'an 227 de l'ère Chrétienne, et il est parvenu à les expliquer. On ne sait ce qu'on doit admirer le plus dans ce travail, ou des rares connoissances de l'auteur dans les langues Orientales, ou de l'étonnante sagacité qui dirige ses recherches.

M. Gossellin, membre de la classe, s'est occupé, depuis plus de trente ans, à rassembler des médailles Romaines ; et sa suite en argent est aujourd'hui la plus nombreuse et la plus riche que l'on connoisse, après celle du cabinet de la Bibliothèque impériale. Il a aussi formé une suite de médailles Grecques, relatives à l'art monétaire, depuis les premiers essais, qui remontent à une antiquité très-reculée, jusqu'aux plus beaux temps de l'art chez les Grecs. C'est la première collection qu'on ait encore formée sous ce point de vue. La comparaison de ces monumens a fait naître à M. Gossellin, sur la manière dont ils ont pu être fabriqués, quelques idées nouvelles, qu'il se propose de publier quand des travaux plus importans dont il s'occupe lui en laisseront le loisir.

Ceux-là aussi servent utilement la numismatique, qui, s'en occupant plutôt comme amateurs que comme érudits, forment de grandes et riches collections, et communiquent leurs trésors aux savans.

La première place parmi ces connoisseurs doit appartenir à M. Cousinery, qui a été consul de France à Smyrne, et qui a profité de cette occasion pour réunir une magnifique et nombreuse collection de médailles Grecques. Il a souvent eu l'avantage de procurer à Eckhel les moyens de déterminer le pays auquel pouvoient appartenir des médailles Grecques dont le texte et la légende ne présentoient que des doutes ; et il a prouvé, par plusieurs lettres qu'il a publiées, que l'érudition numismatique ne lui est point étrangère. Les antiquaires regrettent que la précieuse collection qu'il a formée soit restée jusqu'à présent en Asie , et desirent de la voir enrichir celle du cabinet impérial.

M. Allier, plus heureux, a pu rapporter d'Héraclée de Pont (sur la mer Noire), où il a été consul, une collection dont il se fait un plaisir de faire jouir les antiquaires, et dans laquelle on trouve des médailles précieuses qui manquent même au cabinet impérial.

M. d'Hermand, chef de division aux relations extérieures, profite, à l'exemple de M. Pellerin, premier commis de la marine, de la correspondance qu'il entretient avec les consuls François dans les échelles du Levant, pour se

procurer

procurer les médailles qu'on peut découvrir, et qu'il paye avec libéralité. Sa collection, devenue considérable en peu de temps, renferme plusieurs morceaux uniques; et l'accès en est ouvert aux antiquaires, non-seulement pour étudier, mais encore pour prendre des empreintes.

On doit rendre le même témoignage à M. Tochon, qui possède un beau cabinet de médailles, qu'il ne cesse d'enrichir depuis plus de dix années. Sa collection embrasse toutes les classes de la numismatique, et renferme un grand nombre de morceaux qui n'ont point été publiés, et qu'il s'empresse de communiquer aux savans. Les cabinets de médailles et d'autres antiques de MM. Denon, Van-Horn et l'abbé de Tersan, leur sont ouverts avec la même facilité.

A l'étude des monumens figurés se joint essentiellement celle de la paléographie, ou des monumens écrits. Comme les plus anciens sont ceux dont les inscriptions ont été gravées sur la pierre ou sur le marbre, on a donné à la paléographie l'épithète de *lapidaire;* et on la divise en deux classes, suivant que les inscriptions sont composées en grec ou en latin. *Paléographie.*

Le P. Montfaucon avoit entrepris de donner un corps complet de doctrine sur la paléographie Grecque; mais, plus habile à concevoir un beau plan d'ouvrage qu'à le bien remplir, il s'est presque uniquement borné, dans l'exécution, à ce qui concerne les anciens manuscrits, et a laissé à d'autres le soin d'expliquer les inscriptions Grecques tracées sur la pierre, sur le marbre ou sur le bronze.

Le P. Corsini et le chanoine Mazocchi, antiquaires, dont l'érudition vaste et profonde égaloit la sagacité, s'en sont occupés avec succès; et depuis eux l'Anglois Chandler a enrichi l'Europe savante d'un grand nombre d'inscriptions Grecques inconnues : mais la principale obligation qu'on lui ait, c'est de les avoir recueillies et publiées; ses explications sont foibles et très-rarement heureuses.

La paléographie Grecque n'offre, postérieurement à 1789, que quatre ouvrages dignes d'être remarqués.

Le plus important est celui de M. l'abbé Barthélemy : il a pour objet une inscription apportée de la Grèce par M. de Choiseul-Gouffier. Cette inscription, qui date de l'an 409 avant l'ère Chrétienne, présente le compte rendu des deniers publics des Athéniens par les trésoriers qui les gardoient dans le temple de Minerve. Le savant antiquaire y développe avec fruit sa vaste érudition dans la littérature Grecque et sa profonde critique, et fixe d'une manière plus certaine qu'on n'avoit pu le faire jusqu'alors, la forme de l'année Athénienne.

Le second est un Essai analytique de l'alphabet Grec, publié à Londres en 1791, par M. Peyne Knight, dans lequel on trouve quelques vues et quelques observations nouvelles et justes. Cet essai est bien supérieur à l'ouvrage mythologique qu'il avoit donné quelque temps auparavant sur le culte du *Phallus*, dans lequel il s'est entièrement abandonné au système bizarre de M. d'Hancarville.

M. Visconti a aussi payé son tribut à cette branche des antiquités, à l'occasion de deux morceaux de poésie Grecque héroïque gravés sur deux tables de marbre pentélique qui sont déposées à Rome dans la villa Borghèse. Regilla, dame Romaine de la plus haute naissance, épouse du célèbre rhéteur Hérode Atticus, du temps des Antonins, en est l'objet.

Déjà une savante dissertation de Saumaise avoit fixé l'attention sur ces poëmes ; mais la leçon et le sens de plusieurs passages étoient restés obscurs ou mal expliqués. M. Visconti s'est efforcé de les éclaircir ; et ses discussions ont répandu quelque lumière sur plusieurs points de la paléographie Grecque.

Un monument qui intéresse à-la-fois la paléographie Grecque et la paléographie Orientale, c'est l'apographe de l'inscription de Rosette, remis à l'Institut par le général Dugua, en 1800. La savante dissertation de M. Ameilhon, et les trois lettres de M. de Villoison, ne laissent rien à desirer sur ce monument. Les Anglois, qui possèdent l'original, n'ont rien donné qu'on puisse comparer au travail de nos deux savans confrères.

Le nom de Villoison appartenoit déjà à l'histoire de la paléographie Grecque, à laquelle il avoit été très-utile par ses *Anecdota Græca*, publiés à Venise en 1781. On attendoit de lui un ouvrage complet sur cette matière ; et si les manuscrits qu'il a laissés n'ont pas entièrement rempli nos espérances, on trouve du moins, dans ses dissertations inédites et dans ses notes marginales sur la Paléographie de Montfaucon, des observations et des lumières dont on ne tardera vraisemblablement pas à faire jouir le public.

Un ouvrage d'une tout autre importance pour la paléographie Grecque, que tous ceux dont nous avons parlé, auroit été celui qu'avoit entrepris M. Rosini sur les manuscrits trouvés à Herculanum, si ses travaux avoient pu être couronnés par le succès. Ce savant distingué, aujourd'hui évêque dans le royaume de Naples, a publié, d'après un rouleau en papyrus, un livre inédit de l'Épicurien Philodème

contre la musique. On doit louer ses efforts et sa sagacité; mais il n'a obtenu que de foibles résultats, qui ne
paroissent pas pouvoir compenser la peine qu'ils lui ont
coûté. On ne pouvoit guère, à la vérité, en attendre de
beaucoup plus considérables des premiers essais d'une opération aussi difficile que le développement de rouleaux de
papyrus presque brûlés : il est même à craindre que ce développement ne résiste aux essais les plus multipliés. En
effet, celui qui est chargé du déroulement croit avoir rempli
sa tâche, lorsqu'il réussit à présenter quelques pages développées et seulement interrompues par quelques mutila-
tions : il ne s'aperçoit pas que chacune de ces pages est
composée de fragmens de plusieurs pages antérieures et
postérieures, et qui ne paroissent former la même page
que parce que le papyrus brûlé est devenu extrêmement
mince. Le savant qui entreprend l'explication de cet écrit
ainsi mutilé, s'aperçoit bientôt qu'il n'offre aucun sens suivi :
il se tourmente, il s'épuise en conjectures, comme a fait
M. Rosini ; et, s'il est de bonne foi, il finit par avouer qu'il
n y peut rien comprendre.

S'il est vrai, comme on l'assure, que l'Anglois Hayter,
chargé par le prince de Galles d'expliquer de semblables
rouleaux développés à Naples, n'ait pas mieux réussi, les
nouvelles tentatives qu'on pourra faire donnent peu d'espérance.

La classe, à laquelle le Gouvernement a confié six rouleaux encore intacts, attend de Naples, pour les faire dé-
rouler, un homme qui s'est déjà exercé dans ce genre de
travail ; mais elle n'ose se flatter d'en recueillir plus de
succès.

La paléographie Latine a fait beaucoup d'acquisitions pendant l'époque dont nous nous occupons.

L'ouvrage de Fabretti sur les inscriptions nous avoit mis plus à portée que les grands recueils publiés auparavant, d'apprécier le trésor de connoissances que peut offrir ce genre de monumens. On savoit qu'ils étoient indispensablement nécessaires pour nous faire connoître, non-seulement un grand nombre des usages de la vie privée chez les anciens, mais même l'organisation de l'empire, considérée dans tous ses détails.

Le marquis Maffei avoit essayé de donner des principes de critique pour l'examen des inscriptions; mais il n'avoit ni un jugement assez solide, ni des connoissances assez vastes, pour que son ouvrage puisse être regardé comme un guide assuré.

On trouve ce guide dans les ouvrages du prélat Marini : il a porté la paléographie Latine à un degré de critique, d'exactitude et de clarté, qu'on n'auroit pas même osé espérer. L'immense variété de ses connoissances archéologiques, la sagacité de ses réflexions, le sage emploi des conjectures, donnent à ses productions le plus grand intérêt, aux yeux des antiquaires jaloux de tout ce qui concerne l'érudition Latine. Les points d'archéologie, de chronologie, d'histoire et de grammaire, qu'il a éclaircis, sont sans nombre. On regrette seulement que des écrits que l'on ne peut entendre sans bien connoître la langue Latine, aient été composés en italien.

On s'est aussi occupé, en France, de l'étude de la paléographie Latine. Je ne parle pas de ces opuscules que font naître, dans les départemens, les inscriptions qu'on y découvre quelquefois ; ils présentent ordinairement peu d'intérêt ; et d'ailleurs les connoissances nécessaires à l'antiquaire sont fort rares hors de la capitale : mais je dois rappeler les travaux dans ce genre de quelques membres de la classe.

M. Mongez lui a communiqué quelques mémoires intéressans sur des inscriptions Latines.

M. Millin a rapporté du voyage qu'il a fait dans les départemens du midi, et dont la relation est déjà en partie publiée, toutes les inscriptions qu'il a pu trouver ; et il y a joint des notes explicatives, dont la précision doit servir à répandre le goût et l'intelligence de cette partie des antiquités.

M. Visconti a souvent placé dans les explications du *Museo Pio-Clementino*, des inscriptions inédites. Il a, dans ses *Monumenti Gabini*, éclairci toutes celles qu'ont offertes les ruines de l'ancienne *Gabii*, ville à quatre lieues de Rome, que le prince Borghèse avoit découverte dans ses terres ; et, dans sa Dissertation sur le tombeau des Scipions, découvert à Rome en 1780, il a publié et expliqué douze épitaphes trouvées dans ce monument, parmi lesquelles il y en a une de Scipion Barbatus, bisaïeul de Scipion l'Africain, une du fils de ce dernier, et une du fils de Scipion Asiaticus. M. Visconti n'a rien négligé pour faire sentir tout l'intérêt que présentent plusieurs de ces monumens paléographiques. Il a, depuis peu, communiqué à la classe l'explication de l'épitaphe d'un soldat Romain, trouvée à Carouge près de Genève, et qui est curieuse par le récit chronologique des promotions de ce soldat à différens grades.

Un nouveau genre de paléographie avoit attiré, dans le

cours du dernier siècle, les regards de quelques antiquaires Italiens : on lui a donné le nom de *paléographie Étrusque*, comme s'appliquant aux monumens des anciens peuples d'Italie.

Plusieurs monumens trouvés en Toscane et dans les pays qui formoient la grande Grèce, offrent des inscriptions en caractères qui ne sont ni Grecs, ni Romains, quoiqu'ils tiennent des uns et des autres.

L'abbé Gori, le marquis Maffei et l'abbé Passeri, n'avoient pas retiré grand fruit de leurs efforts; ce n'est qu'en 1790 que M. l'abbé Lanzi, antiquaire du musée de Florence, a fait imprimer à Rome, en trois volumes, un Essai, écrit en italien, sur les caractères et les langues anciennes de l'Italie. Cet ouvrage a donné réellement l'existence à cette branche de la paléographie; et l'auteur a employé habilement ses découvertes, pour éclaircir, par le moyen d'une sage critique, plusieurs autres parties de la science des antiquités.

Je passe aux recherches qui ne se renferment pas dans l'intérieur des cabinets et des musées, et qui ont pour objet ces monumens, plus ou moins vastes, dont la main de l'homme a couvert la surface du globe.

Antiquites topographiques.

Les ruines des anciens édifices, des cités; les vestiges des campemens, les traces même des marches militaires, les anciennes limites des États, forment une autre branche des antiquités. Cette branche a du rapport avec la géographie ancienne et l'architecture; mais l'antiquaire ne s'en occupe que sous celui de l'antiquité.

Plusieurs ouvrages, depuis 1789, ont augmenté la masse de nos connoissances en ce genre.

On a publié en Angleterre le troisième volume des

Ruines d'Athènes, ouvrage posthume de Stuart, mais excellent, et qui fait mieux connoître l'architecture Grecque que tout autre ouvrage, quoiqu'il n'ait point été rédigé par lui, et qu'il soit bien loin de la perfection des deux autres volumes, et sur-tout du premier, dont Stuart a lui-même surveillé l'impression.

Les Voyages d'Istrie et de Dalmatie, qu'on publie par livraisons, offrent quelques objets nouveaux, que nous devons en grande partie au zèle de M. de Choiseul-Gouffier pour les antiquités Grecques.

Cet illustre voyageur est loin de laisser imparfait son Voyage pittoresque de la Grèce, interrompu par le malheur des temps. Le second volume est sous presse; et nous ne craignons pas d'assurer qu'il sera encore plus riche que le premier en recherches curieuses et savantes.

Nous n'hésiterons point à en dire autant du Voyage pittoresque de la Syrie, de la Phœnicie, de la Palæstine et de l'Ægypte, par M. Cassas, dont il a paru un très-grand nombre de planches. Le Gouvernement a fait déjà des dépenses considérables pour l'exécution de ce grand ouvrage, dont l'achèvement n'est suspendu que par des circonstances particulières qui céderont aisément à son moindre desir. M. du Theil s'est livré, pendant plusieurs années, au travail qu'exigeoit la composition du texte historique dont les planches doivent être accompagnées; et ce travail, dans lequel M. Langlès l'a aidé, est presque terminé. Indépendamment des explications provisoires, exécutées avec la plus grande magnificence typographique, qui ont été données avec les sept premières livraisons, et qui formeroient à elles seules un volume très-intéressant, il y a déjà quatre-vingts

vingts pages *in-folio* du texte définitif imprimées avec le plus grand soin à l'Imprimerie impériale ; et il est fort à desirer que M. du Theil se trouve enfin à portée de publier en entier ce texte, fruit d'une immensité de recherches, et dont les matériaux sont tout prêts.

On a commencé à publier à Paris les Antiquités de la France : les deux volumes qu'on a déjà mis au jour, contiennent les antiquités de Nîmes, et présentent plusieurs dessins qu'on ne trouve point dans l'ouvrage sur le même sujet que M. Clérisseau a donné il y a quelques années. La plupart de ces dessins étoient restés dans son portefeuille : c'est M. le Grand, son gendre, qui les en a tirés, et qui les accompagne d'un texte dans lequel il ne se montre pas moins bon connoisseur en antiquités qu'habile en architecture. Il est juste aussi de tenir compte de leur zèle pour les entreprises honorables et utiles, à ceux qui consacrent une partie de leur temps et de leur fortune à des ouvrages aussi dispendieux que celui-ci. On le doit à M. Durand, qui, non content de faire jouir le public de cet ouvrage, s'occupe sans cesse d'enrichir la France des antiques et des divers monumens des arts qu'il peut se procurer en Italie.

Le magnifique Voyage en Espagne, que publie M. de la Borde, contiendra des antiquités inédites du plus grand intérêt, et dont un grand nombre étoient presque entièrement inconnues.

Il faut encore regarder comme appartenant aux antiquités topographiques, les travaux et les observations de M. Louis Petit-Radel, sur les murs de construction Cyclopéenne, composés d'immenses quartiers de pierre en polyèdres irréguliers. Nous lui devons la connoissance certaine

Littérature ancienne. K

d'un très-grand nombre de ces monumens plus ou moins ruinés, qui existent encore dans la Grèce et dans l'Italie. Il a le premier conçu l'idée de faire distinguer dans les diverses constructions, ou plutôt substructions, des murs des villes antiques, quelles sont les parties anciennement ruinées qu'on doit regarder comme appartenant aux époques des fondations primitives de ces villes. Partant du principe que des constructions faites dans des systèmes absolument opposés et exclusifs doivent appartenir à des colonies différentes, il montre que ces ruines formées, comme on l'a dit, de blocs en polyèdres irréguliers et sans ciment, attribuées jusqu'alors par tous les antiquaires, soit aux Étrusques, soit aux Romains, soit même aux Goths et aux Sarrasins, sont les mêmes constructions Cyclopéennes qui ont été décrites par les écrivains Grecs, et dont l'origine remonte incontestablement à la plus haute antiquité : d'où il conclut que, ces constructions étant semblables, et dans les assises inférieures des murs des plus anciennes villes de la Grèce, et dans celles des murs des plus anciennes bourgades de l'Italie, il doit s'ensuivre que plusieurs de ces monumens furent l'ouvrage des antiques dynasties auxquelles les anciennes traditions recueillies par Denys d'Halicarnasse attribuent la civilisation primitive de ces contrées. Sans prononcer sur le degré de certitude des opinions proposées par l'auteur, nous dirons qu'on ne peut les taxer d'être fondées sur des suppositions gratuites, et que la manière dont il envisage l'ensemble de l'histoire des temps héroïques, s'accorde très-bien avec ce que nous en connoissions déjà, et avec les nouveaux points de vue qu'il présente, à l'aide d'une critique ingénieuse, dont il ne doit les élémens à aucun auteur ancien ni moderne.

L'indication des antiquités topographiques qui se trouvent en différens pays, ainsi que celle des livres dans lesquels elles sont expliquées ou gravées, a été publiée à Strasbourg en 1790, par feu M. Oberlin, sous le titre de *Orbis antiqui monumentis suis illustrati primæ lineæ.* Il ne manque à cet ouvrage, véritablement utile, que d'être plus complet.

Nous réunissons dans un même article les ouvrages sur les antiquités Égyptiennes, par les motifs précédemment allégués, quel que soit le genre ou la destination de ces monumens.

Antiquités. Égyptiennes.

La conquête de l'Égypte par les François, en 1798, aura sans doute prodigieusement étendu nos connoissances sur ce pays, par la facilité qu'elle a donnée de l'étudier, de vérifier les récits des voyageurs anciens et modernes, d'interroger les monumens eux-mêmes, et d'en découvrir qu'aucun d'eux n'avoit vus; mais ces nouvelles richesses ne sont point encore en circulation, et le public attend avec la plus vive impatience le grand ouvrage que le Gouvernement fait publier à ses frais, et qui doit soulever un coin du voile mystérieux dans lequel est enveloppée l'histoire de ce pays, presque aussi inconnu qu'il est célèbre.

M. Zoëga, savant Danois, qui a publié à Rome, en 1802, un ouvrage sur l'origine et l'usage des obélisques, n'a pu profiter de ces nouvelles lumières; et cependant on doit dire, pour être juste envers lui, qu'il n'a point paru d'ouvrage sur les antiquités Égyptiennes où l'on ait fait un emploi plus heureux de l'érudition, du jugement et de la critique; et que la sage retenue de l'auteur, dans des recherches si difficiles et si obscures, ne lui fait pas moins d'honneur que ses réflexions les plus ingénieuses.

M. Denon est le premier qui nous ait donné un essai de cette mine féconde dont on devra l'exploitation à nos armes victorieuses. Son Voyage de la haute et basse Égypte contient des monumens inconnus jusqu'alors aux anti-quaires, et ajoute à l'ensemble des antiquités Égyptiennes, des articles qu'on chercheroit en vain dans Caylus et dans Pococke, qui sont les derniers auxquels cette partie doive quelques accroissemens.

L'une des planches de ce Voyage représente les zodiaques sculptés sur des plafonds dans le temple de Dendera, l'an-cienne Tentyris. Les antiquaires ont émis à ce sujet deux opinions très-opposées. Les uns, se fondant sur l'exactitude rigoureuse des systemes astronomiques, ne doutent pas que ces monumens n'appartiennent à une époque extrêmement reculée. Telle est l'opinion soutenue par M. Dupuis, dans sa Dissertation sur les zodiaques.

D'autres, tels que le prélat Testa, dans une dissertation imprimée à Rome, et M. Visconti, dans une courte notice insérée parmi les notes de M. Larcher sur Hérodote, voyant dans ces sculptures des images plutôt astrologiques qu'astro-nomiques, les regardent comme beaucoup moins anciennes.

La même opposition d'opinions s'est manifestée, dans le sein de la classe, sur ce qu'Hérodote a dit du phénix. M. Dupuis y a vu le symbole de la période caniculaire ; M. Larcher croit, au contraire, que le phénix n'a rien de commun avec cette période, dont il essaie de fixer le com-mencement sans recourir à cet oiseau merveilleux.

Antiquités Gauloises et Celtiques. Les antiquités Gauloises et Celtiques n'ont guère d'autre mérite que celui que leur donne l'intérêt national : leur petit nombre, la barbarie de l'exécution, le défaut presque

absolu de renseignemens sur ce qui les concerne, empêche-
ront qu'elles ne forment jamais une classe importante de
l'archéographie. Des écrivains doués de beaucoup plus
d'imagination que de critique ont présenté, dans ces derniers temps, comme des découvertes, des hypothèses dont
le peu de succès a démontré la bizarrerie. Il est sans doute
utile de chercher à augmenter le nombre des monumens
de ce genre ; ils peuvent jeter quelque lumière les uns sur
les autres : mais le public se gardera vraisemblablement
d'accueillir des opinions hasardées, qui tendent à renverser
ce qui est fondé sur les preuves historiques les plus solides
et la critique la plus judicieuse.

Le seul ouvrage que l'on puisse citer sur les antiquités
Gauloises et Celtiques, depuis 1789, c'est un mémoire sur
la déesse Nehallenia, que M. Pougens a communiqué à la
classe. Il renferme tout ce qu'une sage érudition permettoit
d'admettre sur cette divinité, qui présidoit à l'agriculture et
au commerce des anciens Bataves.

Le premier et le plus puissant de tous les moyens pour
faire fleurir la science des antiquités, c'est la réunion d'un
grand nombre de monumens dans tous les genres. Nous
devons aux grandes collections, et tout ce que nous savons
de plus certain, et tous les hommes qui se sont distingués
dans la science des antiquités.

Le cabinet des médailles du Roi a formé les Vaillant et
les Barthélemy, qui l'ont augmenté par de nombreuses
acquisitions. Les observations nouvelles .de Pellerin sont
dues à ce même cabinet et à la collection immense qu'il
avoit lui-même formée. Le cabinet de Vienne nous a
donné Eckhel. Voilà pour la numismatique.

Tant que les collections d'inscriptions n'ont été faites que dans les livres, elles ont sans doute été utiles; mais la critique de la paléographie n'a pris son essor que lorsqu'on a fait des collections de marbres écrits.

Fabretti en avoit rassemblé lui-même une très-nombreuse dans sa maison d'Urbin. Le cloître de Saint-Paul, à Rome, tapissé d'inscriptions, et le musée de Vérone, ont formé les Lupi, les Maffei, et tant d'autres hommes habiles en paléographie. Les collections immenses du Capitole et du Vatican, et plusieurs autres, faites à Rome dans ces derniers temps, ont formé le prélat Marini, qui a porté la paléographie Latine à son plus haut degré.

La collection dactyliographique de Stosch, et celle de pierres gravées de Florence, ont mis Winckelmann a portée de bien mériter de cette partie de la science; et la collection du Roi avoit procuré le même avantage à Mariette.

Les grandes collections de statues n'ont guère été commencées que dans le siècle dernier. Celles du Capitole, du *Museo Pio-Clementino*, de la villa Albani, datent de cette époque. Celle de la villa Borghèse, quoiqu'elle existât précédemment en partie, n'a été entièrement formée que sous le prince père de S. A. I. le prince actuel, qui a rapproché et réuni les monumens jusqu'alors épars dans ses palais et dans ses jardins.

Le Musée Napoléon ne cesse de s'enrichir, et ne laisse déjà presque rien à desirer pour les modèles des arts. Cette grande collection va donner à la France les plus grands avantages pour les études de l'antiquité.

La collection numismatique de la Bibliothèque impériale s'augmente et se complète chaque jour : elle doit soutenir à un bien haut degré la science numismatique en France.

La collection dactyliographique du même cabinet est peut-être la plus précieuse qui existe en Europe, et doit être aussi la plus utile pour l'étude.

Les collections d'inscriptions ne sont pas riches à Paris : le Musée Napoléon possède des monumens importans en ce genre; mais ils sont en petit nombre. On pourroit l'accroître considérablement, en se procurant des inscriptions Grecques, au moyen de nos relations avec la Turquie. M. de Choiseul-Gouffier en a tiré des monumens extrêmement précieux. Mais combien d'acquisitions intéressantes, combien de lumières ne devroit-on pas espérer, si le Gouvernement ordonnoit à ses agens dans les échelles du Levant de recueillir les inscriptions antiques qu'ils pourroient trouver dans tous les genres, sans exception! On en fait si peu de cas dans le pays, qu'on les emploie dans la construction de différens édifices, qu'on les efface pour rendre le marbre uni, qu'on en fait de la chaux, et qu'on s'en sert souvent pour lester les vaisseaux; d'où il résulte qu'on pourroit les acquérir à peu de frais.

On réussiroit sans doute encore à répandre le goût de l'étude des antiquités, en établissant dans les bibliothèques publiques des départemens, des collections d'empreintes des médailles Grecques et Latines, en recueillant dans les hôtels-de-ville les inscriptions qu'on trouve dans les environs, et dont il seroit utile de donner des interprétations claires, simples, et à la portée de tous ceux qui entendent le latin.

Il n'existe point en France de livres élémentaires sur la

paléographie Grecque et Latine, et sur quelques autres parties de la science des antiquités. Si le Gouvernement daigne encourager cette étude, il lui sera facile de suppléer à ce défaut, en chargeant des hommes habiles de composer les ouvrages qui seroient jugés nécessaires.

Peut-être encore seroit-il digne de sa munificence d'aider dans leurs entreprises les antiquaires dont les talens sont déjà connus, et qui, après avoir consacré leurs veilles à quelque ouvrage utile, sont obligés de le laisser dans leur porte-feuille, parce qu'ils manquent des moyens pécuniaires dont ils auroient besoin pour le publier.

LANGUES ET LITTÉRATURE ORIENTALES.

Sous le nom de littérature et de langues Orientales, on n'a entendu long-temps que la langue Hébraïque et celles des autres langues de l'Orient qui ont avec elle des rapports assez grands pour pouvoir être regardées, ou comme des dialectes dérivés de cette langue, ou comme des idiomes ayant la même origine. L'hébreu, le chaldéen, le syriaque, le samaritain, l'arabe et l'éthiopien, formoient donc à-peu-près tout le domaine de la littérature Orientale; et l'intelligence des livres saints étoit le principal but que l'on se proposoit dans l'étude de ces langues : on y joignit le copte, le persan et l'arménien, quoique ces langues soient d'un usage très-borné et même presque nul pour la philologie et la critique sacrées. Enfin la langue Turque, quoique l'étude n'en fût utile que pour les besoins de la diplomatie, fut par la suite comprise sous la même dénomination.

La littérature Orientale appliquée à l'étude des livres

saints

saints a été plus cultivée en Allemagne, en Hollande et
en Angleterre qu'en France ; la France cependant s'est distinguée dans cette carrière par de grands et importans
ouvrages, tels que les traductions de Vatable, la polyglotte
de le Jay, les savans traités de Bochart, les ouvrages critiques du P. Simon, les commentaires de Calmet, et en
dernier lieu l'édition critique du texte Hébreu par le P. Houbigant. C'est d'ailleurs entre les mains des Renaudot, des
d'Herbelot, des Galland, des Petis de la Croix, et de leurs
dignes émules, que la littérature et l'étude des langues de
l'Orient ont pris un nouvel essor, et ont été appliquées à
l'histoire et à la discipline ecclésiastiques, à l'histoire politique, civile et littéraire des Arabes, des Persans et des
Turcs, et à la traduction des ouvrages importans en différens genres qu'offroit la littérature de ces nations.

Peu de textes originaux furent publiés en France où
l'on n'imprimoit guère que des ouvrages relatifs à la littérature biblique, ou destinés à l'usage des missions. L'Europe est redevable des principales éditions d'auteurs Arabes
ou Persans à la typographie des Médicis, à la congrégation
de la Propagande, à l'Angleterre et à la Hollande. Il faut
en dire autant des livres destinés à l'enseignement de ces
langues : c'est de l'Italie, de la Hollande et de l'Angleterre,
que la république des lettres les a reçus ; et la France n'a
produit jusqu'à présent rien de comparable aux travaux de
Giggeius, de Marracci, d'Erpenius, de Golius, de Pococke,
de Castell, des Schultens, &c. &c. La raison en est, sans
doute, qu'à Rome l'intérêt des missions, en Angleterre et
en Hollande l'influence du luthéranisme et des commu-
nions nées de la réforme, avoient multiplié les établissemens

Littérature ancienne.   L

consacrés à l'enseignement des langues Orientales, tandis
qu'en France ces langues n'étoient guère enseignées qu'au
Collége royal, et ne donnoient l'espoir d'aucune place à ceux
qui les cultivoient. La même cause nous a long-temps empê-
chés de rivaliser avec les typographies Orientales des autres
contrées de l'Europe; et nous en ressentons encore les effets
aujourd'hui, puisque Paris est la seule ville de France où il
y ait une typographie Orientale de quelque étendue, et que
cette typographie n'existe qu'à l'Imprimerie impériale.

L'établissement fait en 1785, dans l'Académie des inscriptions et belles-lettres, d'un comité chargé de faire connoître par des notices et des extraits les manuscrits de la
Bibliothèque du Roi, étoit la circonstance la plus favorable
pour faire revivre parmi nous la typographie Orientale,
si peu riche encore, malgré la munificence et les talens de
quelques François, tels que les de Brèves, les le Bé, les
Vitré, &c.

M. de Guignes, de l'Académie des belles-lettres, digne
successeur de nos anciens orientalistes Renaudot, d'Herbelot, Fourmont, &c. avoit été nommé membre de ce
comité; et comme on avoit senti que la publication des
notices des manuscrits Orientaux seroit très-imparfaite, si
l'on ne pouvoit imprimer, avec les caractères originaux,
au moins les titres des ouvrages, les noms des auteurs, et
quelques-uns des textes les plus importans, ce savant académicien fut chargé d'examiner et de vérifier les caractères
Orientaux qui devoient exister à l'Imprimerie royale. Cet
examen prouva que si depuis long-temps on n'avoit rien
imprimé en France avec ces caractères, que si, pour l'impression même des Mémoires de l'Académie des belles-

lettres, on s'étoit trouvé dans l'impossibilité de composer quelques mots Syriaques, Arabes ou Persans, c'étoit uniquement faute de connoître les trésors que l'on possédoit, et par conséquent de prendre les moyens convenables pour les mettre en œuvre. Dès-lors, grâce aux soins de M. de Guignes, et à la protection accordée à ce travail par le ministre M. de Breteuil, les beaux caractères de Vitré furent tirés du néant, et l'on vit renaître en France la typographie Orientale.

Nos richesses en ce genre ont été prodigieusement accrues par la nombreuse collection de caractères exotiques apportée de Rome, où ils avoient été gravés pour l'usage des missions, par les ordres de la congrégation de la Propagande. Quelques caractères qui manquoient encore ont été gravés par les soins de M. Marcel; d'autres ont été réunis à l'Imprimerie impériale, soit par acquisition, comme les caractères Tartares-Mantchoux, soit par une disposition du Gouvernement, comme les caractères Chinois; et cet établissement peut être regardé aujourd'hui comme la première typographie de l'Europe, par le nombre et la beauté des caractères.

Il devroit aussi posséder les beaux caractères Arabes des Médicis : mais ces caractères, au moment où ils devoient être envoyés en France, ont disparu, et ce n'est qu'en cet instant même qu'ils viennent d'être retrouvés à Florence. Ils ne sont donc point perdus pour la littérature.

Nous diviserons par langues le compte que nous avons à rendre, et nous placerons de suite les ouvrages relatifs à chacune de ces langues et publiés depuis 1789, à quelque partie des sciences ou de la littérature que ces ouvrages appartiennent.

La littérature Hébraïque, dans laquelle il faut comprendre les langues Chaldéenne et Samaritaine, que l'on étudie seulement comme accessoires, peut être divisée en deux parties : l'une a pour objet l'étude des livres de l'ancien Testament écrits en hébreu; l'autre, celle des ouvrages de tous les genres rédigés en hébreu plus ou moins corrompu, ou dans un langage mêlé d'hébreu et de chaldéen, et qui forment ce que l'on appelle la littérature Rabbinique et Talmudique.

La littérature Hébraïque proprement dite, c'est-à-dire, la littérature Biblique, n'a rien produit de quelque importance en France, depuis l'édition critique du texte Hébreu publiée en 1753 par le P. Houbigant, prêtre de la congrégation de l'Oratoire. Les ouvrages estimables de M. l'abbé Guénée et de M. du Contant de la Molette n'appartiennent que d'une manière indirecte à la littérature Hébraïque. Les circonstances dans lesquelles la France s'est trouvée depuis 1789, n'étoient pas propres à favoriser l'étude de cette langue, qui, privée de la chaire établie en Sorbonne, ne conserva que celle du Collége de France. On doit au professeur qui la remplit aujourd'hui, des Élémens de grammaire sous la forme de tableaux; ouvrage qui peut être d'un grand secours à ses élèves, mais qui ne doit pas marquer dans l'histoire de la littérature Hébraïque.

S'il falloit comprendre dans cette littérature tous les ouvrages relatifs à la critique du texte Hébreu et à l'exégèse ou interprétation des livres saints, l'époque que nous parcourons, présenteroit une moisson abondante de traductions en latin ou en langues vulgaires de ces mêmes livres. Les contrées d'Allemagne où l'on professe la religion réformée, en offriroient sur-tout un grand nombre, ainsi qu'une multitude de commentaires, de scholies, dont quelques-uns mériteroient d'être distingués; mais ces travaux appartiennent plutôt à la théologie ou à la philologie sacrée qu'à la littérature Orientale.

L'ouvrage le plus important pour la langue Hébraïque que nous puissions citer, c'est celui du célèbre Michaëlis, intitulé *Supplementa ad lexica Hebraica*. Le nouveau Dictionnaire Hébreu de M. Dindorf, professeur à Leipsick, dont une partie seulement a été publiée, offrira l'extrait de ce que les commentateurs et les critiques du siècle dernier ont fait pour jeter du jour sur les difficultés de cette langue.

Pour la critique du texte Hébreu, les *Scholia critica* du professeur de l'université de Parme, M. J. B. de Rossi, peuvent être considérés comme le complément des travaux entrepris par Kennicott et par M. de Rossi lui-même.

Parmi les traités destinés à faire connoître les antiquités Hébraïques, nous distinguerons l'Archéologie Biblique, donnée en allemand par M. Jahn, professeur en l'université de Vienne, et l'Abrégé du même ouvrage en latin.

La nouvelle édition de l'*Hierozoicon* de Bochart, donnée à Leipsick par M. E. F. C. Rosenmüller, et les Collections de M. Oedmann, publiées en suédois et en allemand, méritent une mention particulière parmi les travaux qui ont pour objet d'appliquer à l'intelligence des livres Hébreux les connoissances anciennes et modernes en histoire naturelle.

L'histoire de l'ancienne littérature Hébraïque, des livres qui nous sont parvenus, des moyens employés pour l'intelligence et la critique de ces livres, a été l'objet de beaucoup de travaux en Allemagne et en Hollande. L'Introduction aux livres de l'ancien Testament, donnée d'abord en allemand, puis en latin d'une manière plus abrégée, par M. Jahn, et le Manuel de la littérature pour la critique et l'exégèse Bibliques publié par M. Rosenmüller, sont des ouvrages extrêmement recommandables. Une autre Introduction aux livres de l'ancien Testament par le célèbre Eichhorn, ne se rapporte à l'époque dont nous nous occupons que par la nouvelle édition qu'il en a donnée. L'édition critique des livres Hébreux de la Bible, par Doederlein et Meissner, mérite que l'on en fasse mention ; mais elle sera effacée par celle que M. Jahn vient de publier à Vienne. Beaucoup de journaux ou de collections littéraires en Allemagne appartiennent, du moins en grande partie, à la littérature Biblique; et l'on doit distinguer dans ce nombre la Bibliothèque universelle Biblique de M. Eichhorn.

Les secours que la littérature Hébraïque peut retirer de la connoissance des usages de l'Orient, ne permettent pas de passer sous silence les *Oriental customs* de Burder, qui ont ajouté quelque chose à ce que Michaëlis et Harmar avoient déjà fait en ce genre.

Littérature Rabbinique et Talmudique.

La littérature Rabbinique et Talmudique, après avoir occupé long-temps dans la littérature Orientale une place beaucoup plus importante qu'elle ne le méritoit, est tombée, en France sur-tout, dans un discrédit absolu ; et parmi les personnes qui apprennent l'hébreu, il en est à peine quelques-unes qui travaillent à se mettre en état d'entendre le Talmud, ou les ouvrages écrits en hébreu par les rabbins anciens et modernes. Ce discrédit est excessif; car la littérature Rabbinique est utile sous plusieurs points de vue, et mériteroit de n'être pas entièrement abandonnée.

M. O. G. Tychsen, professeur à Rostock, et M. J. B. de

Rossi, de Parme, sont presque les seuls hommes aujourd'hui, si l'on en excepte les Juifs, qui soient versés dans cette littérature, ou du moins qui en aient donné des preuves par leurs ouvrages.

Le dernier s'est formé la bibliothèque la plus riche en manuscrits et en anciennes éditions d'ouvrages de ce genre, et il en a publié le catalogue raisonné. On lui doit aussi un Dictionnaire historique des écrivains Hébreux les plus célèbres, et plusieurs ouvrages relatifs à l'histoire de la typographie Hébraïque. L'autre, fréquemment consulté par les tribunaux sur des controverses judiciaires dont la décision exige la connoissance du droit actuel des Juifs, a prouvé, par ses consultations imprimées, qu'aucune question de ce genre ne lui étoit étrangère.

La littérature Chaldaïque et la littérature Samaritaine occupent si peu de place dans la littérature Orientale, qu'elles ne doivent pas nous arrêter : ce qui les concerne se trouve dans les ouvrages relatifs à la littérature Hébraïque.

Littérature Chaldaïque et Samaritaine.

La seule production de quelque importance en ce genre est une Dissertation de M. de Sacy sur la version Arabe des livres de Moïse à l'usage des Samaritains, publiée d'abord en latin dans la Bibliothèque universelle biblique de M. Eichhorn, et donnée ensuite en françois, avec beaucoup d'augmentations, dans l'un des derniers volumes du Recueil de l'Académie des belles-lettres. Cette dissertation appartient même plus spécialement à la littérature Arabe.

La nouvelle édition du Pentateuque Hébreu-Samaritain, donnée à Oxford par B. Blainey, est commode pour l'usage ; mais elle n'a d'ailleurs aucun mérite particulier : elle appartient uniquement à la littérature Hébraïque.

La langue Syriaque mérite d'être étudiée autant pour elle-même, qu'à cause du secours qu'elle offre pour l'intelligence de la langue Hébraïque.

La littérature Syriaque a pour principaux objets les livres de l'ancien et du nouveau Testament, la patristique, l'histoire ecclésiastique qui comprend celle des dogmes et de la discipline, enfin l'histoire politique de l'Orient. Les traductions qui avoient été faites en syriaque des écrivains Grecs de tout genre, sur-tout celles des livres de philosophie et de médecine, seroient dignes d'attention, s'il étoit possible de se les procurer : mais, ou elles ont été détruites pour la plus grande partie, ou, s'il en existe quelques-unes dans le Levant, elles n'ont point passé en Europe.

Depuis l'édition du Dictionnaire Syriaque de Castell, donnée à Gottingue en 1788 par le célèbre Michaëlis, il n'a rien été fait pour faciliter ou étendre la connoissance de cette langue, ou du moins rien qui mérite une mention particulière ; et cependant il est certain que nos dictionnaires Syriaques sont fort incomplets, et que la littérature Orientale a le plus grand besoin que cette lacune soit remplie. Personne ne semble avoir plus de vocation à ce travail que M. Lorsbach, professeur à Herborn, qui a publié quelques recueils remplis d'observations précieuses sur cette langue.

M. White, professeur à Oxford, a rendu service à la littérature Biblique, et en même temps à la littérature Syriaque en particulier, en complétant son édition de la version Syriaque du nouveau Testament de Philoxène ; ainsi que M. Adler, en faisant connoître, dans un Examen des versions Syriaques du nouveau Testament, un dialecte de cette langue ignoré jusque-la ; et MM. Bruns et Kirsch,

en

en donnant, à Leipsick, en 1789, une édition de la Chronique Syriaque d'Aboulfaradje, accompagnée d'une version Latine. Cet ouvrage important réclame cependant les soins d'un nouvel éditeur, ou du moins une révision critique qu'on a droit d'attendre, ou de M. Lorsbach dont nous avons déjà parlé, ou de M. Arnoldi, professeur à Marbourg.

Quelques savans ont encore publié des extraits ou morceaux choisis d'auteurs Syriens, pour faciliter les moyens d'étudier la langue.

Il seroit fâcheux que M. Norberg n'achevât point la publication du manuscrit Syriaque des Hexaples, que possède la bibliothèque Ambroisienne de Milan : s'il y a renoncé, il seroit à souhaiter que ce travail fût repris par quelque savant orientaliste du royaume d'Italie. M. Bugatti, docteur du collége Ambroisien, s'est montré digne de remplir cette tâche honorable, par l'édition qu'il a donnée, en 1788, de la version Syriaque hexaplaire de Daniel.

La langue et les livres des Sabéens ou Chrétiens de S. Jean sont une branche encore peu cultivée de la littérature Orientale, et qui appartient à la littérature Syriaque : MM. Norberg, Tychsen de Gottingue, Silvestre de Sacy et Lorsbach, ont fait connoître ou ont travaillé à éclaircir quelques parties de ces livres. C'est un champ ingrat et difficile à défricher; il est cependant à desirer qu'on ne se laisse point rebuter par les difficultés. M. Norberg, encouragé par les conseils et le zèle du savant cardinal Borgia, a travaillé plusieurs années à préparer l'édition de quelques-uns des livres sacrés des Chrétiens de S. Jean. Puisse la mort de cet illustre Mécène ne pas priver l'Europe des travaux recommandables de M. Norberg, qui par-là seroit privé lui-même de la juste récompense due à une entreprise aussi intéressante qu'épineuse et pénible! La Bibliothèque impériale de Paris, la bibliothèque Bodleyenne d'Oxford, et celle que le cardinal Borgia a léguée à la congrégation de la Propagande, renferment, à ce qu'il paroît, tout ce que l'Europe possède de livres Sabéens.

Langue et littérature Arabes. L'ordre de l'affinité entre les différentes langues de l'Orient nous amène à la littérature Arabe; et ici un champ plus vaste s'ouvre devant nous.

La France, qui n'a qu'une foible part à réclamer dans les progrès de la littérature Hébraïque ou Syriaque, peut se vanter d'avoir fait pour la littérature Arabe, dans la période de temps que nous avons à parcourir, autant que tout le reste de l'Europe ensemble. Plusieurs des travaux entrepris par des François ne sont pas, à la vérité, encore totalement achevés; mais, commencés depuis 1789, et attendus des savans, ils sont déjà assez connus pour que nous ne puissions pas nous dispenser d'en parler.

Nous citerons en premier lieu plusieurs Mémoires de M. de Sacy sur l'histoire ancienne des Arabes, et sur l'origine de leur littérature, où ce sujet, jusqu'ici à peine effleuré, est traité à fond, mis dans tout le jour dont il est susceptible, et accompagné de beaucoup d'extraits de divers écrivains cités dans leur langue originale. L'auteur avoit originairement consacré ce travail à l'Académie des inscriptions et belles-lettres, dont il étoit membre : des corrections, des augmentations importantes qu'il y a jointes depuis, en ont fait un ouvrage tout nouveau, qu'on trouvera dans les derniers volumes du Recueil de cette Académie, dont l'impression est fort avancée et qui ne tarderont pas à paroître.

L'étude de la langue Arabe a reçu de nouveaux secours par la publication faite à Scutari, pendant ces dernières années, de divers ouvrages de grammaire avec des commentaires. Ces livres ne peuvent servir aux Européens pour étudier les élémens de la langue, parce qu'ils sont écrits en arabe; mais ils ne sont pas inutiles à ceux qui, connoissant déjà la langue, veulent en approfondir le système grammatical.

En Portugal, le P. J. de Sousa a donné une grammaire Arabe abrégée, écrite en portugais; en Allemagne, MM. Rosenmüller, Wahl, Vater et quelques autres ont publié de nouveaux Élémens de grammaire, ou des recueils destinés à fournir aux étudians un exercice nécessaire. Mais la grammaire la plus complète qui ait paru est celle de M. Jahn, professeur à Vienne, qui l'a écrite en allemand. M. de Dombay a aussi publié à Vienne une grammaire Arabe de l'idiome de Maroc : ce n'est pas le seul ouvrage pour lequel il ait su mettre à profit le séjour de plusieurs années qu'il a fait dans cette résidence, en qualité d'interprète.

On doit encore à M. Jahn une Chrestomathie avec un lexique. Mais l'ouvrage le plus étendu en ce genre est celui que M. de Sacy a publié en 1806, en trois volumes *in-8.º*, dont un volume entier est rempli de textes Arabes et les deux autres contiennent des traductions et des notes. Cet ouvrage, quoique destiné aux étudians, offre néanmoins aux savans orientalistes un recueil d'autant plus intéressant, qu'il ne contient rien que d'inédit : aussi a-t-il reçu l'accueil le plus favorable des hommes en état de l'apprécier, à Gottingue, à Leyde, à Oxford, à Copenhague, à Vienne, à Paris, à Constantinople, et jusqu'à Bassora. Sa Majesté l'Empereur a daigné agréer la dédicace de cette production, qu'on peut regarder comme l'une des plus importantes pour la littérature Orientale qui aient paru depuis 1789. Le même auteur a livré à l'impression, en 1805, une grammaire Arabe plus complète et plus étendue que toutes celles qui existent : elle est déjà connue par l'usage que l'auteur en fait depuis plusieurs années dans ses cours; et sans des obstacles qu'il n'a pas dépendu de lui de lever, elle seroit dès-à-présent entre les mains du public.

M. Herbin, jeune homme enlevé trop tôt à la littérature, a publié en françois une grammaire Arabe, dont le principal mérite est l'addition qu'il y a faite d'un traité de calligraphie, ou de l'art de l'écriture chez les Orientaux.

Celle de M. Savary, pour l'arabe tant littéral que vulgaire, dont l'impression a été commencée à l'Imprimerie impériale, n'a jamais été achevée; il n'y a de vraiment utile dans cette grammaire que des dialogues en arabe vulgaire.

Le Dictionnaire abrégé François-Arabe qui a été publié à l'usage du commerce, par M. Ruphy, est pareillement d'une utilité très-bornée.

Le Gouvernement faisoit les frais de la composition d'un autre Dictionnaire d'arabe vulgaire beaucoup plus considérable; un tiers à-peu-près étoit exécuté : mais les prétentions exagérées de celui qui en étoit chargé, ont obligé de suspendre cette entreprise, à laquelle on a ensuite renoncé tout-à-fait. Ce dictionnaire seroit cependant très-utile pour le commerce, les missions et la diplomatie; et il est à desirer que la France ne soit pas privée d'un secours dont l'Italie jouit depuis long-temps, et que le Dictionnaire Espagnol-Arabe, fort étendu, de Cañes, publié en 1787, a procuré à l'Espagne.

La littérature biblique a gagné quelque chose par la publication d'une version Arabe d'Isaïe, et d'un commentaire Arabe sur les psaumes, imprimé à Vienne en 1792. La Dissertation de M. de Sacy sur la version Arabe des livres de Moïse à l'usage des Samaritains trouve ici sa véritable place, ainsi qu'un Essai sur le même sujet, donné à Leyde par M. Vanvloten, sous la direction de feu M. Rau, professeur en l'université de la même ville. Nous ne devons pas non plus passer sous silence plusieurs éditions du texte Arabe de l'Alcoran, qui ont été publiées en Russie.

L'histoire des sectes nées dans le sein du mahométisme, histoire qui appartient à celle des opinions religieuses, et même de la philosophie, n'avoit été traitée jusqu'ici que d'une manière fort sommaire par Ed. Pococke, Marracci, et quelques autres écrivains. Parmi ces sectes, celle des Druzes, qui subsiste encore aujourd'hui, avoit fixé depuis quelques années l'attention des savans, que MM. Adler, Eichhorn et autres avoient provoquée, en publiant divers morceaux relatifs aux opinions et au culte de cette secte : mais on étoit bien loin de connoître les dogmes singuliers qu'elle professe. Les fondemens de sa doctrine se trouvent dans plusieurs manuscrits de la Bibliothèque impériale de France et dans quelques-uns de celle de Leyde. Ces livres sont écrits en arabe, mais dans un style mystique qui les rend obscurs et très-difficiles à entendre. M. Silvestre de Sacy, ayant pris cette partie de l'histoire philosophique de l'Orient pour l'objet suivi de ses études, a traduit entièrement tous les livres connus de cette secte. Il a recueilli aussi, dans plus de vingt écrivains Arabes, tout ce qui est relatif à son origine et à son histoire, et a recherché dans

les annales de toutes les sectes qui ont déchiré le mahométisme pendant les premiers siècles de l'hégire, les opinions philosophiques et les causes politiques qui ont pu
contribuer à l'établissement d'un corps de doctrine aussi
étrange que celui des Druzes. Tous ces matériaux, traduits
en françois, existent entre les mains de l'auteur ; qui s'en
est servi pour composer un ouvrage sous le titre d'*Histoire
de la religion des Druzes*, dont il a communiqué divers fragmens à l'Institut et à la Société royale de Gottingue ; et s'il
n'a pas jusqu'ici pensé à le publier en entier, c'est que les
circonstances ont été et sont encore peu favorables à la publication des grands ouvrages d'érudition. Celui-ci, qui for-
meroit deux volumes *in-4.°*, avec plusieurs textes Arabes,
ne pourroit guère être entrepris que par souscription ; et
ce moyen réussit rarement pour les ouvrages qui ne sont
pas de nature à intéresser un grand nombre de lecteurs.

Les sciences exactes doivent à la littérature Arabe une édition des Élémens d'Euclide, avec un commentaire, publiée
à Scutari ; la Description d'un globe céleste Arabe, donnée
à Padoue par M. l'abbé S. Assemani ; et sur-tout une
partie des Tables astronomiques dressées, vers l'an 1000 de
notre ère, par Ebn-Younis, astronome Arabe. Ce morceau
important, qui a paru avec la traduction dans le *tome VII*
des Notices et Extraits des manuscrits, est dû à M. Caussin,
professeur d'arabe au Collége de France.

Un Traité fort étendu d'agriculture théorique et pratique, dont la publication étoit desirée depuis long-temps,
a été imprimé à Madrid, en arabe et en espagnol, par la
munificence du Gouvernement. On desireroit que l'édition
eût été faite avec plus de critique, et qu'on y eût ajouté

quelques secours propres à en faciliter l'usage, tels que des notes sur les auteurs cités, des tables, &c.

L'histoire et les antiquités Musulmanes ont été l'objet de plusieurs travaux. Le plus important, celui qui signale le commencement de l'époque dont nous nous occupons, c'est, sans contredit, la publication des Annales Musulmanes d'Aboulféda, en arabe, avec la traduction du célèbre Reiske. Ce savant illustre n'avoit publié qu'une partie de sa traduction, et le défaut de succès l'avoit empêché de compléter l'impression de ce grand ouvrage : ce qu'il n'avoit pu faire de son vivant, a été fait après sa mort, d'une manière très-honorable, par les soins de M. Adler, et par la libéralité de M. Suhm, chambellan et historiographe du roi de Danemarck.

Vers le même temps, le chanoine Gregorio de Palerme donna dans cette ville, en arabe et en latin, un recueil de tout ce que divers écrivains Arabes contiennent de relatif à l'histoire de Sicile, avec l'explication des inscriptions qui ornent plusieurs monumens construits par les Arabes pendant leur séjour dans cette île Un des principaux extraits qu'il plaça dans ce recueil, lui avoit été fourni par M. Caussin, qui a publié depuis, ainsi qu'on vient de le dire, les Tables astronomiques d'Ebn-Younis; et cet extrait a paru en françois, à la suite des Voyages du baron de Riedesel en Sicile, dans la grande Grèce et au Levant.

M. Carlyle a donné à Oxford, en arabe et en latin, une Chronique très-abrégée de l'Égypte, depuis l'année 971 jusqu'en 1453, dont l'auteur est Aboulmahasen fils de Tagribirdi.

M. de Sacy a traduit de l'arabe l'Histoire de la conquête

de l'Arabie heureuse par les Ottomans. Ce travail, dont il a publié un extrait fort étendu dans le recueil des Notices des manuscrits de la Bibliothèque impériale, existe manuscrit dans ses porte-feuilles.

Le succès qu'avoit eu l'ouvrage du chanoine Gregorio ayant augmenté le desir de puiser dans les écrits des Arabes plus de lumières pour l'histoire de la Sicile depuis qu'elle avoit été conquise par les Arabes d'Afrique, jusqu'à ce qu'elle le fut par les rois Normands, un homme entreprenant, mais trop peu muni des connoissances nécessaires à l'exécution d'un projet si difficile à remplir, conçut le dessein de suppléer au défaut des monumens, en supposant une correspondance très-détaillée entre les gouverneurs de la Sicile et les souverains Arabes de l'Afrique dont ils dépendoient. Cette supercherie réussit au-delà de toute vraisemblance : l'abbé Vella, qui en étoit l'auteur, et dont toute la science en arabe se bornoit, à-peu-près, à parler l'idiome Maltois, soutenu par le Gouvernement des Deux-Siciles, publia d'abord, seulement en italien, six volumes *in-4.°*, sous le titre de *Codice diplomatico di Sicilia* ; et ensuite un volume *in-fol.*, en arabe et en italien, sous le titre de *Libro del consiglio d'Egitto*. Il ne se proposoit pas d'en rester là ; un second volume s'imprimoit aux frais du Gouvernement, lorsque les soupçons conçus par quelques savans parvinrent aux oreilles du roi. M. Hager, qui se trouvoit alors à Naples, fut chargé de l'examen de cette affaire; et son rapport ayant dessillé les yeux de l'autorité, l'imposteur reçut la récompense qu'il méritoit. Quelques hommes de lettres qui s'étoient déclarés hautement pour l'authenticité du *Codice diplomatico*, essayèrent en vain d'élever la voix en faveur de

l'abbé

l'abbé Vella; il ne reste plus aujourd'hui aucun doute sur l'opinion que l'on doit avoir de ses prétendues découvertes.

M. de Dombay, que nous avons déjà nommé, a aussi enrichi l'histoire des Arabes par la traduction abrégée, écrite en allemand, du *Kartas saghir*, ouvrage qui contient l'histoire des dynasties Arabes d'Afrique, et une partie de celle des Arabes d'Espagne jusqu'au commencement du XIVe siècle. Cet ouvrage curieux doit avoir été traduit en françois par Petis de la Croix : il se trouve manuscrit dans la bibliothèque d'Upsal, et il y en a eu une copie à Paris. M. de Dombay a donné postérieurement, pour faire suite à cette histoire, celle des Schérifs, depuis la fin du XVe siècle jusqu'à la fin du XVIIIe

Il semble qu'il fût réservé à l'époque dont nous nous occupons, de voir paroître les ouvrages importans dont la publication annoncée depuis long-temps ne se réalisoit point. De tous les auteurs Arabes qui ont écrit sur l'Égypte, il en est peu qui aient autant fixé l'attention des savans qu'Abd-allatif. En effet, sous le point de vue de la constitution physique de l'Égypte, de son histoire naturelle, de ses monumens, des usages et des habitudes des Égyptiens, cet auteur est d'autant plus intéressant, qu'il ne rapporte rien dont il n'ait été témoin. M. White, professeur d'Oxford, a enfin rempli l'attente du public ; il a donné deux éditions du texte Arabe, dont l'une a paru en 1789, et l'autre en 1800 : celle-ci est accompagnée d'une traduction Latine et de quelques notes. M. Wahl en a publié une traduction Allemande très-peu satisfaisante. M. White se proposoit d'en donner une en anglois avec les éclaircissemens

qu'exige un ouvrage qui, sous un volume peu considérable, renferme beaucoup de choses : mais il a renoncé à
ce projet ; et c'est avec son aveu que M. de Sacy en a fait
une traduction Françoise enrichie de notes, pour lesquelles
il a mis à contribution un grand nombre de manuscrits
Arabes de la Bibliothèque impériale. Un terrier ou cadastre
de l'Égypte, dressé dans le XIV.ᵉ siècle, pour l'usage du
Gouvernement, doit être joint à cette traduction d'Abd-
allatif, qui est sous presse et qui ne tardera pas à paroître.

Nous devons encore rappeler ici un recueil diplomatique, important pour l'histoire des établissemens des Portugais en Afrique et en Asie, publié par ordre du Gouvernement de Portugal, en arabe et en portugais, par le
P. J. de Sousa, en 1790. C'est un des meilleurs ouvrages
qui aient paru dans le cours de notre époque ; et il n'est
pas assez connu.

Nous passons sous silence d'autres morceaux historiques
de moindre importance, pour nous occuper de ce qui concerne l'archéologie Musulmane.

MM. Adler à Copenhague, O. G. Tychsen à Rostock,
Chr. F. Tychsen à Gottingue, Callenberg à Stockholm,
Silvestre de Sacy à Paris, de Dombay à Vienne, se sont
occupés de la numismatique Arabe.

M. Adler a publié une suite très-curieuse du *Museum
Cuficum Borgianum ;*

M. Tychsen, de Rostock, une Introduction à la numismatique Musulmane, un Supplément à cette introduction,
et le Traité des monnoies de Makrizi, en arabe et en latin.

M. de Sacy, sentant toute l'importance du Traité des
monnoies Musulmanes de Makrizi, seul ouvrage de ce

genre, composé par les Arabes, dont la connoissance nous soit parvenue, et voyant que M. Tychsen n'avoit pas toujours saisi le sens de son auteur, en a fait une traduction Francoise, accompagnée de notes historiques et critiques. Il a donné de la même manière le Traité des mesures et des poids des Musulmans, dont M. Tychsen a depuis fait imprimer le texte. Ces deux ouvrages de M. de Sacy sont regardés par tous les orientalistes comme un service essentiel rendu à la littérature Arabe.

M. Tychsen, de Gottingue, a publié, dans les Mémoires de la Société royale de Gottingue, divers mémoires sur les monnoies Arabes, Persanes, Mogoles, &c.

Les inscriptions Arabes de plusieurs monumens existans en Sicile, à Vienne, à Londres, &c.; celles des ornemens impériaux conservés à Nuremberg, les légendes de quelques pierres gravées, de quelques pâtes ou monnoies de verre, ont été le sujet de plusieurs dissertations de MM. Tychsen de Rostock, Adler, Assemani de Padoue, de Murr de Nuremberg, Silvestre de Sacy, &c. Les mémoires de M. Marcel sur les inscriptions et les médailles Cufiques de l'Égypte font partie du grand ouvrage qui doit être publié sur cette contrée par ordre du Gouvernement.

On a droit de s'étonner que, le cabinet des antiques de la Bibliothèque impériale possédant une riche collection de monnoies Arabes, Persanes, Mogoles, Tartares, &c. personne n'en ait, jusqu'à présent, entrepris la description. Ce travail ne seroit pas très-difficile; mais il faudroit qu'il fût confié à un homme versé à-la-fois dans la littérature Arabe et Persane, que le Gouvernement assurât une juste indemnité pour le travail, et qu'il fît les frais de la publication.

Il nous reste à parler des ouvrages qui appartiennent proprement aux belles - lettres. Une version Arabe du Tableau de Cébès, publiée à Madrid, avec une traduction Espagnole, et deux centuries de proverbes Arabes; plusieurs éditions des Fables Arabes de Lokman, données à Upsal, à Palerme, et au Caire (cette dernière est due à M. Marcel, qui y a joint une traduction Françoise; il a aussi donné une nouvelle édition de cette traduction à Paris, augmentée de quelques fables inédites); une nouvelle édition des Mille et une nuits, avec deux volumes de supplément, traduits de l'arabe par M. Caussin; un recueil de poésies Arabes, avec des imitations en vers Anglois, publié par Carlyle; le poëme de Zohéir, donné en arabe et en latin par M. Rosenmüller; un petit traité sur l'usage des pigeons employés à porter des dépêches, publié à Paris, en arabe, avec une traduction de M. de Sacy: tels sont les morceaux de quelque intérêt que l'on a ajoutés depuis 1789 à ce que nous possédions déjà en ce genre. Mais il faut y joindre un ouvrage beaucoup plus important, et qui seroit un trésor inappréciable pour la littérature Orientale, si la mort n'eût enlevé l'homme qui pouvoit le mieux en donner une bonne édition, le dernier des Schultens; je veux parler des Proverbes Arabes de Meïdani. Cet ouvrage est un de ceux dont il est le plus à regretter que nos célèbres orientalistes, Pococke, Golius, Reiske, ou l'un des Schultens, n'aient pas entrepris l'édition complète. La portion que Schultens en a donnée, et qui n'a paru qu'après sa mort par les soins de Schroeder, répond à la réputation de ce célèbre orientaliste. Nous croyons cependant qu'il seroit intéressant que le texte entier fût publié avec une traduction et des notes.

Mais, en parlant de cette partie de la littérature Arabe, combien n'aurions-nous pas de vœux à former pour la publication des Fables de Pidpaï, des Séances de Hariri, du recueil poétique intitulé *Hamasa*, des sept poëmes connus sous le nom de *Moallakat*, que l'on devroit imprimer en original avec un commentaire Arabe court, mais bien choisi, et de quelques autres ouvrages trop peu connus !

Nous ne nous arrêterons pas à détailler les morceaux relatifs à la littérature Arabe que MM. de Sacy et Langlès ont insérés, en grand nombre, dans les tomes IV, V, VI et VII des Notices et Extraits des manuscrits, non plus que les travaux faits par les savans qui ont accompagné l'armée Françoise en Égypte, et qui feront partie des Mémoires de l'Institut d'Égypte et de la Commission qui l'a remplacé.

Plusieurs extraits d'écrivains Arabes ont été placés par M. Langlès dans l'édition qu'il a donnée du Voyage de Norden, et par M. Marcel dans la Décade Égyptienne.

Le Catalogue de la bibliothèque du chevalier Nani, rédigé par M. l'abbé S. Assemani de Padoue ; la Bibliothèque Arabe de M. Schnurrer, chancelier de l'université de Tubingue ; le Coup-d'œil encyclopédique sur les sciences de l'Orient, publié en 1804 à Leipsick, en allemand ; le Traité *de fatis linguarum Orientalium*, qui sert d'introduction à la nouvelle édition du Dictionnaire Arabe, Persan et Turc de Meninski, et quelques autres ouvrages que nous ne pourrions indiquer sans entrer dans trop de détails, appartiennent aussi, en entier ou en partie, à la littérature Arabe.

Le langage Maltois étant un dialecte Arabe corrompu, il est juste de faire ici mention d'une grammaire et d'un vocabulaire de cette langue, donnés à Rome en 1791 et 1796, par M. Vassalli. Ces ouvrages manquoient à la littérature.

Langue et littérature Persanes.

Pour considérer la littérature de la Perse dans toute son étendue, nous la diviserons en deux époques principales : l'une embrassera les temps antérieurs à l'introduction du mahométisme dans la Perse par la conquête des Arabes ; l'autre, les temps postérieurs à cette révolution.

Les langues et la littérature des anciens Perses nous étoient presque totalement inconnues, malgré les travaux du célèbre Thomas Hyde, avant le voyage d'Anquetil du Perron. C'est à ce courageux voyageur, à ce savant, dont la mémoire est encore toute récente, que nous devons les premières connoissances positives et certaines sur les anciennes langues de la Perse, le zend et le pehlvi, sur le système religieux, les livres, les opinions, les sciences des disciples de Zoroastre. C'est à lui que la France est redevable des trésors en ce genre que possède la Bibliothèque impériale ; et si quelque jour un savant, marchant sur ses traces, et surmontant les difficultés dont ce travail est hérissé, fait mieux connoître à l'Europe la grammaire et le dictionnaire de ces anciens idiomes, Anquetil du Perron aura toujours eu le mérite d'avoir frayé la voie, d'avoir recueilli et transporté en Europe des connoissances traditionnelles prêtes à se perdre, peut-être même déjà perdues parmi le petit nombre de sectateurs de Zoroastre qui existent encore dans l'Inde, dans cette patrie adoptive où les persécutions des Mahométans les ont contraints à chercher un refuge. Puisse quelque voyageur, embrasé de l'amour de l'antiquité, aller, dans les contrées voisines du Kirman, chercher les restes de cet ancien peuple, et puiser à la source même la connoissance de ses dogmes, de ses langues, et des débris de sa littérature! Son zèle et ses fatigues ne demeureroient vraisemblablement pas sans récompense ; car, nous devons l'avouer, tous les travaux d'Anquetil du Perron ne nous ont point encore procuré les moyens suffisans pour entendre le zend et le pehlvi : nous n'avons ni grammaire ni dictionnaire de ces langues, et il faudroit créer ces ouvrages en étudiant sous ce point de vue les livres que nous possédons en ces deux langues ; tâche très-peu attrayante et extrêmement difficile à remplir. Nous entrevoyons seulement dans le pehlvi quelques rapports avec les langues de la Chaldée et de l'Assyrie, et dans le zend une affinité très-marquée avec la langue sacrée de l'Inde. Le P. Paulin de Saint-Barthélemi, que les lettres viennent de perdre, a fait voir cette affinité d'une manière incontestable. On ne doute pas non plus aujourd'hui que le parsi, ou le persan moderne, ne tire son origine du zend, au moins en grande partie.

Au reste, l'étude du zend et du pehlvi peut être regardée comme une carrière neuve et digne d'être parcourue ; et cette étude devient encore plus intéressante, quand on considère qu'elle peut jeter un grand jour sur une classe de monumens qui, dans ces derniers temps, ont exercé sans fruit la sagacité de plusieurs savans : je veux parler des ruines gigantesques de Persépolis, des innombrables bas-reliefs dont elles sont chargées, des inscriptions qu'elles présentent, et qu'une longue suite de siècles semble n'avoir épargnées, comme les monumens hiéroglyphiques de l'Égypte, que pour faire le tourment des siècles à venir. Ces inscriptions, dont les caractères se retrouvent sur d'autres monumens, mais sur-tout sur les briques retirées des fondations de l'antique Babylone, appartiennent-elles à l'écriture hiéroglyphique? offrent-elles un très-ancien système, le plus ancien peut-être, d'écriture syllabique ou alphabétique? ne présentent-elles pas la réunion de tous ces systèmes d'écritures? peut-on, enfin, tenter aujourd'hui, avec quelque espérance de succès, la solution de ce problème, et l'explication des inscriptions? Telles sont les questions intéressantes, mais souverainement épineuses, agitées pour la première fois pendant la période dont nous nous occupons, et sur lesquelles il a paru divers écrits de MM. Tychsen à Rostock, Münter à Copenhague, Silvestre de Sacy à Paris, Hager à Londres, Grottefend à Gottingue, Lichtenstein à Helmstadt. Ce dernier, si l'on pouvoit l'en croire, auroit effectivement résolu le problème et trouvé l'alphabet de ces inscriptions; plusieurs même de ces monumens seroient expliqués : mais l'opinion des savans n'a point été favorable à ses essais. M. Grottefend a paru un moment plus près de trouver la véritable clef de ces inscriptions : mais, malgré toutes ces tentatives, on est fondé à penser que le problème reste encore dans son entier sans solution, et qu'à peine un coin du voile a été soulevé.

La faveur qu'avoit jetée sur ce genre de recherches le concours de plusieurs savans, a donné lieu à la publication de divers monumens couverts de semblables caractères; et il est dû quelque reconnoissance, à cet égard, à M. Millin et aux antiquaires de Londres. L'explication des bas-reliefs de Persépolis a aussi beaucoup gagné par les travaux de
M.

M. Münter, de Copenhague, et de M. Heeren, l'un des savans les plus distingués de Gottingue.

D'autres monumens anciens de la Perse, mais d'une antiquité beaucoup moins reculée, ont été l'objet d'un travail entrepris plus heureusement par M. de Sacy : le succès qu'il a obtenu, a fixé l'attention des savans sur les vénérables antiquités dont on vient de parler, et a donné lieu aux efforts qu'ils ont faits pour les expliquer. Une suite de mémoires communiqués à l'Académie des belles-lettres par cet académicien, et publiés à ses frais en 1793, a offert à l'Europe l'explication de divers monumens, bas-reliefs, inscriptions, médailles et pierres gravées, appartenant tous à une même époque de l'histoire des Perses, à celle de la dynastie des Sassanides, qui a occupé le trône depuis l'an 225 jusqu'à l'an 630 de notre ère, ou environ. Aucun de ces monumens n'avoit été expliqué jusque-là ; et les mémoires de M. de Sacy ont fait connoître quelques débris de la langue et de l'écriture de la Perse, depuis la fin de l'empire des Parthes jusqu'à l'extinction de la monarchie Persane, sous le khalifat d'Omar : ainsi cet ouvrage a réellement accru le domaine de la littérature et de l'antiquité. Les circonstances dans lesquelles il a paru, l'ont tenu enseveli pendant plusieurs années dans une sorte d'oubli : mais, lorsque la tempête politique s'est calmée, l'auteur a joui du fruit de son travail, par l'assentiment de toute l'Europe savante ; et son ouvrage a obtenu la distinction flatteuse d'être proclamé publiquement parmi les travaux dont la France retiroit quelque gloire.

La carrière ouverte par M. de Sacy a été suivie, en Angleterre, par un amateur zélé de la littérature de la

Perse, qui a expliqué avec succès quelques médailles et pierres gravées du temps des Sassanides. Ce savant est le major Ouseley, dont nous aurons encore occasion de parler.

Nous ne pouvons terminer ce qui regarde l'ancien empire des Perses, sans dire que les antiquités de cet empire doivent quelques éclaircissemens aux recherches que M. Mongez a insérées dans le recueil des Mémoires de l'Institut, et sans citer avec éloge l'excellent ouvrage publié à Leipsick, en 1795, par M. Wahl.

Passons à la littérature de la Perse depuis l'introduction du mahométisme.

La langue Persane que l'on parle aujourd'hui, non-seulement dans les anciennes provinces de la Perse, mais aussi dans une grande partie de l'Inde, doit s'être formée pendant les trois premiers siècles de l'hégire. Sans doute les Persans n'adoptèrent que successivement et peu à peu cette multitude de mots Arabes qui font aujourd'hui la richesse de leur langue, mais qui, très-vraisemblablement, ont occasionné la perte de beaucoup de mots Persans dont ils ont pris la place : on peut même assurer que plus les écrivains Persans que nous connoissons s'éloignent de nous, moins ils font un usage fréquent des expressions Arabes.

De l'état actuel de la langue Persane, et sur-tout de la langue écrite, il résulte que la connoissance de l'arabe est d'une très-grande utilité pour l'étude du persan, quoiqu'il n'y ait entre ces deux langues aucune analogie primitive et d'origine. Un très-grand nombre de mots qui font aujourd'hui la richesse de la langue Persane, appartiennent à la langue Arabe; en sorte qu'un dictionnaire Persan doit, pour être complet, contenir presque tous les mots de la langue Arabe. Il n'en est pas de même de la grammaire : la constitution grammaticale des deux langues n'a rien de commun ; et s'il faut étudier celle de l'arabe, ce n'est que comme moyen préparatoire pour se mettre à portée d'entendre tous les livres qui servent à la connoissance parfaite du persan.

Pendant l'époque dont nous nous occupons, plusieurs livres élémentaires pour l'étude du persan ont été imprimés à Constantinople ; les Anglois en ont publié quelques-uns tant dans l'Inde qu'en Europe, et nous en devons aussi aux Allemands.

En Angleterre MM. Ouseley, Moises, Rousseau, dans l'Inde M. Gilchrist, à Vienne M. de Dombay, à Leyde M. Wilken, ont donné des grammaires Persanes, ou des livres destinés aux commençans. L'ouvrage de M. Wilken réunit tout ce qui est nécessaire pour acquérir les connoissances fondamentales de cet idiome. Il est fâcheux que les textes Persans fourmillent de fautes, et que les traductions soient souvent inexactes. Ces défauts augmentent le desir que nous avons de voir publier en France, non une Grammaire, mais une Chrestomathie Persane, composée de morceaux inédits bien choisis et imprimés correctement. M. Langlès a annoncé, il y a long-temps, un recueil de cette nature ; et il est à souhaiter qu'il procure ce secours à la littérature Persane. Le collége des langues Orientales établi à Hertford enrichira peut-être aussi cette littérature de quelque recueil du même genre.

Le Dictionnaire Persan de Castell, celui de Richardson en Angleterre, et le Dictionnaire Arabe, Persan et Turc de Meninski, offrent le secours nécessaire pour l'étude du persan. On vient de donner une seconde édition du dernier avec des augmentations considérables. Cependant il nous manque un dictionnaire manuel consacré uniquement à la langue Persane, et qui, au moyen d'une table, pourroit servir en même temps de dictionnaire Latin-Persan : le Dictionnaire Persan de Castell, réimprimé séparément avec quelques additions que fourniroit en partie la nouvelle édition de celui de Meninski, rempliroit ce besoin de notre littérature. Les dictionnaires Persans-Turcs imprimés à Constantinople ne peuvent servir qu'aux personnes déjà fort avancées dans l'étude de ces deux langues. On doit néanmoins compter les éditions du *Borhan kati* et de quelques autres ouvrages, comme un secours important pour cette étude.

M. Gladwin, à Calcutta, a publié un Traité de la rhétorique et de la prosodie des Persans, qui a été réimprimé à Londres en 1801.

Nous n'avons encore parlé que des ouvrages qui appartiennent à l'étude de la langue. La littérature Persane a pour principaux objets l'histoire, la poésie et les romans. Plusieurs extraits publiés dans le recueil des Notices des manuscrits de la Bibliothèque impériale, par MM. de Sacy et Langlès, ont étendu nos connoissances en ce genre.

M. de Sacy a donné, à la suite des Mémoires sur diverses antiquités de la Perse, l'Histoire de la dynastie des Sassanides, traduite du persan de Mirkhond.

Deux romans ont été publiés en original : le *Touti namèh*, ou Aventures du rossignol, d'abord à Calcutta, puis à Londres, et le *Bakhtiyar namèh*, ou l'Enfant de la fortune, à

Londres, l'un et l'autre, par M. Ouseley. M. Hindley a fait imprimer dans cette ville un choix des poésies de Hafez.

M. J. Scott a donné en 1799 une traduction Angloise du *Bahar danusch*, ou Jardin de la science, autre roman Persan ; et en 1800, un volume de contes traduits de l'arabe et du persan. Le même savant a rendu un service plus essentiel à la littérature, en publiant, en 1794, une traduction de l'Histoire Persane du Décan de Férischtah.

M. Ouseley a fait imprimer un petit abrégé de l'histoire de Perse, et a donné la traduction en anglois d'un ouvrage important pour la géographie : il a d'ailleurs publié dans ses Collections Orientales, ainsi que M. Gladwin dans ses Mélanges Asiatiques et dans le *Persian moonshee*, un assez grand nombre de morceaux de prose et de poésie Persanes.

Une traduction Allemande du poëme célèbre de Ferdousi, sur les annales de la Perse, a été faite par M. de Ludolf ; mais il n'en a été publié que quelques fragmens.

Tous les ouvrages de Saadi, et le recueil complet des poésies lyriques de Hafez, ont été imprimés dans l'Inde : mais à peine en a-t-il passé quelques exemplaires en Europe.

Presque tout ce qui a été fait pour la littérature Persane, a donc été l'ouvrage des Anglois, qui ont plus de moyens d'étudier cette langue et plus d'intérêt à se livrer à cette étude. Nous ferions cependant mention ici de la traduction de l'*Oupnekhat*, ou *Upanischada*, ouvrage de philosophie Indienne, dont M. Anquetil du Perron, malgré son grand âge, a enrichi la littérature, si cet ouvrage n'appartenoit proprement à la littérature Indienne ; on peut en dire autant de la traduction des deux premiers volumes des Recherches Asiatiques, publiée par M. Langlès : mais nous ne pouvons omettre la traduction Françoise d'un poëme du célèbre Djami, intitulé *les Amours de Medjnoun et de Leila,* que nous devons à M. Chezy, premier employé aux manuscrits de la Bibliothèque impériale, de qui la littérature Persane a droit d'attendre de nouveaux services.

Cette littérature a besoin d'être encouragée. Le Gouvernement, en établissant une chaire spéciale pour le persan à la Bibliothèque impériale, et une autre au Collége de France, a témoigné son intention de favoriser cette étude. Un magnifique caractère Persan fait partie des richesses de l'Imprimerie impériale ; nos relations récentes avec la Perse ajoutent un nouvel intérêt à cette branche de la littérature Orientale : il y a donc tout lieu d'espérer qu'elle sera encore plus cultivée en France qu'elle ne l'a été jusqu'à présent.

Langue et littérature Turques.

Nous avons peu de chose à dire sur la langue et la littérature Turques. La langue Turque n'est guère étudiée parmi nous que pour le service de la diplomatie, et à peine occupe-t-elle une place dans la littérature. La poésie des Turcs et leurs romans sont rarement autre chose que des traductions et des imitations de l'arabe et du persan, mais sur-tout de cette dernière langue. C'est presque uniquement dans l'histoire moderne que les Turcs nous offrent des écrivains originaux.

La langue Turque, sans aucun rapport d'origine ni d'analogie avec l'arabe et le persan, leur a cependant emprunté beaucoup de mots ; et l'on peut appliquer au turc une grande partie de ce que nous avons dit du persan.

Les moyens ne nous manquent pas pour étudier le turc ; et aux grammaires que l'on possédoit déjà, les dernières années en ont ajouté deux nouvelles : l'une en françois, par

M. Viguier, imprimée dans le palais de France à Constantinople; l'autre en italien, par M. Comidas de Carbognano.
Quant aux dictionnaires, la nouvelle édition de celui de
Meninski, qu'on a donnée à Vienne, mérite toute notre
reconnoissance : néanmoins, ce dictionnaire étant très-volumineux, ce qui le rend d'un prix auquel peu d'étudians
peuvent atteindre, il seroit à desirer que nous eussions un
dictionnaire manuel et abrégé François-Turc et Turc-Fran-
çois. On trouveroit sans doute en France, sinon parmi les
savans, du moins parmi les personnes attachées aux ambassades ou aux consulats, plus d'un homme capable de donner
ce dictionnaire. M. Preindl a publié à Berlin, en 1791, une
Grammaire et un Vocabulaire François-Turc : cet ouvrage,
quoique peu répandu, est très - estimable; mais il ne remplit pas complétement nos vues.

Nous nous écarterions de notre but, si nous entrions
dans le détail de quelques traités relatifs à l'art militaire,
traduits du françois en turc, et imprimés depuis peu à
Scutari, ainsi que d'un petit nombre de vocabulaires Turcs,
Persans, et de livres élémentaires de la religion Musulmane, sortis des mêmes presses. Un assez mauvais atlas
gravé et imprimé à Scutari ne mérite guère plus d'être
regardé comme un progrès de la littérature Turque. Mais
il n'en est pas de même de la continuation des Annales
Ottomanes par Wasif Effendi, publiée dans cette imprimerie en 1804 : cet ouvrage est digne d'attention.

Quelques ouvrages Turcs, relatifs à la religion et aux
premiers élémens de la langue, ont aussi été imprimés à
Pétersbourg et à Casan, pour les sujets Musulmans de l'empire de Russie.

Nous devons citer aussi une traduction Allemande des Vies des poëtes Turcs; et c'est, selon toute apparence, le seul ouvrage de littérature Turque proprement dite qui appartienne à notre époque.

Au reste, un dictionnaire manuel Turc n'est pas le seul ouvrage qui nous manque en France; car, si l'on en excepte une Histoire fort abrégée des anciennes dynasties des Perses, publiée à Vienne en 1784, nous ne connoissons aucun ouvrage imprimé qu'on puisse mettre utilement entre les mains des étudians. Un François attaché à la diplomatie, M. Belletête, travailloit à remédier à ce défaut essentiel, en publiant en turc et en françois un Recueil de contes très-estimé : cet ouvrage étoit près de paroître lorsqu'une mort prématurée a enlevé ce jeune et estimable littérateur.

Le Tableau général de l'empire Ottoman, par M. de Muradgea d'Ohsson, dont le second volume a paru en 1790, seroit le plus beau monument élevé par la littérature Turque, s'il étoit achevé : il est fort à regretter que les circonstances aient arrêté, pendant que l'auteur vivoit encore, la publication de ce bel ouvrage, qui ne laisseroit rien à desirer si l'on avoit employé des caractères Turcs pour l'impression.

Langue et littérature Coptes. La langue Copte, reste respectable de l'ancien égyptien, n'a jamais occupé qu'un petit nombre de savans. Elle n'a cependant point été abandonnée pendant l'époque que nous parcourons : M. l'abbé Valperga de Caluso, de Turin, en a fait imprimer des élémens abrégés ; à Rome, le P. Georgi a publié, dans cette langue, les actes du martyre de S. Coluthus et des fragmens de l'Évangile de S. Jean, en dialecte du Saïd; dans la même ville, M. Zoëga a fait

imprimer

imprimer un recueil de fragmens de manuscrits Coptes de la bibliothèque du cardinal Borgia, dont cependant le public ne jouit pas encore. A Oxford, une collection précieuse de fragmens du nouveau Testament, et de quelques autres monumens de la littérature ecclésiastique de l'Égypte, a été publiée par le docteur Ford, d'après les travaux de M. Woide. Nous passons sous silence quelques travaux d'une moindre importance, pour exprimer le desir de voir cette littérature enrichie de supplémens au Dictionnaire abrégé de Scholtz, de l'édition des Œuvres posthumes de Woide, de celle du Dictionnaire entier de la Croze, et de quelques manuscrits de la bibliothèque du docteur Askew. La publication de ces ouvrages faciliteroit l'étude de la langue et de la littérature Coptes, à laquelle plusieurs savans en Europe se livrent avec succès, tels que MM. Ford à Oxford, Akerblad et Zoëga à Rome, Valperga à Turin, et à Paris un jeune littérateur de grande espérance, M. Étienne Quatremère, qui vient de faire jouir le public du fruit de ses travaux en publiant des Recherches historiques et critiques sur la langue et la littérature de l'Égypte.

Le seul morceau relatif à l'éthiopien qui ait paru pendant cette époque, ou du moins dont nous ayons connoissance, c'est la Notice du livre d'Énoch, donnée par M. de Sacy, d'après un manuscrit de la Bibliothèque impériale.

Langue et littérature Éthiopiennes.

Si nous faisons mention de l'arménien, c'est uniquement pour exprimer le vœu que les travaux qu'a faits sur cette langue M. Lourdet, professeur au Collége de France, mort à Venise il y a quelques années, et qui sont restés manuscrits, ne soient pas perdus pour sa patrie, et que le

Langue et littérature Arméniennes.

Littérature ancienne.   P

Gouvernement en fasse l'acquisition. Dans le domaine de la littérature, aucun terrain n'est à négliger. Le seul ouvrage Arménien que nous ayons à citer, est intitulé *Recherches curieuses sur l'histoire ancienne de l'Asie;* il a été publié, en 1806, par M. Cirbied, Arménien, et M. Martin.

Une Grammaire de la langue Italienne, écrite en arménien, et quelques poésies Arméniennes en l'honneur de S. A. I. le vice-roi d'Italie, publiées à Venise, n'appartiennent pas à notre sujet.

Langue et littérature Indiennes. La langue sacrée de l'Inde, dont les ministres de Brahmâ s'étoient réservé jusqu'à présent la connoissance exclusive, n'est plus maintenant inaccessible aux Européens. Cédant aux sollicitations, aux séductions pécuniaires, peut-être même à l'autorité, les Brahmanes ont enfin permis à quelques Anglois de se placer parmi leurs disciples. Des motifs de politique, autant que l'amour des lettres, ont déterminé ceux-ci à braver les dégoûts et les difficultés inséparables d'une pareille étude. Les premiers d'entre eux qui s'y sont livrés, ont obéi aux invitations réitérées des principaux chefs de la compagnie des Indes : les agens de cette association marchande et souveraine ont senti la nécessité de connoître les textes mêmes des lois sacrées et civiles de la nation industrieuse et paisible sur laquelle ils exercent un pouvoir absolu, qui se contente de gémir en silence sur la perte de son indépendance, mais qui sait aussi mourir sans se plaindre, plutôt que de violer les lois et les pratiques que lui ont transmises ses ancêtres.

Parmi les savans qui se sont empressés de seconder les louables intentions de la compagnie des Indes, M. Charles Wilkins mérite d'occuper le premier rang, puisqu'il est le premier qui ait su la langue Samskrite assez bien pour donner des traductions exactes et authentiques d'ouvrages écrits en cette langue. Celles qu'il a publiées, en 1807, du *Bhaguat geetaa* (Traité de théologie Indienne, extrait du *Mahâbhârata*) et de l'*Hitopadésa* (le prototype des fables attribuées à Pidpaï), forment une époque trop mémorable et trop voisine de celle que nous devons parcourir, pour ne pas trouver place ici. Nous passons sous silence un grand nombre de fragmens d'ouvrages traduits de la même langue par ce savant, et insérés dans l'*Oriental Repertory* de M. Dalrymple, et dans les deux premiers volumes des *Asiatick Researches*, ou Mémoires de la société Asiatique établie à Calcutta. Cette société a déjà publié huit volumes *in-4.°* remplis de mémoires relatifs aux antiquités, à l'histoire civile, politique et naturelle, aux sciences, aux arts et à la littérature de l'Inde. C'est là, sur-tout, que MM. Jones, Colebrooke, Bentley, Wildford, associé étranger de la classe, et autres dignes émules de M. Wilkins, ont consigné le résultat de leurs doctes recherches, et de nombreux extraits fidèlement traduits des *Véda*, des *Pourana*, des *Sastra*, et autres ouvrages Samskrits. Les deux premiers volumes de ce précieux recueil viennent d'être traduits en françois et publiés avec un grand nombre de notes intéressantes de MM. Langlès, Delambre, Cuvier, Lamarck et Olivier. La plupart des remarques de M. Langlès sont tirées des auteurs Orientaux; et indépendamment des citations d'ouvrages Arabes, Persans, Mantchoux, qu'il y met à contribution, on y trouve un alphabet Bengali, ainsi que beaucoup de mots de cette langue expliqués en françois et imprimés avec un caractère gravé sous sa direction, par les soins de M. Marcel, et qui égale au moins en beauté celui de Calcutta.

Les Discours de M. Jones sur les différentes nations Asiatiques sont trop connus, pour qu'il soit besoin d'en rappeler ici le mérite; et ce n'est pas dans ce précis rapide que nous pouvons rendre compte de l'ingénieux système d'après lequel il place le berceau de ces nations dans la Perse. Mais des travaux dont les résultats sont bien plus positifs et plus incontestables, et qu'il suffit de citer pour en faire l'éloge, sont le drame Indien de *Sakountala,* ou la Bague enchantée, et les Institutes de Menou, un des plus anciens codes Indiens, deux ouvrages traduits de la langue Samskrite avec autant d'exactitude que d'élégance. Ce code, et plusieurs autres également d'une haute antiquité et très-estimés des Indiens, ont eu de nombreux commentateurs, dont les travaux immenses ont été compulsés soigneusement par un Pandit ou savant Brahmane, sous l'inspection de M. Jones. Le recueil entier de ces notes et extraits a été traduit en anglois par M. Colebrooke, et imprimé à Calcutta aux frais de la compagnie, en trois volumes *in-4.º*, qui ont ensuite été réimprimés à Londres.

Dépourvus de tous les moyens que les Anglois ont à leur disposition, les savans François n'avoient même pu jusqu'ici marcher sur leurs traces. Mais la Grammaire Samskrite publiée à Calcutta, avec la traduction Angloise, nous ouvre la carrière; et la riche collection de manuscrits Indiens que possède la Bibliothèque impériale, nous fournit les moyens de la parcourir avec quelque succès. M. Alexandre Hamilton, savant Anglois, qui a été à portée de consulter dans l'Inde les bibliothèques des Brahmanes, et à Londres les collections du *British Museum* et la bibliothèque de la compagnie des Indes, et qui est venu en France peu de temps après son retour de l'Inde, pour examiner les manuscrits Samskrits de la Bibliothèque impériale, a trouvé cette collection assez précieuse pour entreprendre d'en faire un nouveau catalogue, beaucoup plus exact et plus circonstancié que l'ancien. Ce catalogue, qu'il a écrit en anglois, a été traduit en françois avec des additions considérables relatives au contenu des ouvrages, par M. Langlès, qui a réuni dans le même volume le catalogue des manuscrits Bengalis de la même bibliothèque.

Le recueil des *Oupnekhat* ou *Upanischada,* dernier ouvrage d'Anquetil du Perron, mérite une attention particulière. Quoique traduit d'après une version Persane dont l'auteur a quelquefois mêlé à la doctrine Indienne des idées Musulmanes, et non immédiatement sur les originaux Samskrits, ce travail nous met en état d'apprécier, du moins en grande partie, les dogmes philosophiques des Indiens et la doctrine contenue dans les *Véda ;* car les derniers travaux des Anglois ne permettent plus de douter que les *Upanischada* ne soient effectivement des extraits de ces livres sacrés de l'Inde, que l'on a d'autant plus vantés qu'on en connoissoit moins le contenu.

Nous sentons très-bien que ces travaux ne peuvent entrer en comparaison avec ceux des Anglois ; mais ils prouvent au moins que ceux-ci trouveroient des émules parmi nous, si, comme eux, nous étions secondés par les circonstances, et si le Gouvernement daignoit encourager nos efforts. On pourroit dès à présent publier une excellente grammaire Samskrite, accompagnée d'un vocabulaire de la même langue, qui existent à la Bibliothèque impériale et qui sont l'un et l'autre expliqués en latin. On pourroit encore traduire et réimprimer la Grammaire Samskrite Angloise, imprimée à Calcutta, et publier, d'après les manuscrits de la Bibliothèque impériale, le texte des ouvrages dont nous avons déjà cité les traductions. Le caractère Bengali dont nous venons de parler, et le caractère Dévanâgari que M. Marcel a fait également graver, sous la direction de M. Langlès, pour l'Imprimerie impériale, serviroient à l'exécution de cette entreprise utile pour le progrès des connoissances et pour l'extension de nos relations politiques et commerciales dans l'Inde; car la langue Samskrite est la base de toutes celles que l'on y parle maintenant. Cette vérité avoit déjà été pressentie par plusieurs savans orientalistes, et il n'est plus permis d'en douter depuis la publication des nombreux et excellens ouvrages grammaticaux de M. Gilchrist sur la langue Hindoustane ; de la Grammaire Malabare de Drummond, imprimée à Bombay en 1789; de la Grammaire et du Dictionnaire Malais de Howison, publiés à Londres en 1801; enfin des savans ouvrages du P. Paulin de Saint-Barthélemi. Ce missionnaire ne s'est pas borné à indiquer les rapprochemens très-curieux qui existent entre la langue Samskrite et quelques langues Orientales et Européennes; ses recherches sur le système théologique et sur les dieux de l'Inde, ses travaux sur les manuscrits Indiens de la bibliothèque de la Propagande, ne méritent pas moins d'estime, et pourroient fournir un article intéressant, si le plan qui nous est tracé ne nous obligeoit pas de nous restreindre à de simples indications. Il n'entre pas non plus dans ce plan de citer les travaux des missionnaires qui ont devancé le P. Paulin dans la carrière de la littérature Indienne, et précédé la période que nous parcourons. Mais nous ne pouvons nous dispenser de parler des Lettres sur l'Inde, publiées dernièrement en italien, et qui offrent un tableau intéressant de la religion, du système politique, des sciences et des arts, des mœurs et usages des habitans de l'Inde, Hindous ou Musulmans.

L'auteur de ce Voyage, parti comme officier de santé sur des vaisseaux de commerce expédiés pour l'Inde par le Gouvernement Toscan, s'attacha au service de la compagnie Angloise des Indes Orientales; et c'est, sans doute, à cette circonstance qu'il aura dû la facilité qu'il a eue de recueillir autant de renseignemens importans ou curieux : car, depuis trop long-temps, le droit presque exclusif de parcourir, de décrire, de gouverner et d'exploiter l'Hindoustan, semble réservé aux Anglois et à leurs agens. Nous avons cependant à citer le Voyage que M. Charpentier de Cossigny, officier François, a fait au Bengale : ce Voyage nous paroît mériter une attention particulière, à cause des documens relatifs aux arts des Indiens, et des instructions commerciales que l'auteur y a consignées. On doit porter le même jugement de son Voyage à la Chine.

Parler de la Chine, c'est, pour ainsi dire, rentrer dans notre domaine littéraire ; car la réputation et la supériorité que nos voisins ont acquises dans la littérature Indienne, nous pouvons aussi les revendiquer dans une littérature non moins féconde et d'une antiquité encore plus certaine. *Langue et littérature Chinoises.*

Sans rappeler ici les immenses travaux de nos missionnaires et les doctes recherches des académiciens François

Fourmont et de Guignes, citons au moins les Mémoires concernant l'histoire, les sciences, les arts des Chinois, par les missionnaires de Pékin, en quinze volumes *in-4.°*, dont les trois derniers ont paru depuis 1789. Tous ceux qui connoissent ce recueil, bien mieux apprécié et beaucoup plus recherché par les étrangers que par les François, le jugent digne de figurer auprès des Recherches Asiatiques.

Nous ne parlons pas ici de la nombreuse collection d'ouvrages Chinois que possède la Bibliothèque impériale ; on ne pourra en tirer un parti avantageux qu'après la publication du dictionnaire Chinois-Latin, ou Chinois-François, promis depuis long-temps à l'Europe par le Gouvernement. Il en avoit chargé M. Hager, qui avoit publié à Londres, en 1801, une Explication des clefs Chinoises : mais ce savant paroît s'être plus occupé de la composition de quelques mémoires relatifs à l'histoire de la Chine, que de l'impression du dictionnaire. Il a publié à Paris, en 1802, le Monument de Yu, morceau précieux, dont la gravure fait honneur à nos artistes ; en 1805, la Description des médailles Chinoises conservées dans le cabinet de la Bibliothèque impériale ; et en 1806, le Panthéon Chinois : ouvrages estimables, dans lesquels il y a beaucoup d'érudition et de critique.

Tous les moyens semblent réunis aujourd'hui pour l'impression du dictionnaire Chinois. Outre les nombreux dictionnaires de cette langue traduits ou composés par les missionnaires, et qui existent à la Bibliothèque impériale, M. de Guignes en possède un composé par le célèbre de Guignes son père, et que le fils a corrigé et augmenté pendant un séjour de douze ans qu'il a fait à la Chine ; et

tout

tout porte à croire qu'il seroit peut-être impossible de trouver en Europe un homme aussi capable que lui d'exécuter,
avec l'exactitude et la correction nécessaires, cette intéressante entreprise, projetée par M. Fourmont et par M. de
Guignes le père, et pour laquelle ces deux académiciens
ont fait graver cent dix-huit mille caractères, conservés
pendant long-temps à la Bibliothèque impériale, d'où ils
ont été transportés depuis peu à l'Imprimerie impériale.

L'ambassade Angloise à la Chine, qui a donné lieu aux
voyages de lord Macartney, de Hütner, de Barrow, de
Holmes, ainsi que l'ambassade Hollandoise, dont le journal,
rédigé par Van-Braam, a été publié en partie, en 1797,
par M. Moreau de Saint-Merry, et les remarques de M. de
Guignes sur le voyage de Barrow, nous ont éclairés sur
l'état actuel de cet empire; mais nous regrettons néanmoins que l'ambassade que la Russie envoya il y a environ
deux ans, par terre, à la Chine, et qui auroit encore ajouté
à nos connoissances, n'ait pu pénétrer dans cette contrée.

Le voyage de Symes au royaume d'Ava, celui de Per-
cival à l'île de Ceylan, et l'ambassade des Anglois au
Tibet, ont répandu quelques nouvelles lumières sur ces
différens pays, et méritent d'être cités.

Les difficultés de la langue Chinoise, et sur-tout son
obscurité, doivent paroître moins effrayantes depuis qu'on
est à portée de consulter les traductions Mantchoues, et
qu'on sait qu'il n'existe aucun bon livre Chinois qui n'ait été
traduit dans cette langue par un tribunal de savans réunis
dans le palais même de l'empereur. La Bibliothèque impériale possède un assez grand nombre de ces traductions, qui
ont singulièrement perfectionné la langue Mantchoue. En

Litterature ancienne.   Q effet, cette langue, qui étoit encore barbare il y a tout au plus deux siècles, a maintenant une grammaire régulière et un dictionnaire très-volumineux; en un mot, *on y voit clair,* suivant l'expression du P. Amyot , à qui nous devons la connoissance de cette langue et les principaux moyens de la cultiver. Mais une difficulté qui avoit été jusqu'à présent capable de rebuter ceux qui auroient pu être tentés de s'y livrer, c'est le système syllabique de l'écriture Mantchoue , dont les élémens forment environ quinze cents groupes plus ou moins compliqués. M. Deshauteraies, professeur au Collége royal de France, pour détruire cet obstacle, avoit proposé, dans un savant mémoire imprimé dans l'Encyclopédie élémentaire de l'abbé Petity, de décomposer ces groupes et d'analyser le syllabaire Mantchou , et avoit fait graver, pour le joindre à son mémoire, un essai de cette décomposition ; mais son travail, auquel il ne donna point de suite, étoit resté presque entièrement dans l'oubli, jusqu'au moment où M. Langlès entreprit de le continuer. Muni des matériaux envoyés par le P. Amyot, que M. Bertin, ministre d'état, chargé par le Roi de la correspondance avec les missionnaires François à la Chine, lui confia, il a réalisé et perfectionné l'analyse du syllabaire Mantchou , et a tiré de ces différens groupes vingt-huit caractères simples qui forment trente-neuf lettres, ayant pour la plupart trois formes, selon qu'elles sont placées au commencement, au milieu ou à la fin d'un mot. Cet heureux résultat lui a procuré les moyens de faire graver des poinçons avec lesquels il a fait imprimer trois éditions successives de sa Dissertation sur l'alphabet Mantchou, le Dictionnaire Mantchou-François du P. Amyot, et la notice d'un Dictionnaire Latin-Chinois-Mantchou qui

existe en manuscrit à la Bibliothèque impériale. Il seroit
à desirer qu'on publiât l'ouvrage entier, et sur-tout qu'on
donnât une édition Mantchoue-Françoise du Dictionnaire
universel de la langue Mantchoue, composé par l'ordre
de Kan-hi, et réimprimé par celui de Kien-long. Cet
ouvrage seroit non-seulement d'une grande utilité pour
acquérir une connoissance approfondie du mantchou,
mais il procureroit aussi un grand nombre de renseignemens curieux sur la géographie, les productions naturelles,
les sciences, les arts et le système religieux et politique de
ces contrées lointaines, ainsi qu'on peut le voir par les
deux discours des empereurs Kan-hi et Kien-long,
dont M. Langlès a inséré de longs fragmens, accompagnés
de la traduction, dans la troisième édition de son Alphabet
Mantchou.

Les poinçons du caractère Mantchou, que M. Langlès
avoit fait graver, ont été remis, par lui, à l'Imprimerie impériale, qui s'est aussi enrichie d'un autre caractère Mantchou plus petit.

Cette partie de notre Rapport seroit incomplète, si nous
omettions de rappeler la collection d'Oraisons dominicales
en cent cinquante langues, publiée en 1805 par M. Marcel,
directeur général de l'Imprimerie impériale. Si quelques
circonstances ont empêché l'éditeur de déployer dans cette
édition toutes les richesses de l'établissement qu'il dirige,
ce recueil ne mérite pas moins d'être compté parmi les
plus beaux ouvrages sortis de nos presses. A la vérité,
cette collection n'appartient pas exclusivement aux langues
et à la littérature de l'Asie; mais le grand nombre de caractères Orientaux dont on y a fait usage, et qui en font le

principal ornement, nous autorise à placer ici la mention que nous avons cru devoir faire de cet ouvrage.

HISTOIRE.

Aucune nation n'a produit un aussi grand nombre d'historiens dont les écrits soient placés dans les bibliothèques de l'Europe, et cités par les écrivains étrangers, que la nôtre. Pour trouver le premier François qui ait écrit l'histoire, il faut remonter presque jusqu'à l'origine de la monarchie, jusqu'à Grégoire de Tours, qui écrivit sous les petits-fils de Clovis, et qui mourut vers la fin du VI.e siècle.

Pendant que l'histoire étoit muette dans tout le reste de l'Occident, Charlemagne eut un historien, non pas digne de lui, mais fort estimable, eu égard au siècle dans lequel il vivoit; c'est Éginhard, secrétaire de ce prince, et qu'on doit regarder comme François, puisqu'il étoit né dans une partie de l'Allemagne soumise à la domination Françoise : on pourroit l'appeler le Salluste du moyen âge. Il transmit à la postérité la vie du monarque qu'il avoit chéri, et se montra supérieur par le talent, et peu inférieur par la latinité et par le style, aux historiens qùi avoient écrit vers le temps de Constantin, tels que Vopiscus, Lampride, Jules Capitolin, &c.

Nous ne parlerons pas de la série des écrivains de chroniques : mais nous ne pouvons nous dispenser de citer Geoffroi de Ville-Hardouin, qui a écrit l'histoire de la conquête de Constantinople par les Croisés en l'an 1204, à laquelle il avoit eu part; et moins encore un des compagnons des fatigues de S. Louis, Joinville, auteur de l'histoire de ce prince, et le premier des historiens qu'on doive nommer entre ceux qui ont écrit dans notre langue.

Dès le règne du fils de S. Louis, on eut une histoire générale de France, écrite en françois. On la connoît sous le titre de *Chronique de S. Denys,* ou *grandes Chroniques de France :* elle a été continuée jusqu'à la fin du règne de Charles VIII.

Froissard, qui fleurit à la fin du xiv.ᵉ siècle, mérite, par son esprit et par la grâce naïve de son style, de n'être pas confondu avec les simples chroniqueurs qui n'ont su que tenir des registres de faits.

Commines, dans le siècle suivant, se rendit célèbre par son Histoire de Louis XI et de Charles VIII. Sa réputation ne resta pas renfermée dans sa patrie : il écrivit en françois, et il eut pour traducteur, en latin, un homme célèbre lui-même, l'historien Sleidan.

Machiavel, le premier Italien qui se soit fait un nom comme historien, ne fleurit qu'après Commines.

La France conserva dans les âges suivans la palme de l'histoire. Quand Mariana publia un corps d'histoire d'Espagne, dont on estime le style sans louer la fidélité du récit, du Haillan avoit déjà donné un corps d'histoire de France, aujourd'hui peu consulté, parce que le langage a vieilli, et parce que l'auteur n'a pu fouiller dans des sources encore peu connues ou même entièrement ignorées à cette époque. Les François jouissoient depuis long-temps de l'Histoire de de Thou, de celle de Cordemoi, de la grande Histoire de Mézerai, dans laquelle la dureté du style est réparée par l'énergie, quand Ferreras donna aux Espagnols leur histoire, dont la fidélité est le seul mérite.

A considérer l'histoire comme science, l'inventaire de

nos richesses en ce genre occupe les volumes *in-folio* du P. le Long et de Fontette, et demanderoit encore un ample supplément ; mais nous l'envisageons ici comme art.

Si cet art répandit moins d'éclat que les autres sous le règne de Louis XIV, les François purent cependant se glorifier de compter entre leurs écrivains, dans le genre historique, les deux plus illustres de leurs orateurs, Bossuet et Fléchier : on ignoroit encore que Racine avoit laissé, en manuscrit, dans l'histoire d'un simple monastère (le Port-Royal), un excellent modèle du style historique. Enfin, à cette époque, nos historiens, par leur nombre, et plusieurs par leur mérite particulier, l'emportoient encore de beaucoup sur le très-petit nombre d'historiens étrangers dont le nom étoit connu hors de leur patrie.

Mais c'est dans le XVIII.ᵉ siècle que l'histoire a été le plus cultivée en France, et que nos écrivains en ce genre se sont le plus distingués. Ils ont, en général, attaché les lecteurs par le mérite du style, et ont eu plus de respect pour la vérité que le grand nombre de leurs prédécesseurs. On compte entre eux, sans parler de Montesquieu et de Voltaire, célèbres par tant d'autres succès, le P. Daniel, fort estimable sous beaucoup de rapports, malgré les reproches qu'il a mérités ; Velly et ses continuateurs, qui n'ont guère surpassé le P. Daniel que parce qu'ils n'étoient pas Jésuites, et parce qu'ils ont trouvé des secours dont il avoit été privé ; le sage abbé Fleury, dont le roi de Prusse, Frédéric II, ne dédaigna pas de se faire l'abréviateur ; Rapin de Thoiras, qui fit connoître à l'Europe l'histoire d'Angleterre, quand les Anglois n'avoient pas encore d'historiens ; le P. du Halde, historien des Chinois, qu'on accuse, peut-être sans fondement, de les avoir flattés; Rollin, bon écrivain, mais un peu trop diffus, et qui manque quelquefois de critique; Dubos et Mably, qui virent d'un œil si différent les premiers siècles de la monarchie Françoise; l'abbé de la Bléterie, qui a un peu d'afféterie dans son style, et le Beau, un peu de boursouflure; de Guignes, qui, dans son Histoire des Huns, fruit d'un immense travail, embrasse une grande partie de celle de l'Orient et de l'Occident; Raynal, qui a gâté son ouvrage par des beautés déplacées, des pensées téméraires et une affectation presque continuelle de philosophie; Désormeaux, plus recommandable par son Abrégé de l'histoire d'Espagne que par son Histoire de la maison de Bourbon, dans laquelle tous les princes de cette maison deviennent de grands hommes; Mallet de Genève, auteur d'une bonne Histoire de Danemarck, précédée d'une introduction très-utile pour faire connoître les anciens peuples du Nord et particulièrement les Francs; Hénault, Pfeffel, Dom Clément, historiens chronologistes; l'abbé de Condillac, dont le Cours d'histoire est si riche en pensées; l'abbé Millot, qui sut faire un art agréable du métier d'abréviateur; et d'autres encore dont s'enorgueilliroit une nation que moins d'opulence auroit rendue moins dédaigneuse.

Ne dégradons pas nous-mêmes le mérite de nos historiens. Il n'est peut-être aucun écrivain qui réunisse au même degré toutes les parties de l'art. Il faut en reconnoître de très-belles et portées à un haut degré dans l'Histoire des deux Écossois Hume et Robertson; et une grande érudition, avec trop de faste philosophique, dans celle de leur compatriote Gibbon : mais n'avons-nous pas des historiens que nous pourrions leur opposer, en considérant les parties dans lesquelles chacun d'eux a excellé, et sur-tout cette clarté, cette sage ordonnance, qui forment le caractère des bons écrivains François?

Ce qui nous assure la victoire, c'est le suffrage de tous les peuples éclairés; et nous ne craignons pas de répéter ce qu'a écrit un homme de lettres qui a passé une partie de sa vie hors de France, et principalement en Allemagne : « Les travaux des Écossois et des Anglois en ce genre » sont, dit-il, sur-tout connus en France, et ceux des Fran- » çois le sont de toute l'Europe. »

Nous observerons d'ailleurs qu'aucun peuple n'a jamais pu compter un grand nombre d'excellens historiens. Les Grecs eurent Hérodote, Thucydide et Xénophon; les Romains, Salluste, Tite-Live et Tacite. Les anciens nous apprennent que les autres historiens dont les ouvrages sont perdus, étoient bien inférieurs à ceux que nous venons de nommer; et nous portons le même jugement sur ceux dont les écrits sont venus jusqu'à nous.

Histoire an-
cienne.

La période que nous avons à parcourir, a été glorieu- sement préparée et ouverte par l'abbé Barthélemy, qui mit au jour, en 1788, son Voyage du jeune Anacharsis, qu'on a réimprimé plusieurs fois depuis cette époque. Cet ouvrage eut un très-grand succès dès sa naissance, malgré le trouble que commençoit à jeter dans les esprits le bruit encore lointain de l'orage révolutionnaire. L'auteur y développe, aux yeux des gens du monde, le grand spectacle de l'anti- quité Grecque, qu'ils n'iroient pas chercher dans les énormes collections des Meursius, des Grævius, des Gronovius, et moins encore dans les auteurs originaux; mines fécondes,

qu'on

qu'on ne peut exploiter sans de longs et pénibles travaux.
Il instruit l'homme oisif en l'amusant, et l'homme occupé
en lui procurant une agréable distraction : il instruit même
les savans, soit en leur apprenant des choses qui leur étoient
échappées dans leurs études, soit en leur rappelant ce qui
avoit fui de leur mémoire, soit en leur montrant certains
objets sous de nouvelles faces. On a dit qu'en faisant parler
des Grecs, il leur donne souvent un air François et des
mœurs à-peu-près Françoises; mais tous les gens instruits
savent que son récit est un tissu de passages d'auteurs Grecs,
liés ensemble avec beaucoup d'art et traduits avec élégance.
D'ailleurs, si c'est un défaut d'avoir rapproché de nous
les Grecs, Barthélemy ne s'en seroit pas corrigé volontiers,
parce que ce défaut étoit un moyen de plaire, et que c'est
le but vers lequel il tendoit en instruisant.

C'est par la même raison qu'il a travaillé constamment
à parer son style, et quelquefois même avec un peu trop
de soin, comme s'il eût oublié qu'un heureux abandon est
aussi un effet de l'art. Quelques personnes lui ont encore
reproché le cadre romanesque dans lequel il s'est plu à renfermer son sujet. L'auteur se cache et fait parler un Scythe
contemporain de Philippe père d'Alexandre. C'étoit se
mettre dans la nécessité de juger les Grecs, leurs mœurs,
leurs opinions, leurs sciences, leur philosophie, avec les
idées du IV.ᵉ siècle avant notre ère, et se refuser, dans ce
jugement, le secours des lumières acquises depuis cette
époque jusqu'à la fin du XVIII.ᵉ siècle. Mais, si Barthélemy
eût pris la forme didactique, la plupart de ceux qui le
jugent ne l'auroient peut-être pas même lu.

M. de Sainte-Croix a publié, en 1799, un Traité des

Littérature ancienne.   R anciens gouvernemens fédératifs, dont le but principal est d'établir que les assemblées amphictyoniques étoient moins politiques que religieuses, et qu'avant la ligue Achéenne la Grèce n'eut point d'états confédérés ni de diète permanente. Le même auteur avoit donné au public, plusieurs années auparavant, un Examen critique des historiens d'Alexandre ; et l'estime que les savans en avoient témoignée, a engagé l'auteur à le rendre plus parfait. Ses recherches en ont fait un ouvrage presque entièrement neuf dans la seconde édition. La première partie est composée d'une notice très-bien faite, et souvent intéressante, des historiens Grecs et Latins ; elle feroit seule un ouvrage remarquable : mais la partie la plus importante du travail de M. de Sainte-Croix est celle où il suit Alexandre depuis sa naissance jusqu'à sa mort, en citant avec une attention scrupuleuse et une extrême exactitude les auteurs qui ont rapporté les différentes actions de sa vie. Ce travail, fruit d'immenses recherches, sera très-utile à ceux qui voudront étudier la vie de ce conquérant, et absolument nécessaire à ceux qui voudront l'écrire ou juger les auteurs qui l'ont écrite. De savans mémoires chronologiques et géographiques terminent ce livre et y ajoutent un nouveau prix.

M. Ameilhon a donné successivement le vingt-cinquième et le vingt-sixième volume de la continuation de l'Histoire du Bas-Empire, commencée par le Beau : ils contiennent l'espace d'un siècle, et finissent sous Jean Paléologue II. Par-tout y règnent cet esprit de sagesse et cet amour de la vertu qui caractérisent l'auteur ; il discute les faits sans nuire à l'intérêt de la narration : l'article du concile de

Florence est un morceau remarquable et digne d'éloge. Le vingt-septième volume terminera cette longue composition; mais plus on reconnoît le mérite que l'auteur y a développé, et plus on regrette qu'il n'ait fait que continuer un ouvrage commencé sur un plan beaucoup trop étendu.

L'histoire des Gaulois a été depuis long-temps l'objet des recherches de savans distingués : il ne restoit plus guère qu'à profiter de leurs travaux et à les mettre en ordre. C'est ce qu'a fait M. Picot de Genève : dans son premier livre, il remonte à l'origine des Gaulois, et fait le récit de toutes leurs guerres jusqu'à l'époque où commence la monarchie Françoise ; dans le second, il fait connoître la religion, le gouvernement, les mœurs et les usages de la nation Gauloise. L'auteur a consulté les originaux, et en a tiré ce qu'ils offrent de moins incertain et de plus intéressant pour son sujet.

M. Lévesque vient de publier une Histoire critique de la république Romaine. On pourra demander s'il n'étoit pas inutile de refaire une histoire déjà faite tant de fois : mais il l'a composée dans des vues nouvelles. Il a tenté d'appuyer et de fortifier de nouvelles preuves les assertions de Pouilly, de Beaufort et du célèbre antiquaire Scipion Maffei, sur l'incertitude des premiers siècles de l'histoire Romaine : il s'est élevé contre les crimes que les Romains, par un amour fanatique de la liberté, avoient érigés en vertus; il a tâché de mettre au grand jour la perfidie et la cruauté de leur politique; il a jugé certains hommes célèbres d'après des témoignages qui lui semblent irréprochables; sans faire l'apologie de toute la conduite de César, il n'a pas consacré les excès de la faction qui lui étoit contraire:

mais sur-tout il a eu pour objet d'affoiblir l'enthousiasme qu'inspirent les Romains, et qu'il croit dangereux, parce qu'il est capable de faire naître dans le cœur des hommes de tous les siècles le mépris ou le dégoût du gouvernement de leur pays, quand ce gouvernement ne ressemble pas à celui de Rome.

Entre les ouvrages sur l'histoire ancienne qui ont paru chez les étrangers dans la période qui nous occupe, on distingue l'Histoire de la Grèce, que M. William Mitford a publiée plusieurs années après celle de M. Gillies. Celle-ci jouissoit d'une grande réputation en Angleterre, et étoit goûtée même en France, quoique très-foiblement traduite dans notre langue : mais l'ouvrage de M. Mitford a obtenu la supériorité. L'auteur a bien étudié son sujet ; il s'est garanti de cet enthousiasme de liberté exagérée qui écarta de la vérité tant d'écrivains modernes, sur-tout dans son pays ; il n'oublie rien pour nous donner une juste idée de la morale, de la politique, des mœurs et du gouvernement des anciens Grecs : mais, quoiqu'il s'annonce libre de préjugés, on peut lui reprocher de tout juger d'après les opinions de son siècle et de son pays. En parlant du gouvernement d'Athènes, il ne distingue pas assez de la tyrannie populaire, fruit impur de l'ambition des démagogues, la démocratie tempérée qu'avoit établie Solon, et qui s'éloignoit peu de celle dont les Athéniens attribuoient l'institution à Thésée. L'auteur, séduit vraisemblablement par les écrits de Xénophon, se montre trop favorable à la politique de Lacédémone. Il paroît aussi supposer trop légèrement que les Grecs eurent une constitution fédérative, qu'il fait cesser à la bataille de Mantinée, tandis que les Grecs n'en conçurent l'idée qu'un siècle après cette bataille, lorsque se forma la ligue Achéenne. D'ailleurs, les réflexions de l'auteur sont judicieuses, et l'on voit qu'il a considéré son sujet sous tous ses rapports moraux et politiques. Ce bon ouvrage mériteroit d'être bien traduit dans notre langue.

Des savans d'Allemagne, en traduisant l'Histoire universelle composée par une société de gens de lettres d'Angleterre, ont fait des additions utiles et assez considérables à la partie qui concerne les temps anciens.

M. Eichhorn s'est exercé à écrire une Histoire du monde, qui paroît avoir été bien accueillie en Allemagne.

M. Heeren a embrassé un sujet presque aussi vaste, en traitant des relations politiques et commerciales des anciens peuples. Les premiers volumes concernent l'Afrique et l'Asie, et renferment des vues neuves et des recherches curieuses ; mais le savant auteur se livre quelquefois trop à l'esprit de système, comme lorsqu'il veut prouver que la civilisation de l'Afrique est venue de l'île de Méroé en Nubie. D'autres savans font aussi venir de l'Éthiopie la civilisation de l'Égypte et même celle de l'Inde. Au lieu de rejeter dédaigneusement ces opinions singulières, il vaut peut-être mieux leur laisser le temps de mûrir et de se développer. D'ailleurs, M. Heeren pourroit se tromper, sans mériter de reproches, puisqu'il ne donne son ouvrage que comme un essai, et qu'il n'expose ses idées qu'avec une sorte de défiance.

Ce même savant, M. Gataker et quelques autres, ont fourni au recueil de l'Académie de Gottingue, des dissertations qui peuvent servir à l'éclaircissement de l'histoire ancienne. M. Heyne, toujours instructif même lorsqu'il ne fait qu'effleurer les sujets, toujours ingénieux même lorsqu'il se trompe, a aussi enrichi ce même recueil de plusieurs mémoires sur les antiquités.

Parmi les Italiens, M. l'abbé Denina, justement célèbre par son Histoire des révolutions d'Italie, a entrepris de composer une Histoire de la Grèce : il n'en a publié que la première partie, qui finit à l'avénement d'Alexandre au trône ; la seconde devoit conduire jusqu'à la conquête des Romains, et la troisième devoit renfermer toute la durée de leur domination dans cette contrée. Cette dernière partie de leur histoire et de celle de la Grèce a été jusqu'à présent trop négligée, et mériteroit d'être traitée par une main habile.

Diplomatique et histoire du moyen âge.

L'histoire du moyen âge et la diplomatique sont, de toutes les branches de la littérature, celles qui devoient le plus souffrir des ravages de la révolution. L'étude des anciennes chartes et des manuscrits de différens siècles, ensevelis dans la poussière des bibliothèques et des chartriers, sembloit être le partage exclusif de quelques ordres religieux ; et si quelques savans s'en occupoient hors des cloîtres, leur émulation n'étoit soutenue que par l'Académie des inscriptions et belles-lettres, qui savoit apprécier leurs travaux. Il étoit donc impossible que cette étude ne fût pas presque entièrement abandonnée après la suppression des ordres monastiques et des académies.

Il est bien reconnu que la diplomatique, qu'on pourroit appeler *la paléographie du moyen âge*, a été créée par des savans François, qui l'ont portée au plus haut degré de perfection. On citera toujours avec éloge et l'on consultera toujours avec fruit les Mabillon, les du Cange, les Martène, &c.; enfin les auteurs du nouveau Traité de diplomatique.

Quelques ouvrages estimables, dans le même genre, ont paru pendant l'époque que nous examinons. Plusieurs qui étoient déjà commencés, et même assez avancés, sont restés imparfaits. Nous en présenterons la liste avec d'autant plus de confiance, que le Gouvernement restaurateur qui a déjà fermé tant de plaies, saura appliquer à celle-ci les remèdes convenables.

A la tête des ouvrages terminés, nous placerons la troisième édition de l'Art de vérifier les dates, par D. Clément, de l'Académie des belles-lettres, édition à laquelle a eu part M. Brial, membre de la classe : la dernière partie a paru en 1791. Cet ouvrage est généralement estimé, autant pour la partie historique que pour la partie diplomatique.

Ouvrages terminés.

M. du Theil a publié, à la même époque, les Lettres anecdotes du pape Innocent III, en deux volumes ; collection précieuse, que Baluze n'avoit pu se procurer pour compléter le registre de ce pontife, et que M. du Theil a tirée des archives du Vatican.

L'Histoire de la Sainte-Chapelle de Paris, avec des gravures et un grand nombre de pièces originales, avoit été donnée en 1790 par M. Maurand, l'un des chanoines de cette église ; et les Bénédictins de la congrégation de S. Vannes avoient terminé leur Histoire de Metz par le sixième volume, qui complète la collection des pièces justificatives de cette histoire.

La même année encore, parut à Turin la collection des chartes et autres titres relatifs à l'histoire du Piémont, publiée par J. B. Moriondi ; collection intéressante pour un pays dont l'histoire étoit encore en grande partie

enveloppée de ténèbres épaisses, parce qu'on n'en connoissoit pas les monumens.

Un autre écrivain, M. Simonde Simondi, a donné
récemment, dans notre langue, l'Histoire des républiques
Italiennes du moyen âge, dont il n'a fait paroître encore
que les deux premiers volumes. Cet ouvrage, écrit d'un
style noble, pur et soutenu, est remarquable par le talent
de l'auteur, par les recherches que son sujet rendoit nécessaires, et par l'usage qu'il en a fait. L'histoire de ces républiques barbares est presque entièrement ignorée; il est
utile d'en connoître différens points, et il ne falloit pas
moins que le talent de M. Simondi pour la faire lire : encore
est-il vrai que, malgré son art, le lecteur, sans cesse transporté d'une république obscure à une autre république encore plus obscure, ne lit leur histoire qu'avec peine. Il est
d'ailleurs vraisemblable que certaines opinions favorites
de l'auteur ne seront pas généralement adoptées.

M. Lorenz, professeur d'histoire en l'université de Strasbourg, a publié, en 1790 et 1793, un ouvrage historique
élémentaire sous le titre de *Summa historiæ Gallo-Francicæ
civilis et sacræ.* Ce riche répertoire, dans lequel l'auteur se
contente d'énoncer les faits et d'indiquer les historiens originaux ou les actes qui offrent le développement des faits,
ne peut qu'être d'une grande utilité pour ceux qui veulent
étudier notre histoire dans ses véritables sources, et en
constater les preuves.

M. de Wall, demeurant à Liége, a publié en 1790
les derniers volumes de son Essai sur l'histoire de l'ordre
Teutonique, dont il est membre, qui a paru à Liége, en
huit volumes *in-12 :* cet essai est une excellente histoire,

composée

composée sur les meilleurs documens, propre à jeter de grandes lumières sur l'histoire du nord de l'Allemagne, et particulièrement sur celle des royaumes de Prusse et de Pologne.

Le même auteur a publié depuis, en deux volumes *in-12*, de savantes Recherches sur l'ancienne constitution de l'ordre Teutonique, comparée à celle des Templiers.

M. Ernst, curé d'Afden près d'Aix-la-Chapelle, a travaillé utilement pour l'histoire ecclésiastique du diocèse de Liége, en mettant au jour, en 1806, le Tableau historique et chronologique des suffragans ou coévêques de Liége; avec des notices sur l'origine des maisons religieuses et des établissemens qui en dépendoient dans la ville et dans sa banlieue.

Les autres travaux faits en France, et relatifs à la diplomatique ou à l'histoire du moyen âge, se trouvent en grande partie déposés dans la collection des Notices et Extraits des manuscrits de la Bibliothèque impériale. Les trois premiers volumes de cette collection sont dus à l'Académie des inscriptions et belles-lettres, et les quatre derniers à l'Institut, qui a repris en 1799 la continuation de ce travail, interrompu depuis 1791.

Quoique ce recueil embrasse la littérature de tous les genres, de tous les temps et de tous les pays, c'est néanmoins l'histoire, et sur-tout l'histoire de la France, qui y occupe le plus de place. Les notices ne sont ni des histoires en forme, ni des descriptions purement bibliographiques: ce sont des analyses, ou, en faisant connoître l'ouvrage, on saisit l'occasion de discuter et d'éclaircir des points obscurs de l'histoire. Ainsi, sur vingt notices données par

M. de Bréquigny, huit sont relatives à l'histoire particulière des papes, et onze à différens points de l'histoire politique ou littéraire de la France, tels que la conquête de la Normandie par Charles VII, l'Histoire de Charles VIII et de Louis XII par Gohori, un Traité des fiefs de Barthélemi *de Barateriis*, et diverses chroniques anciennes.

Dix notices très-instructives et très-bien faites, sur des sujets du même genre, sont dues à M. du Theil, indépendamment de celles que nous rappelons à l'article de la philologie Grecque : il suffit de citer ici celles qui ont pour objet l'Histoire des règnes de Charles VII et de Louis XI par Amelgard, une Histoire abrégée des rois de France attribuée à Guillaume de Nangis, la vie du cardinal Robert de Corçon et celle du cardinal d'Arragon.

La notice que M. Lévesque a donnée de deux manuscrits du livre de Pierre Salmon, présenté à Charles VI, peut être consultée pour l'histoire de ce prince.

Le procès criminel de Jeanne d'Arc, dite *la Pucelle d'Orléans*, a fourni à M. Del'Averdi la matière d'une ample notice tirée de différens manuscrits de la Bibliothèque, et formant à elle seule le troisième volume presque entier de la collection des Notices.

M. Ameilhon a inséré dans cette même collection une très-bonne analyse d'une Histoire de Charles VI, ou plutôt des factions qui troublèrent la France sous le règne de ce prince : cette histoire est écrite en vers, et Martin de Cotignies, partisan de la faction de Bourgogne, en est l'auteur.

Dix-sept notices de M. Gaillard sont presque toutes relatives à l'histoire des ambassades envoyées par la France à différentes cours étrangères.

M. Camus a joint à sa notice des actes du concile de Donzy, au ixe siècle, un modèle de l'écriture du temps ; et il a fait connoître trois manuscrits, en rouleau, du xve siècle, contenant un Abrégé d'histoire universelle ; mais la plus importante de ses notices, sous le rapport historique, est celle où, à l'occasion des anciennes collections de canons et de décrétales, il fixe au règne de Charlemagne l'origine des fausses décrétales.

Il a aussi fait connoître en 1800 [an viii], conjointement avec M. la Serna Santander, bibliothécaire de la ville de Bruxelles, une collection de canons, dite *la collection d'Espagne* ou *de S. Isidore de Séville ;* et M. Koch, correspondant de l'Institut, a prouvé que le code de canons écrit en 787, par les ordres de l'évêque de Strasbourg, Rachion, n'étoit autre chose que cette collection non interpolée : cette notice de M. Koch peut contribuer à éclaircir plusieurs points d'histoire et de chronologie.

Les notices qu'a données, en très-grand nombre, M. le Grand d'Aussy, sont principalement relatives à l'ancienne littérature Françoise : mais nous lui devons la publication d'un manuscrit fort intéressant, apporté de la Belgique ; c'est un voyage d'outre-mer, fait, en 1432 et 1433, par Bertrandon de la Brocquière, officier du duc de Bourgogne.

M. du Theil a publié, dans les Mémoires de l'Institut, une dissertation concernant les relations qui existoient, au xiie siècle, entre le Danemarck et la France, pour servir d'introduction à l'histoire du divorce de Philippe Auguste.

On trouve dans la même collection le mémoire de M. Lévesque sur le gouvernement de la France pendant les deux premières dynasties, et celui dans lequel il a fait connoître les anciennes relations de la France avec la Russie.

Le dernier volume du recueil de l'Académie des belles-lettres, qui est près de paroître, contiendra le mémoire dans lequel M. Dacier fait voir que la réunion d'un nombre immense d'arrière-fiefs à la couronne, soit par héritage, soit par acquisition, soit par forfaiture, et les exceptions introduites successivement en faveur des rois de France, lorsqu'ils acquéroient des domaines dans la mouvance de leurs vassaux, ont été une des grandes causes de la destruction du régime féodal.

On doit encore regarder comme utile à la diplomatique et à l'histoire du moyen âge, l'état des chartes, titres et pièces historiques de toute espèce qui se trouvoient épars dans différens dépôts que la commission établie à cet effet, et dont étoient membres MM. de Bréquigny, du Theil, D. Clément, Brial et plusieurs autres savans diplomatistes, présenta au Gouvernement, en 1800 [an VIII], après avoir passé six ans à les recueillir et à les mettre en ordre. Les seules pièces trouvées dans le département de la Seine forment une collection de quatre cent quatre-vingt-neuf registres, et onze cent soixante-onze cartons qui sont actuellement déposés aux archives du Corps législatif, à la suite des titres et registres conservés anciennement au trésor des chartes de la couronne. On avoit lieu de croire que les autres départemens augmenteroient considérablement cette collection; et c'est par ce motif que les commissaires annoncent que l'état imprimé qu'ils avoient rédigé, ne devoit être regardé que comme un cadre dans lequel pourroient se ranger tous les monumens semblables qui arriveroient des différentes parties de la France.

Nous terminerons le compte que nous devions rendre des travaux faits en France sur la diplomatique et l'histoire du moyen âge, en rappelant ce qu'elles doivent à M. de Villoison, dont les *Anecdota Græca* contiennent des observations et des discussions très-utiles pour faciliter l'intelligence des manuscrits et des autres monumens depuis le commencement du Bas-Empire jusqu'au XII.ᵉ siècle et même au-delà.

Si nous jetons ensuite les yeux sur les ouvrages publiés par les étrangers, nous verrons le prélat Marini, qui a si bien mérité de la paléographie Latine, s'appliquer avec le même succès à la diplomatique la plus ancienne, à celle qui touche presque immédiatement à la haute antiquité. Les chartes en papyrus, dont la bibliothèque du Vatican contient une riche collection, ont été l'objet de ses travaux; et quoique son ouvrage ne soit pas encore connu en France, ceux qu'il a déjà faits garantissent jusqu'à un certain point le mérite de celui-ci.

En Allemagne, Schoenemann a écrit sur le but et les procédés de l'art diplomatique, et Eccius a donné une nouvelle édition de l'ouvrage de Weber sur l'état de cet art.

M. Martens a fait paroître, en 1802, les premiers volumes de son Guide diplomatique, ou Table chronologique des principales lois de chaque puissance de l'Europe, avec un supplément au Recueil des principaux traités depuis 761 jusqu'à présent, précédé des traités faits dans le XVIII.ᵉ siècle qui ne se trouvent pas dans le Corps diplomatique de Dumont et de Rousset.

M. Schwartner et M. Katona se sont plus particulièrement attachés à la diplomatique de la Hongrie et à l'histoire de ses rois, dans les ouvrages qu'ils ont publiés pendant l'intervalle de 1792 à 1803. M. Rauch, dont l'ouvrage a paru en 1793 et 1794, ne s'est occupé que des écrivains de l'histoire d'Autriche.

M. le comte Jean Potocki a fait imprimer, dans le même temps, des chroniques, des mémoires et des recherches pour servir à l'histoire des peuples Slaves; et en 1796, des Fragmens historiques et géographiques sur les mêmes peuples et sur la Scythie et la Sarmatie. Il a aussi publié, en 1802, l'Histoire primitive des peuples de la Russie. Ces différens ouvrages, qui appartiennent également à l'histoire ancienne et à l'histoire du moyen âge, sont remplis de recherches intéressantes et d'observations judicieuses, et supposent une critique très-saine et des connoissances très-étendues.

On doit à M. Roësler une nouvelle édition de ses chroniques du moyen âge, qui a paru en 1798; à M. Et. Alexandre, un recueil des chartes et diplomes relatifs aux monastères du Palatinat; à M. Fuxhoffer, un recueil de pièces du même genre concernant la Hongrie; à M. Szerdahl, une charte Grecque du roi S. Étienne; à M. Eichhorn, les titres de l'évêché de Coire; à M. Wurdstein, ceux du couvent de Schouan; à un éditeur anonyme, ceux du monastère de Lorsch; à M. Schaukegel, le privilége historique et chronologique du pays de Billung; à M. Koch-Herman, la série des évêques de Munster; à M. Dolliner, un recueil des lettres du roi de Bohème, Ottocar II; à M. Bodmann, celles du roi des Romains, Rodolphe I.er, qui servent de supplément à la belle édition des lettres de ce prince, donnée en 1772 par D. Gerbert, abbé de Saint-Blaise; enfin, à des savans Portugais, trois ouvrages relatifs à la diplomatique et à l'histoire du Portugal, envoyés à l'Institut par l'Académie de Lisbonne. L'un est une collection, en trois volumes *in-fol.* de livres inédits sur l'histoire de Portugal; l'autre contient des documens historiques sur le même pays, puisés dans les auteurs Arabes, et le troisième, des observations historiques et critiques sur la diplomatique Portugaise.

M. Edmund Davies a donné récemment à Londres un ouvrage intitulé *Celtick Researches*, ou Recherches sur les origines, les traditions et la langue des anciens Bretons. Nous ne connoissons que le titre de cet ouvrage, qu'on dit estimé en Angleterre.

Les ouvrages dont on vient de faire l'énumération, ont sans doute leur mérite : mais ils sont en petit nombre; et quoiqu'ils aient été publiés depuis 1789, la plupart étoient composés auparavant. Il résulte de ce tableau, que la science diplomatique et l'histoire du moyen âge ont été extrêmement négligées, sur-tout en France, depuis cette époque. Ce n'est pas qu'il n'y eût beaucoup à faire : l'Institut l'a bien senti, et, dès les premiers instans de sa formation, il a porté ses regards sur les grands travaux de ce genre qui avoient été heureusement commencés, et qui, en honorant la nation, pouvoient fournir aux savans des secours nouveaux pour dissiper l'obscurité dont l'histoire est quelquefois couverte. On fit un appel aux hommes de lettres qui avoient eu quelque part à ces grandes entreprises, et que la révolution avoit épargnés : le Gouvernement, dans son instabilité même, accorda des encouragemens, et quelques-uns de ces travaux furent repris.

Ouvrages dont le Gouvernem. a ordonné la continuation.

Le Recueil des historiens de France, commencé par D. Bouquet, Bénédictin, étoit au treizième volume. Ce volume et le précédent n'avoient pu contenir tous les monumens des règnes de Philippe I.er, de Louis-le-Gros et de Louis-le-Jeune. M. Brial, ancien Bénédictin, et aujourd'hui membre de la classe, se chargea de compléter ce travail, auquel il avoit eu part avec D. Clément. Le quatorzième volume a été publié par lui en 1806; le quinzième est sous presse, et sera en état de paroître sous très-peu de temps (1).

Le quatorzième volume des Ordonnances des rois de France de la troisième race avoit été publié en 1790, par M. de Bréquigny, et il va jusqu'à l'année 1461, époque de la mort de Charles VII. La continuation de cet ouvrage, aussi essentiel pour l'histoire que pour la législation, avoit été confiée à MM. Pastoret et Camus : à la mort de celui-ci, M. Pastoret est resté seul chargé du travail; il a préparé le tome XV, qui contiendra les ordonnances de Louis XI. L'impression en est commencée, et sera entièrement due au zèle de la classe, les fonds particuliers accordés pour la publication de cet ouvrage lui ayant été refusés.

M. de Bréquigny avoit aussi donné, en 1791, conjointement avec M. du Theil, le premier volume du Recueil des chartes et diplomes qui concernent l'histoire de France, à la réunion desquels les Bénédictins de la congrégation de Saint-Maur avoient puissamment concouru. Les prolégomènes placés par les éditeurs à la tête du premier volume peuvent être regardés comme un excellent traité de diplomatique. M. du Theil s'occupe de la continuation

(1) Ce volume a été publié depuis que ce Rapport a été présenté à sa Majesté.

de

de cette vaste collection, supplément nécessaire à celle des Historiens de France, dans le plan de laquelle ne devoient point entrer les actes passés entre particuliers.

Ces trois ouvrages sont jusqu'à présent les seuls pour lesquels la classe d'histoire et de littérature ancienne ait reçu les encouragemens du Gouvernement. Il en est d'autres encore qu'elle a pris en plus ou moins grande considération.

Tel est le *Gallia Christiana,* entrepris par les Bénédictins. L'ouvrage est distribué suivant l'ordre alphabétique des métropoles, et le treizième volume finit à la lettre *T.* Il reste encore les métropoles de Tours, de Besancon *[Vesuntio],* de Vienne et d'Utrecht, qui pourroient remplir trois volumes. Mais, dans la supposition qu'on pût trouver des hommes qui voulussent s'occuper de ce travail ingrat et minutieux, il est douteux qu'on pût recouvrer les cartulaires et les titres des évêchés et des abbayes, matériaux indispensablement nécessaires à cet ouvrage. *Ouvrages à terminer.*

On craint aussi que ceux d'un ouvrage encore plus considérable ne soient perdus sans retour : c'est le recueil des *Acta Sanctorum,* par les Bollandistes ; trésor inépuisable, même pour l'histoire profane du moyen âge. L'Europe en devoit la publication à la munificence de la maison d'Autriche, qui avoit consacré à ce travail un établissement dans la Belgique. S'il existe des moyens d'en entreprendre la continuation, ce travail important ne seroit pas d'une grande difficulté, et la dépense seroit couverte par le débit. Les cinquante-trois volumes déjà publiés, suivant l'ordre des mois, conduisent au milieu d'octobre.

Les douze volumes publiés sur l'histoire littéraire de la

Littérature ancienne. T

France, par les Bénédictins, n'ont encore atteint que le milieu du douzième siècle. D. Clément, dernier continuateur de cet ouvrage, voyant le public fatigué de cette longue suite de volumes, qui en promettoit une suite plus longue encore, et trouvant les libraires épuisés par cette entreprise, crut pouvoir mieux employer son temps à son grand et utile ouvrage de l'Art de vérifier les dates (1).

M. Dacier s'étoit occupé pendant plusieurs années d'une nouvelle édition de Froissart, ouvrage important pour l'histoire du moyen âge, sur-tout pour l'histoire de France et d'Angleterre pendant le xiv.ᵉ siècle. La correspondance de M. Dacier avec les savans placés près de toutes les grandes bibliothèques de l'Europe, l'avoit mis à portée de collationner tous les manuscrits connus de cet écrivain; de même que la communication de tous les monumens historiques conservés dans le trésor des chartes et dans les autres dépôts, lui avoit fourni tous les moyens de rétablir la chronologie, et de rectifier les faits, ou d'en constater la vérité. L'ouvrage étoit presque terminé ; il auroit formé quatre volumes *in-folio*, dont le premier étoit imprimé presque en entier lorsqu'on enleva les papiers du secrétariat de l'Académie des belles-lettres, où M. Dacier, en sa qualité de secrétaire perpétuel, déposoit la partie de son travail personnel ou académique regardée comme en état d'être livrée à l'impression. Il y a perdu la fin du premier volume, le commencement du second, contenant ensemble à-peu-près six années de l'histoire, et une préface

---

(1) Depuis la présentation de ce Rapport, la classe, par ordre de sa Majesté l'Empereur et Roi, a chargé quelques-uns de ses membres de continuer l'Histoire littéraire de la France.

historique très-étendue, dans laquelle il rendoit compte de son travail, et donnoit la notice de tous les manuscrits et de tous les actes originaux qu'il avoit mis à contribution. On pourroit réparer cette perte et combler la lacune, si l'on jugeoit jamais à propos de rendre utile le travail que M. Dacier a fait sur un historien aussi intéressant que Froissart.

On peut aussi regarder comme un ouvrage qui n'attend que des continuateurs, le Recueil des historiens des croisades, auquel a travaillé pendant plus de trente ans D. Berthereau, Bénédictin : il s'étoit chargé particulièrement des historiens Arabes et autres écrivains Orientaux, et il a laissé beaucoup de manuscrits, dont la notice imprimée a été donnée par M. de Sacy, qui, plus que personne, seroit en état de terminer cette partie, tandis que d'autres reverroient et compléteroient les historiens Latins recueillis par Bongars.

D. Labat, Bénédictin, avoit donné en 1789 le premier volume d'une nouvelle Collection des conciles de France; et la moitié du second étoit imprimée quand il fut obligé de l'abandonner.

Le Bénédictin D. Coustant avoit publié en 1721 un volume *in-folio* des Lettres décrétales des papes. Cet ouvrage méritoit bien d'être continué, et il l'a été en effet par D. Mopinot, qui en a préparé le second volume : le manuscrit est entre les mains de S. A. I. M.ᵍʳ le cardinal Fesch; son amour pour les lettres en fait espérer l'impression.

L'Alsace, qui a produit tant de bons historiens, a fait récemment de grandes pertes en ce genre : mais on doit avoir trouvé, à la mort de M. l'abbé Grandidier, la continuation des deux volumes *in-4.°* de l'Histoire ecclésiastique de cette province, qu'il avoit déjà publiés, et sur-tout une collection très-considérable de chartes qui devoient servir de preuves à cette histoire.

On espère aussi que la famille de M. Oberlin connoîtra le prix des mémoires laissés par M. Schœpflin, et dont M. Oberlin se proposoit de faire usage dans son *Alsatia litteraria*, qui devoit servir de complément aux travaux de ce savant.

Les Bénédictins de la congrégation de S. Maur, qui avoient si bien mérité de l'histoire par leurs travaux, conservent encore, aujourd'hui qu'ils n'existent plus, des droits à la reconnoissance de la France lettrée, par les matériaux qu'ils avoient rassemblés, et qui auroient fini par former une collection des histoires particulières de ce qu'on appeloit les provinces. Il seroit digne de la munificence du Gouvernement, de faire recueillir cette immense quantité de pièces et de matériaux historiques, qu'il est d'autant plus important de conserver, que, s'ils étoient perdus, il seroit impossible de recommencer les recherches auxquelles ils sont dus, un très-grand nombre d'originaux ayant disparu pendant nos troubles politiques.

On avoit justement applaudi aux Histoires de Bretagne, de Bourgogne, et sur-tout à l'Histoire de Languedoc. Un grand nombre de porte-feuilles consacrés à celle de Picardie, et qui sont le fruit de plus d'un siècle de recherches, à la continuation desquelles D. Grenier a employé la plus grande partie de sa vie, sont déposés à la Bibliothèque impériale. Elle conserve aussi les mémoires dont M. Lévesque de la Ravallière, membre de l'Académie des belles-lettres, s'étoit occupé long-temps pour l'histoire de Champagne, et que la congrégation de Saint-Maur avoit eu soin de recueillir. Plus de cent trente mille titres rassemblés par D. Lenoir pour l'histoire de Normandie avoient été acquis par M. le président d'Ormesson, et sont entre les mains d'un particulier. M. Mazette, bibliothécaire à Poitiers, possède les manuscrits de l'histoire du Poitou, que D. Fonteneau préparoit depuis long-temps. Ceux de D. Houzeau, pour l'histoire de l'Anjou et de la Touraine, sont entre les mains d'un de ses confrères. M. Prunis, membre du Corps législatif, possède les titres que plusieurs savans avoient réunis pour l'histoire du Périgord, à l'invitation du ministre M. Bertin. Les enfans de M. Fossa, avocat à Perpignan, conservent les mémoires et les chartes qu'il avoit rassemblés en grand nombre pour l'histoire du Roussillon et de la Catalogne. On peut espérer que M. Levrier, correspondant de l'Institut, et M. Dulaure, tous deux connus par des ouvrages estimés, offriront eux-mêmes au public le fruit de leurs recherches ; le premier, pour l'histoire du Vexin et du Pinserais ; le second, pour celle de l'Auvergne. Il y a déjà long-temps que M. Ernst, aujourd'hui curé d'Afden près d'Aix-la-Chapelle, dont on a déjà parlé, a terminé son Histoire des comtes de Limbourg. Une immense collection de chartes concernant la Suisse et la Souabe avoit été faite par le baron de Zurlauben, de l'Académie des belles-lettres, et a été transportée à l'abbaye de Saint-Blaise dans la Forêt Noire.

Mais un ouvrage bien plus considérable sur le même genre de recherches avoit été entrepris par M. de Nélis, évêque d'Anvers. Ce prélat, qui, pendant que son diocèse étoit devenu le théâtre de la guerre, avoit été chercher un asile en Italie, où il a fini ses jours, y fit imprimer, avec tout le luxe des presses de Bodoni, le prospectus de la collection des historiens inédits de la Belgique, qu'il avoit dessein de publier. Il y promettoit encore, indépendamment de cette collection, les chroniques de Saint-Bavon de Gand, de Saint-Maximin de Trèves, de Stavelot, d'Epternach, de Bolduc, de Giles li Muisis, trois chroniques du Brabant, et d'autres monumens historiques en latin et en françois : enfin il annonçoit une chronique, en six livres, d'Edmond Dinter, qui a été secrétaire de quatre ducs de Brabant de la maison de Bourgogne ; une Histoire diplomatique des princes d'Austrasie et de Lorraine, par Pierre du Thym, ou Van-der-Heyden, mort en 1473 ; et les deux dernières parties des Annales du Hainaut par Jacques de Guise, Franciscain, ouvrage dont la première partie, seule imprimée, est remplie de fautes, mais dont le savant prélat regarde les deux autres comme bien plus importantes. Il seroit utile d'assurer la conservation des nombreux manuscrits de M. de Nélis, et il seroit à desirer que des hommes instruits fussent chargés de continuer et d'achever ceux des différens ouvrages dont nous venons de parler, qui sont restés imparfaits, et de les publier, ainsi que ceux auxquels les auteurs que la mort a enlevés avoient mis la dernière main (1).

Histoire moderne.

Tous les esprits, au commencement de 1789, étoient

(1) Tous les manuscrits de M. de Nélis viennent d'être acquis par M. Van-Hultem, ex-tribun, bibliothécaire de la ville de Gand, qui a les connoissances et les talens nécessaires pour terminer ces ouvrages et en faire jouir le public.

occupés de l'assemblée prochaine des états-généraux, et de tout ce qui pouvoit y avoir quelque rapport. M. Gudin, aujourd'hui correspondant de l'Institut, qui se livroit depuis long-temps à des recherches historiques, profita de cette disposition des esprits pour mettre en œuvre les matériaux qu'il avoit recueillis sur les assemblées politiques de plusieurs nations; et il publia une Histoire des comices de Rome, des états-généraux de France, et du parlement d'Angleterre. Cet ouvrage lui mérita le prix que l'Académie Françoise étoit chargée d'adjuger au livre le plus utile qui eût paru dans le cours de l'année.

L'histoire, qui n'est plus elle-même si elle cesse d'être libre, garda un silence de plusieurs années. Et comment auroit-elle élevé la voix, lorsque toute liberté fut comprimée au nom de la liberté?

Elle se réfugia en Suisse et en Allemagne. M. Muller continua son Histoire des Suisses, ouvrage fort estimé; et M. Schiller donna celle de la fameuse guerre de trente ans, histoire dont les beautés se soutiennent dans la traduction Françoise.

En France, M. Castera s'empressa trop de paroître, et donna, en 1797, une Histoire de Catherine II, impératrice de Russie : sa narration est élégante et facile; mais les renseignemens qu'il put se procurer à cette époque, étoient sans doute infectés de l'esprit du temps; et son ouvrage, d'ailleurs estimable par le talent de l'auteur, pourroit souvent le faire accuser d'injustice.

Cependant plusieurs hommes de lettres qui s'étoient distingués dans le genre de l'histoire, vivoient encore, et continuoient, dans le silence de la solitude, leurs études et leurs travaux. Nous nommerons le premier, celui qui avoit acquis les plus anciens droits à l'estime publique : c'est M. Gaillard, que l'étendue de ses connoissances avoit fait admettre à l'Académie des belles-lettres, que la pureté de son style, sans être constamment soutenue, avoit placé à l'Académie Françoise, et qui est mort membre de l'Institut. On peut, en négligeant quelques essais de sa jeunesse, qui cependant furent heureux, regarder comme son premier ouvrage l'Histoire de François I.ᵉʳ Le sujet étoit beau : l'auteur ne se montra pas indigne du sujet; et quand on connut l'Histoire de Charles-Quint par Robertson, si M. Gaillard sembla vaincu, il ne resta pas du moins trop au-dessous de son vainqueur.

Il donna ensuite, sous le titre de *Rivalité de la France et de l'Angleterre*, une histoire estimée de nos interminables querelles avec les Anglois.

Son Histoire de Charlemagne lui mérita l'honorable suffrage de Gibbon, célèbre entre les historiens Écossois; il fut loué depuis par un rival, M. Hegewisch, qui a donné en allemand l'histoire du même empereur. C'est un beau sujet, qui offre le grand homme d'un siècle barbare à comparer avec le grand homme d'un siècle civilisé. M. Gaillard n'a pas été heureux dans toutes les parties de son ouvrage : il semble qu'une idée peu exacte de l'ancienne France ait produit ses principales fautes; il prend pour la France proprement dite l'ancienne Gaule, et voudroit que Charlemagne s'en fût contenté. Mais elle n'étoit, au contraire, qu'une acquisition des Francs : la France proprement dite, la véritable patrie de ce peuple, étoit une partie de la Belgique, et un vaste pays à la droite du Rhin, jusqu'au Mein.

Les

Les Saxons étoient limitrophes de cette véritable France ; et, depuis le règne des descendans de Clovis, ils l'infestoient par des excursions sans cesse renouvelées. C'est ce que Gaillard semble n'avoir pas aperçu ; et comme dans tous ses ouvrages il a pour objet principal de s'élever contre la guerre et les conquêtes, et semble avoir conçu l'espérance d'amener par ses écrits la paix générale en Europe, il regarde Charlemagne comme un injuste agresseur des Saxons, ne voit en lui qu'un coupable ambitieux, et cherche à nous inspirer plus d'intérêt pour les vaincus que pour son héros. Mais il auroit dû reconnoître que Charlemagne fit la guerre aux Saxons pour protéger ses sujets, dont il ne pouvoit assurer le repos que par l'entière soumission de ce peuple féroce. Il est vrai qu'après avoir pardonné plusieurs fois aux vaincus, il finit par se montrer cruel : mais c'est qu'il n'étoit qu'un héros du VIII.ᵉ siècle ; et Gaillard auroit dû le faire sentir, au lieu de prononcer qu'il fut moins grand que Witikind, comme s'il eût pu savoir ce qu'auroit fait ce chef tant de fois fugitif, s'il avoit été vainqueur.

A ces fautes, et à d'autres encore, se joignent les défauts ordinaires de l'auteur ; narrations diffuses ; peu de force d'expression ; des réflexions accumulées, répétées, et souvent si étendues qu'elles se changent en dissertations ; et au milieu de ces défauts, de longues suites de belles pages, qui prouvent que l'auteur étoit capable de faire beaucoup mieux, s'il s'étoit donné la peine de se relire avec plus de sévérité et de se rendre beaucoup plus concis.

M. Hegewisch, qui a publié son Histoire de Charlemagne en 1791, se montre plus juste envers ce prince. Tandis que Gaillard, né François, fatigue ses lecteurs de complaintes sur les malheurs qu'éprouvèrent les Saxons il y a dix siècles révolus, M. Hegewisch, né Saxon, reconnoît le besoin qu'avoient ses ancêtres d'être subjugués. Les Saxons du temps de Charlemagne n'étoient, dit-il, que des sauvages plongés dans les ténèbres, étrangers aux arts les plus nécessaires, et livrés à une turbulence féroce et à des superstitions sanguinaires. La réunion à un grand État qui avoit déjà fait quelques pas vers la civilisation, put seule donner dans l'Allemagne un premier essor aux facultés intellectuelles : mais la culture de l'esprit ne pouvoit s'établir que par l'introduction du christianisme, puisque les prêtres de cette religion étoient seuls lettrés dans ces temps d'ignorance. Il falloit que les peuplades des Saxons et des autres nations Germaniques devinssent chrétiennes pour recevoir quelques élémens d'instruction, cesser d'être le fléau de leurs voisins et d'elles-mêmes, et ne plus offrir à leur dieu Wodam [Odin] des victimes humaines. Les évêchés furent des écoles, les chanoines furent des professeurs, et les châteaux fondés par le vainqueur devinrent, avec le temps, des villes où s'exercèrent tous les arts utiles. Charlemagne, ajoute le judicieux écrivain, n'étoit pas de ces conducteurs de hordes qui ont inondé la terre comme des torrens impétueux : il protégeoit l'agriculture chez les peuples qu'il avoit soumis ; il leur donnoit des lois aussi bonnes que le siècle pouvoit le permettre et que leurs besoins l'exigeoient, et répandoit sur leur pays des semences fécondes de prospérité. Tous les peuples qu'il a conquis, doivent prononcer encore aujourd'hui son nom avec reconnoissance.

Ce tribut de reconnoissance a été payé par un savant

associé de l'Institut, également versé dans les sciences physiques et historiques, S. A. É.^{me} Mgr le prince primat de la confédération du Rhin, Charles d'Alberg. Dans le portrait qu'il a tracé de Charlemagne, il n'a omis aucune des éminentes qualités qui ont élevé ce prince bien au-dessus des conquérans vulgaires et du peuple des monarques

Ce sont les grandes vues de M. Hegewisch qui rendent son ouvrage fort supérieur à celui de M. Gaillard. Cependant celui-ci, au milieu des tourmentes de la révolution, avancé en âge, et souffrant de ses infirmités et des maux de la patrie, charmoit ses douleurs par la composition d'un grand ouvrage, qu'il avoit commencé dès l'année 1764, et qui a paru dans les premières années de ce siècle : il est intitulé, *Rivalité de la France et de l'Espagne*. On retrouve dans cette dernière production du laborieux vieillard à-peu-près les mêmes défauts qui déparent un peu celles de sa maturité.

Il y avoit long-temps que M. Gaillard, affilié aux deux principales Académies du royaume, jouissoit d'une assez grande réputation, quand un chanoine régulier de Sainte-Geneviève, confiné dans une cure de campagne, et à-peu-près inconnu, M. Anquetil, se fit une réputation soudaine et méritée par une histoire de la Ligue, qu'il intitula *Esprit de la Ligue*. L'auteur n'avoit point d'art ; mais il avoit le charme plus puissant d'un heureux naturel. Jusqu'à l'époque de la Saint-Barthélemi, il se soutient toujours intéressant, toujours maître de ses lecteurs, qu'il entraîne ; mais, après le récit de cet événement, il tombe et s'amuse à raconter des anecdotes qu'il entasse sans liaison comme dans un recueil. Parvenu au commencement de la Ligue, il se relève, mais plus foible que dans la première partie de sa carrière.

Il donna ensuite, sous le titre d'*Intrigue du Cabinet*, l'histoire du règne de Henri IV, de celui de Louis XIII, et de la minorité de Louis XIV. Il eut moins de succès, peut-être parce que le sujet offroit un intérêt moins terrible.

On crut que l'auteur étoit devenu inférieur à lui-même, quand il publia l'ouvrage intitulé *Louis XIV, sa cour et le régent.* On pourroit en porter un jugement plus favorable. Anquetil a recueilli les anecdotes dans les mémoires du temps, qui ne manquent ni d'esprit ni de grâce; il les a rapportées souvent dans le style de ces mémoires, et a conformé le sien à celui des écrivains et au peu de gravité des choses qu'il racontoit : c'est un bon homme armé quelquefois d'un peu d'innocente malice, qui s'amuse et amuse ses lecteurs du récit des intrigues, des galanteries, des tracasseries, des riens importans de la cour de Louis XIV et des folies de la régence. Heureux s'il avoit connu le moment où il devoit se reposer! Par respect pour sa mémoire, nous garderons le silence sur les dernières et volumineuses productions de sa vieillesse.

On a réimprimé en 1800, à Hambourg, avec des augmentations et des corrections nécessaires, l'Histoire de Russie que M. Lévesque avoit publiée en 1781. C'est la seule histoire de cet empire qui ait été composée par un étranger, d'après les chroniques de la nation, et des actes authentiques; et le travail que ces recherches exigeoient, occupa l'auteur pendant sept années à Saint-Pétersbourg. Les Russes n'avoient pas même encore, dans leur langue, à cette époque, une histoire qui descendît au-dessous de l'an 1360. Cependant l'histoire ancienne de ce peuple est utile à connoître, parce qu'elle est intimement liée à celle de différentes nations de l'Europe et de l'Asie, et sur-tout à cette grande révolution qui, déjà commencée en Asie, fit trembler l'Europe dans le XIII.e siècle, lorsque les farouches Mongols, conduits par Octaï, fils de Tchinguis-kan, portèrent la dévastation et la mort jusque dans la Pologne. Plusieurs bons livres sont tachés par l'ignorance des auteurs qui entreprennent de parler de l'ancien état de la Russie, sans en avoir aucune connoissance. Nous nous contenterons de dire ici que l'ouvrage de M. Lévesque est recherché en Russie, qu'on en a fait des abrégés pour l'éducation de la jeunesse, et qu'un professeur qui a entrepris de le traduire, a reçu des encouragemens de l'empereur Alexandre. Le même auteur a donné, en 1788, sous le titre de *La France sous les cinq premiers Valois*, l'histoire de la période orageuse qui commence au règne de Philippe de Valois et se termine avec le règne de Charles VII. Il a consulté des manuscrits, des actes et des mémoires inconnus aux écrivains qui avoient traité avant lui ce sujet.

M. Arnould, maître des comptes a publié en 1806 l'*Histoire générale des finances de la France depuis le commencement de la monarchie*. L'auteur a mis à contribution les monumens historiques d'une longue suite de siècles, et a employé, avec une critique sage et judicieuse, les matériaux qu'ils lui ont fournis. Après avoir prouvé que l'impôt général a été nul, en France, jusqu'au règne de Philippe-le-Bel, il analyse et compare les différentes formes légales adoptées successivement depuis cette époque pour fonder le revenu public et fournir aux besoins de l'État, et présente des résultats faciles à saisir, même par les personnes les plus étrangères à ce qui concerne les finances.

On ne confondra pas M. de Toulongeon, membre de l'Institut, dans la foule des écrivains qui ont fait des histoires de la révolution : il a déjà publié trois gros volumes *in-4.°* de son Histoire de France depuis la révolution de 1789, et ne l'a pas encore terminée. Il a la modération et l'amour du vrai qu'on a droit d'exiger d'un historien : son ouvrage doit intéresser les contemporains curieux de se rappeler les moindres détails des événemens dont ils ont été témoins, et il aura dans l'avenir pour lecteurs les hommes avides de la connoissance détaillée du passé.

Le Tableau historique et politique de l'Europe depuis 1786 jusqu'en 1796, par M. de Ségur, membre de l'Institut, embrasse avec une extrême concision, et sans sécheresse, une bien plus grande série de faits, et nous donne l'intéressante histoire de tout ce qui s'est passé d'important pendant cette période, en Russie, en Prusse, en France, en Hollande. Cet ouvrage, digne de l'accueil que lui ont fait les contemporains, semble consacré sur-tout à la postérité. Les générations à venir aimeront à y trouver les faits libres de tous les détails auxquels elles ne prendront plus d'intérêt. Les grandes causes des événemens y sont aperçues avec une sagacité profonde, et l'on reconnoît dans l'auteur l'homme d'esprit, le bon écrivain et l'homme d'état.

M. Lacretelle jeune a donné successivement l'Histoire de la Législature, de la Convention et du Directoire : il écrit toujours bien et d'un style convenable au genre historique, qu'il paroît avoir adopté. On desireroit qu'il n'annonçât de prédilection pour aucun parti, et sur-tout pour celui qui n'étoit enfin qu'une faction, et qui se fit gloire de commencer les maux que d'autres ont tant aggravés.

M. Ferrand a prouvé, dans un sens contraire, qu'on peut dégrader un vrai talent par l'esprit de parti. On trouve, dans son *Esprit de l'histoire,* des vues saines, ingénieuses et même profondes, un juste respect pour l'autorité, une juste horreur pour tout ce qui peut plonger les États dans le trouble : mais, trop sensible aux maux qu'a causés parmi nous l'esprit de révolution, et trop attaché au parti qui ne vouloit rien céder, il ne peut toucher aucun point d'histoire, même de celle de l'antique Égypte, sans y chercher, sans y trouver des allusions au temps de nos souffrances et de nos erreurs. Sa maxime, que nul n'a le droit de vouloir une révolution, mérite d'être consacrée : mais il accorderoit quelque indulgence au repentir, s'il daignoit se rappeler que c'est le corps dont il étoit membre qui a voulu, qui a suscité notre révolution, et qui l'a rendue inévitable. Souvent il atteint la vérité, et bientôt il l'altère en l'excédant. Parce que la France a eu d'odieux criminels, il semble envelopper tous les François dans sa haine, et nous mépriser tous parce que nous avons gémi sous de misérables factieux. Tantôt il rend honneur à la philosophie, et tantôt, parce que des misérables se sont parés du nom de philosophes, il rejette sur la philosophie tous leurs crimes ; comme si la philosophie, qui n'est que la plus saine raison, pouvoit jamais être criminelle ! comme si lui-même n'étoit pas philosophe toutes les fois qu'il raisonne bien ! Tantôt il prononce que les progrès de l'esprit humain n'en sont que la dégradation, et tantôt, rendu à lui-même, il fait l'éloge de ces progrès qu'il a condamnés. Enfin il ose prophétiser les suites de la révolution ; et, depuis la publication de son livre, les événemens ont déposé contre ses prédictions. Il a écrit dans l'emportement de la passion ; et il pourroit faire de son livre un fort bon ouvrage, s'il le revoyoit dans le calme de toute passion : mais il perdroit quelques - uns de ses admirateurs. Il auroit à corriger aussi des fautes contre l'histoire, dans lesquelles il est tombé par trop de confiance en sa mémoire, et parce qu'il a consulté trop souvent des compilations modernes, au lieu de recourir aux originaux.

M. de Rulhière, mort membre de l'Académie Françoise, avoit mérité une place honorable entre les historiens, par ses Éclaircissemens historiques sur les causes de la révocation de l'édit de Nantes. Quoiqu'il montre encore un plus grand talent dans son Histoire de l'anarchie de Pologne, qu'on a publiée depuis peu, elle ne nous paroît pas aussi honorable pour sa mémoire. Cette histoire semble, en effet, écrite sous la dictée de la haine ; et malheureusement l'auteur, passionné de sang-froid, inspire la confiance, parce qu'il affecte le ton paisible de l'impartialité. Par-tout sa passion s'exerce contre la Russie, contre l'impératrice Catherine II, contre l'infortuné Poniatowski, qui ne monta sur le trône que pour connoître le malheur, et ne reçut, comme il le disoit lui-même, qu'une couronne d'épines. Mais souvent des contradictions décèlent les injustices de l'historien : il accuse les Russes de lâcheté et d'une absurde impéritie dans l'art de la guerre, et il avoue qu'ils ont vaincu Frédéric-le-Grand ; il reconnoît que jamais trois cents Russes ne se sont détournés pour éviter trois mille Polonois, et cependant il célèbre avec raison la valeur Polonoise ; il représente Catherine comme une souveraine inhabile dans l'art de gouverner, et entraînée d'imprudence en imprudence par

ses

ses passions et par son conseil, et il avoue que Frédéric,
dont il ne parle jamais qu'avec éloge, partagea la politique de cette princesse ; il veut intéresser le lecteur pour
la république de Pologne, et il la montre, depuis un siècle,
livrée à l'anarchie par un régime qui consacroit la guerre
civile sous le nom de *confédération*. Mais ce qui fait le
plus de peine, c'est qu'on sent que l'auteur dit souvent la
vérité, et qu'on ne sait comment la démêler de l'erreur. En
un mot, la lecture de son ouvrage n'inspire qu'un bien
triste sentiment, celui de la haine contre la plupart des
personnages qu'il introduit sur la scène.

M. Komarzewski, ancien lieutenant général des armées
du roi et de la république de Pologne, déploie un caractère bien différent dans le Coup-d'œil rapide sur les causes
de la décadence de la Pologne ; ouvrage qu'il vient de publier dans notre langue. Témoin lui-même et acteur
dans les derniers mouvemens de sa patrie, il se montre
sans passion, même contre les partis qu'il a combattus, ou
n'annonce tout au plus qu'une vertueuse partialité pour
la mémoire de son roi ; mais, très-instruit, il n'a pas toujours assez d'égards pour l'ignorance de ses lecteurs, et
ne fait très-souvent qu'énoncer des faits qui, pour eux,
auroient besoin d'être développés. Cet ouvrage lui a valu
des témoignages d'estime de S. M. le roi de Saxe, pour sa
véracité et son zèle à repousser les accusations atroces des
ennemis du dernier roi de Pologne ; éloge bien précieux
dans la bouche d'un souverain que Stanislas-Auguste auroit
pu compter, sans avoir droit de s'en plaindre, au nombre
de ses ennemis.

M. Koch, correspondant de la classe, a publié, en 1796,

Littérature ancienne.   X

l'*Histoire des traités de paix entre les puissances de l'Europe depuis la paix de Westphalie jusqu'à nos jours;* ouvrage très-estimé, et reconnu comme classique en diplomatie par tous les cabinets de l'Europe. Il a fait paroître, en 1802, la Table générale des traités faits pendant la même époque, entre les mêmes puissances, et il a joint à cette table un grand nombre de traités et d'actes diplomatiques inconnus jusqu'alors, et qui répandent un nouveau jour sur l'histoire des deux derniers siècles.

On doit à trente années de travaux et de recherches l'ouvrage qu'il vient de mettre au jour, sous le titre de *Tableau des révolutions de l'Europe*. Ce livre manquoit à notre littérature, et l'on ne peut trop en recommander l'étude. Il renferme dans un petit espace ce que l'on ne trouve souvent pas dans les grandes histoires : les lieux qu'ont occupés les différens peuples dans les temps où l'on a commencé à les connoître, leur établissement dans les pays où nous les voyons aujourd'hui, leurs progrès ou leur décadence, et les causes des grands événemens dont l'Europe a été le théâtre. Ce livre est, en quelque sorte, l'arbre généalogique des faits importans qui sont développés dans l'histoire; et ils sont peut-être plus frappans dans l'ouvrage de M. Koch, parce qu'ils sont dépouillés des détails qui troublent quelquefois l'attention. C'est savoir l'histoire de l'Europe que de bien connoître ce livre ; il ne reste plus à apprendre que les circonstances subordonnées.

GÉOGRAPHIE ANCIENNE.

La géographie, pour atteindre le but qu'elle se propose, qui est la description exacte et générale du globe que nous habitons, but dont elle est encore bien éloignée, a besoin de la réunion des connoissances acquises dans tous les siècles et chez tous les peuples, sur l'objet dont elle s'occupe, parce que ces connoissances se prêtent un appui mutuel et sont souvent nécessaires les unes aux autres : d'où il résulte qu'il est très-difficile de diviser cette science, et de tracer une ligne certaine de démarcation entre ce qu'on appelle communément *géographie moderne* et *géographie ancienne*.

Dans le siècle dernier, où les Leibnitz, les Newton, et leurs disciples, avoient porté l'astronomie à son plus haut degré de perfection, où tous les arts, toutes les sciences des nations modernes sembloient en quelque sorte avoir été appelés au secours de la géographie, on vit le savant d'Anville, avec les seules mesures anciennes, resserrer de près d'un tiers la largeur de l'Italie moderne, et ses résultats confirmés par toutes les opérations astronomiques qui ont été faites postérieurement. Ses cartes et ses écrits nous fourniroient de nombreux exemples de ce genre ; et sans parler des rectifications partielles dont la géographie moderne peut être redevable à l'étude approfondie des anciens, jusque dans les pays qui paroissent le mieux connus, nous dirons que l'intérieur de l'Afrique, de presque toute la Turquie, de la Syrie, de l'Asie mineure, du royaume de Perse, de celui de Candahar, de la Tartarie indépendante ou grande Bucharie, que toutes ces vastes et intéressantes contrées, théâtre de tant d'événemens, ne se trouvent décrites et mesurées avec quelque détail que dans les écrits des anciens ou des auteurs Orientaux déjà anciens, et dont l'interprétation est une des branches les plus importantes des travaux de la classe.

La géographie ancienne n'est donc pas seulement, ainsi qu'on pourroit le penser, un aide ou un appendice pour l'histoire ; elle est une partie essentielle et intégrante de la science géographique proprement dite.

Cependant la science géographique est tellement étendue, elle exige tant de connoissances diverses, qu'on a cru devoir partager son vaste domaine entre deux classes de l'Institut. La partie qui est fondée sur les travaux des géomètres, des astronomes, des voyageurs et des observateurs *modernes*, est du ressort de la classe des sciences physiques et mathématiques : celle qui a pour base les observations des astronomes *anciens*, les mesures prises par les géographes *anciens*, les descriptions des géographes, des historiens de l'antiquité, et des voyageurs ou géographes antérieurs aux deux siècles qui viennent de s'écouler, est du ressort de la classe d'histoire et de littérature ancienne. Mais ces deux parties d'une même science s'éclairent réciproquement et tendent sans cesse à se réunir. Le géographe de la classe des sciences mathématiques doit quelquefois chercher dans l'étude des monumens antérieurs aux deux derniers siècles ce qui peut contribuer à compléter, à éclaircir ou à confirmer par un plus grand nombre de témoignages l'état actuel des lieux qu'il entreprend de décrire ou de dessiner : il cherche dans ce qui a existé ce qui existe. Le géographe de la classe d'histoire et de littérature ancienne s'appuie sur les opérations et les travaux des modernes, pour mieux comprendre et pour mieux éclaircir les opérations et les travaux entrepris dans des siècles reculés ; il interroge ce qui existe, pour découvrir ce qui a existé : il tâche de fixer l'état de la science, non pas, comme le géographe de la classe des sciences, à une époque déterminée, mais à toutes les époques ; il la suit dans toutes ses altérations, il observe toutes ses erreurs, et il établit sa nombreuse nomenclature pour tous les temps et pour toutes les nations.

Après avoir ainsi déterminé la nature des travaux qui appartiennent à chacune des deux divisions, il sera plus facile d'apprécier et de comparer le degré de mérite des hommes et des ouvrages qui ont concouru aux progrès de la science dans l'une ou dans l'autre de ces divisions, et les services qu'ils lui ont rendus.

A l'époque de la découverte de l'imprimerie, les premières cartes de géographie qui parurent, furent celles que l'on voit dans les éditions de Ptolémée, publiées à Rome en 1480, et à Ulm en 1482.

Géographie
ancienne historique.

Ceux qui considéreront ces essais grossiers de géographie, demanderont si c'étoit à l'aide de telles cartes que naviguoient les habiles marins de ces républiques d'Italie, si riches, si florissantes, ceux des villes anséatiques, et les courageux et entreprenans Portugais. Non sans doute : leurs fréquens voyages sur des côtes qu'ils avoient tant de fois parcourues, les avoient mis à portée de dresser des cartes marines, ou des portulans très-exacts, quant à la position respective des lieux. Mais ces cartes furent réduites d'une manière très-défectueuse par les philologues qui donnèrent les premières éditions de Ptolémée; et pour toutes les contrées où les modernes n'avoient point navigué, on reproduisit les cartes que l'on avoit trouvées jointes aux manuscrits de cet auteur, en substituant comme on put les noms modernes aux noms anciens.

L'imprimerie faisant alors négliger les manuscrits, dont l'acquisition étoit trop coûteuse et la consultation moins nécessaire, il en résulta que même les géographes qui se distinguèrent à cette époque ne connurent plus d'autres cartes que celles des éditions de Ptolémée.

Cet auteur, qui depuis tant de siècles étoit le seul et unique guide en géographie, fut celui auquel on confia en quelque sorte le dépôt encore mal ordonné des nouvelles connoissances acquises dans cette science. Les éditions de son livre formèrent pendant long-temps le corps complet de la géographie ancienne et moderne.

Il est à remarquer que ces portulans, ou cartes marines, dont nous venons de parler, ne fournissoient presque point de détails pour l'intérieur des terres, et que leur richesse et leur exactitude, relativement aux côtes, étoient embarrassantes pour les géographes, parce qu'elles leur offroient une trop grande quantité de noms et trop de détails hydrographiques: elles tombèrent donc dans l'oubli, et elles n'en sont sorties que dans ces derniers temps, où, en voulant les décrire, on a commencé à entrevoir le parti qu'on pouvoit en tirer. On a reconnu, et il seroit facile de le prouver, que dans plusieurs parties elles peuvent servir à rectifier nos cartes les plus récentes et les plus estimées. C'est une mine encore vierge, qu'aucun géographe, pas même d'Anville, n'a exploitée.

Ainsi, par une singularité assez remarquable, le premier effet de l'imprimerie sur la géographie a été de la faire rétrograder, et d'anéantir presque entièrement les travaux accumulés pendant deux siècles par les hydrographes.

La première géographie qui parut, celle du Florentin Berlingheri, n'étoit que celle de Ptolémée mise en vers Italiens. On continua d'en publier de nombreuses éditions et de nombreux commentaires : on y joignit, comme nous l'avons déjà observé, le précis de toutes les connoissances du temps. Guillaume Postel y ajouta des notions puisées dans Aboulféda ; et c'est de la réunion du géographe d'Alexandrie et du géographe Arabe, mal amalgamés avec les grandes et belles découvertes qu'amena l'invention de la boussole, que naquit le mélange hétérogène et confus que l'on appela *géographie moderne*, et qui, à quelques améliorations près, dont les principales sont dues à Mercator, resta dans le même état jusqu'au commencement du XVII.e siècle.

On conçoit que, pendant cette époque, la géographie ancienne dut être cultivée avec d'autant plus d'ardeur, qu'on la regardoit comme la seule et véritable source de la science, et qu'on croyoit que la géographie moderne découloit naturellement de cette source : aussi aucun siècle n'a produit de géographes aussi profondément érudits qu'Ortelius et Nicolas Sanson. Ces savans, et ceux qui ont parcouru la même carrière avec un succès presque égal, Mercator, Bertius, Cluverius, Cellarius et autres, ont publié des cartes pour toutes les époques de l'histoire ancienne et pour tous les auteurs anciens : malheureusement le tracé de toutes ces cartes est grossier, fautif, presque entièrement dépourvu de géographie positive, et elles ne peuvent être regardées que comme de grandes et utiles compilations. Mais on n'en doit pas moins à ceux qui les ont faites, d'avoir établi par de savantes discussions la correspondance d'un grand nombre de lieux modernes avec les lieux anciens, genre de travail qui constitue essentiellement la géographie historique, puisque l'imperfection où se trouvoit alors la géographie positive ne permettoit pas même de placer avec quelque exactitude les lieux modernes sur les cartes, sans le secours des documens historiques : ainsi l'on peut dire que, pendant cette époque, les lieux modernes, de même que les lieux anciens auxquels ils correspondoient, n'étoient connus qu'historiquement, et ne l'étoient pas géographiquement.

Ortelius, par l'étendue et l'antériorité de ses travaux, doit être regardé comme le père de cette géographie historiquement prouvée, dans laquelle on fut obligé de se renfermer jusqu'à ce que l'Académie des sciences, au moyen des observations des astronomes envoyés dans les différentes parties du monde, eut créé et assis sur une base solide le système de la géographie moderne.

Guillaume de Lisle, un de ses membres les plus distingués, mit le premier utilement en œuvre les résultats des opérations des astronomes : il resserra, par des changemens hardis, tout l'ancien continent, et présenta le premier dans ses cartes un système de géographie encore bien imparfait dans les détails, mais dont l'ensemble étoit fondé sur des connoissances plus certaines, et particulièrement sur les observations astronomiques des modernes. On sait que, pour l'application de la géographie ancienne sur le nouveau

plan

plan que Guillaume de Lisle publioit, la grande érudition et la critique de Fréret lui furent extrêmement utiles.

Les immenses travaux de d'Anville, et les services qu'il a rendus à la géographie en général, sont connus et ont été célébrés plus d'une fois ; mais peut-être n'a-t-on pas encore expliqué d'une manière claire et précise l'importance et l'étendue de ceux qu'il a rendus à la géographie ancienne en particulier.

Géographie ancienne géométrique.

Entouré d'une multitude de matériaux, et muni d'opérations topographiques beaucoup plus exactes que celles qu'on avoit jusqu'alors employées, il entreprit d'appliquer en quelque sorte sur le terrain les mesures des itinéraires Romains et de la Table Théodosienne. Il assuroit ainsi géométriquement, et d'une manière bien plus courte et plus certaine, la position des lieux qu'on cherchoit à établir par l'histoire, ainsi que celle d'un grand nombre d'autres lieux plus obscurs, dont il n'est fait mention que dans les itinéraires et dans les géographes. Cette méthode avoit sans doute été pratiquée avant lui, mais non avec le même succès, ni avec une critique aussi exacte et aussi rigoureuse ; et d'Anville est pour la géographie ancienne, fondée sur la géométrie, ce qu'est Ortelius pour celle qui n'est fondée que sur l'histoire.

Il faut convenir, cependant, que d'Anville n'a pu, à l'époque où il vivoit, se procurer les détails topographiques suffisans pour appliquer son excellente méthode à une grande étendue de pays : il n'en a fait usage que pour une partie, à la vérité considérable, de la Gaule et de l'Italie, et pour une portion du midi de l'Angleterre ; et encore faut-il ajouter que des topographies aussi détaillées qu'exactes, qui ont été publiées depuis, ont fourni, pour ces contrées même, de nouveaux moyens de perfectionnement à la géographie ancienne.

La Grèce de d'Anville offre, dans sa partie méridionale, des données de géographie positive encore incertaines, combinées avec les mesures anciennes; et dans le nord, il n'y a presque point de géographie positive.

Il y en a moins encore dans l'intérieur de l'Asie mineure, dans la Syrie, et dans le nord de l'Afrique : mais, dans l'Égypte ancienne, il s'en trouve beaucoup plus; et, sous ce rapport, sa carte de cette contrée se rapproche du mérite de ses cartes de l'Italie et de la Gaule.

D'Anville a montré, dans cette géographie mixte et en partie conjecturale, une critique étonnante et une sagacité admirable, qui l'ont placé au-dessus de tous ses prédécesseurs. Ses cartes ont mérité d'être regardées comme faisant autorité, et elles la feront jusqu'à ce que de nouveaux détails sur la géographie positive, des mêmes pays fournissent des moyens d'arriver à un plus grand degré de certitude pour la position des lieux anciens. En un mot, l'atlas de d'Anville, dont nous venons de donner une idée succincte, fait connoître, à peu de chose près, quel étoit l'état de la science en 1789.

Géographie ancienne astronomique.

Nous avons vu qu'en géographie ancienne, ainsi qu'en géographie moderne, on avoit eu pendant long-temps un respect aveugle pour Ptolémée; mais, lorsque les travaux de l'Académie des sciences eurent assis le système de la géographie moderne sur les observations astronomiques, lorsque d'Anville l'eut enrichi de tout ce que lui fournissoient les opérations géométriques faites de son temps, et qu'il eut réuni en un seul corps et examiné avec l'œil d'une critique lumineuse les relations des voyageurs et les meilleures cartes, manuscrites ou gravées, qui avoient paru, la science, orgueilleuse de ses brillantes et nombreuses conquêtes, ne tarda pas à dédaigner et à rejeter sans ménagement l'ancien et le principal auteur qui non-seulement lui avoit servi d'appui, mais dont l'ouvrage l'avoit constituée presque toute entière. D'Anville semble ne parler de Ptolémée que pour lui reprocher les erreurs qu'il a commises : d'autres auteurs du même temps le traitent encore avec moins d'égards.

Telle étoit, dans le monde savant, la disposition des esprits, lorsque parut en 1789 la *Géographie des Grecs analysée.*

Dans cet ouvrage, et dans ceux qu'il a publiés depuis, M. Gossellin fait voir que les anciens ont eu une géographie astronomique aussi exacte que celle des modernes, mais qu'elle a été successivement altérée et défigurée par la fausse évaluation que les géographes Grecs ont faite des grandes distances qui leur étoient transmises ; par les changemens qu'ils ont introduits dans la projection et la graduation de leurs cartes ; par les corrections qu'ils ont hasardées sur des mesures dont ils méconnoissoient ou confondoient les types primordiaux ; par les préjugés de leur siècle, qui ne permettoient pas de croire que la terre fût habitable au-delà de certaines zones ; par de doubles emplois de plusieurs itinéraires d'un même pays, qu'ils mettoient bout à bout sans s'en apercevoir, et par d'autres erreurs non moins considérables.

M. Gossellin observa qu'en tenant compte de ces erreurs,

on rétabliroit tous les systèmes géographiques de l'antiquité : il a effectivement rétabli les cartes d'Ératosthènes, d'Hipparque, de Polybe, de Strabon, de Marin de Tyr, de Ptolémée, et il a ainsi tracé, d'une main sûre et hardie, le tableau de l'histoire de la science, à presque toutes ses époques principales.

Il a montré aussi que le système géographique où les Grecs avoient originairement puisé, n'étoit pas moins exact dans ses détails que dans son ensemble, et qu'en le débarrassant de tout ce qu'on y a ajouté depuis, on retrouveroit, sur les côtes, la position de tous les lieux anciens avec le seul secours des mesures anciennes et des Tables de Ptolémée, rétablies par la méthode qu'il indique. Déjà M. Gossellin a déterminé l'emplacement de la plupart des lieux que l'antiquité annonce comme existans sur les côtes occidentales et orientales de l'Afrique, sur celles de l'Arabie, de la Perse, de la Carmanie, de la Gédrosie, de l'Inde entière et de la Gaule, en discutant séparément, et par ordre de dates, les ouvrages de tous les auteurs qui ont parlé de ces contrées. Il s'arrête particulièrement, et avec les détails nécessaires, aux périples d'Hannon, de Scylax, de Néarque, d'Agatharchides de Cnide, d'Artémidore d'Éphèse, de Polybe ; aux relations de Sébosus et de Juba, sur les îles de l'océan Atlantique : il traite des voyages d'Ophir et de Tharsis, si célèbres dans l'histoire des Juifs, du voyage des Phéniciens autour de l'Afrique, de celui qu'Eudoxe de Cyzique s'est vanté d'avoir fait quelques années avant l'ère Chrétienne, &c. ; et il démontre que les Tables de Ptolémée offrent pour toutes ces contrées les renseignemens les plus utiles, et des mesures très-exactes, dont aucun géographe, jusqu'à présent, n'avoit pu tirer parti.

Quelques-uns des memoires de M. Gossellin ne sont pas encore imprimés; mais il poursuit avec une activité infatigable le *Périple* entier du monde connu des anciens.

Dans des observations préliminaires, qu'il a placées à la tête du premier volume de la traduction Françoise de Strabon, dont nous parlerons bientôt, il présente une méthode fondée sur la mesure de la terre, pour évaluer les mesures itinéraires des anciens, indispensables à bien connoître quand on s'occupe de la description du globe. Il en fait l'essai sur un grand nombre de passages d'auteurs Grecs et Latins, pour montrer que les distances qu'ils indiquent sont presque toujours justes, quand on sait distinguer le module du stade qu'ils y ont employé. Il applique ensuite sa méthode à l'ensemble du système géographique des anciens, et il fait voir que la longueur de la Méditerranée, celle de l'Europe et de l'Asie, depuis l'extrémité occidentale de l'Espagne jusqu'au-delà du Gange, ainsi que la position de la plupart des points intermédiaires, avoient été établies, dans des temps très-reculés, sur des observations astronomiques d'une très-grande exactitude. Il y a joint aussi des Éclaircissemens sur les différentes roses des vents dont les Grecs et les Romains ont fait usage aux différentes époques de l'histoire, depuis Homère jusqu'au siècle d'Auguste. En un mot, il a obtenu des résultats entièrement neufs, par une méthode tout-à-fait nouvelle; et en rétablissant la géographie ancienne sur ses premières bases astronomiques, il l'a tirée de l'état conjectural où elle se trouvoit plongée depuis quinze siècles, pour la replacer au rang des sciences exactes.

Il est, jusqu'à présent, le seul qui ait marché dans cette carrière; et les travaux des géographes dont il nous reste à parler, se rattachent en général, et d'une manière plus ou moins sensible, à l'école d'Ortelius ou à celle de d'Anville.

On avoit reproduit, dans le Voyage pittoresque de la Grèce, la carte de d'Anville intitulée *Græcia antiqua*, mais améliorée quant à la géographie positive. C'étoit le prélude des services que le zèle aussi éclairé que généreux de M. de Choiseul-Gouffier devoit rendre à la géographie et à l'histoire de ce pays classique. Les levées et les reconnoissances qu'il avoit fait faire dans les parties les plus intéressantes de cette contrée, furent communiquées à l'illustre auteur du Voyage d'Anacharsis, et confiées à un géographe élève de d'Anville, M. Barbié du Bocage, qui, avec ces secours, a formé, pour le Voyage d'Anacharsis, un atlas de la Grèce, plus riche en géographie positive et en détails de toute espèce, que la grande carte de la Grèce de d'Anville: à l'aide de nouveaux matériaux qui lui ont été fournis, il a encore porté cet atlas à un plus grand degré de perfection dans la dernière édition. Ces cartes sont accompagnées d'un mémoire dans lequel M. Barbié rend compte des matériaux qu'il a employés.

Le retour de M. de Choiseul-Gouffier en France, la reprise de ses travaux pour continuer la publication de son Voyage pittoresque de la Grèce, le plan de la Morée, communiqué au Gouvernement et gravé par ses ordres, ont encore procuré à M. Barbié du Bocage, sur ce pays célèbre, objet principal de ses recherches, des richesses beaucoup plus considérables que celles dont il avoit pu disposer jusqu'alors ; et les amateurs de la géographie ancienne attendent avec impatience la publication de sa carte générale de la Grèce, où il doit les avoir toutes employées.

Plusieurs ouvrages publiés depuis 1789 sont accompagnés de cartes faites par M. Barbié du Bocage : mais, à la réserve de quelques essais de topographie antique, ces cartes, qui sont toutes sur une échelle trop petite, ne peuvent être considérées que comme d'utiles et intéressantes ébauches de géographie mixte ou conjecturale.

La publication du second volume du Voyage pittoresque, dans lequel M. de Choiseul-Gouffier éclaircit, par de savantes discussions et par des opérations trigonométriques faites sur le terrain, la géographie d'Homère et de plusieurs auteurs anciens, doit ajouter encore à sa réputation. La rédaction des cartes est confiée à M. Barbié du Bocage.

Ce qu'on a publié depuis quelques années sur cette matière, ne peut être considéré que comme des fragmens de ce grand et important ouvrage.

M. de Choiseul-Gouffier n'est pas le seul dont les voyages aient enrichi la géographie ancienne depuis 1789. L'expédition des François en Égypte, le voyage de Brown dans le Darfour, ceux de Hornemann dans le Fezzan, et de Mungo-Park sur le Joliba ; ceux de Bartholdi en Grèce, de Poucqueville en Morée ; le Voyage pittoresque de l'Espagne, par M. de la Borde ; celui de M. Denon en Égypte ; ceux de M. Olivier dans la Turquie d'Europe, l'Asie mineure et la Perse, ont procuré, par une connoissance plus exacte du local, l'éclaircissement de difficultés qui paroissoient insurmontables, et ont donné lieu à des discussions neuves et intéressantes.

Le major Rennell a illustré son nom par ses travaux sur la géographie positive de la plus riche contrée du monde. La géographie de l'Inde, dont les efforts réitérés de d'Anville, aidé de tous les secours qu'on pouvoit avoir de son temps, n'avoient pu rectifier, à beaucoup près, toutes les erreurs, a été portée à un assez haut degré de perfection par le savant Anglois ; et cette perfection est à-la-fois due à ses belles opérations comme chef des ingénieurs, et à la profondeur de ses recherches comme géographe critique. Jaloux de faire tourner au profit de la géographie ancienne ses connoissances sur la géographie positive et actuelle de l'Orient, il a pris pour sujet de ses méditations le plus ancien des historiens et des géographes profanes, Hérodote. Cependant l'ouvrage du major Rennell, intitulé *Géographie d'Hérodote*, n'est encore qu'un recueil de dissertations sur la géographie de cet auteur; et le savant Anglois est loin d'avoir embrassé le sujet dans toute son étendue, et d'avoir essayé de résoudre tous les problèmes intéressans qu'il présentoit : il y en a même plusieurs qu'il semble n'avoir pas aperçus. Mais, quoique parmi ses dissertations il y en ait qui sont vagues, prolixes et peu concluantes, son ouvrage est important pour la science, en ce qu'il éclaircit plusieurs points obscurs de la géographie ancienne.

Avec beaucoup plus d'érudition classique, mais bien moins d'habileté et de sagacité géographique, M. Vincent a cherché à déterminer les lieux mentionnés sur les côtes d'Asie, depuis le golfe Arabique jusqu'aux extrémités du monde connu des anciens; et il a consigné ses recherches dans trois volumes *in-4.°*, intitulés *Voyages de Néarque*, et *Périple de la mer Érythrée*. Le succès n'a pas entièrement

répondu

répondu à l'activité de ses efforts : sa marche est vague ; ses discussions, longues et diffuses, sont surchargées d'une érudition intéressante, sans doute, mais pas assez pour empêcher d'apercevoir qu'elle est souvent étrangère au sujet.

La carte que la Rochette avoit composée pour le Voyage de Néarque, et qu'il a publiée depuis pour son propre compte, en y ajoutant les marches d'Alexandre, est curieuse, et paroît supérieure, pour l'exactitude des recherches, à l'ouvrage qu'elle devoit accompagner : elle fera regretter ce géographe, que la mort vient d'enlever, et que la France a droit de réclamer puisqu'elle lui a donné le jour.

L'ouvrage de Robertson sur les connoissances que les anciens avoient de l'Inde, dont il a paru en 1792 une traduction Françoise, est très-léger, sur-tout en géographie, et peu digne, sous tous les rapports, de cet illustre écrivain.

M. Durandi s'est occupé, depuis un grand nombre d'années, à déterminer la géographie du Piémont à toutes les époques de l'histoire, et il l'a fait avec un grand succès dans divers écrits, publiés, pour la plupart, depuis 1789, et qui peuvent former trois volumes *in-4.º* L'auteur n'a pas seulement appliqué les anciennes mesures à d'excellentes opérations topographiques, mais il a encore mis à contribution, pour mieux traiter son sujet, tous les auteurs anciens, les inscriptions, les médailles, et l'histoire du moyen âge. Ses écrits, dans lesquels on desireroit un peu plus d'ordre, sont remplis de recherches curieuses et de découvertes intéressantes ; il y fait briller tour à tour l'érudition de l'antiquaire, la critique du philologue, et la sagacité du géographe.

M. Durandi a encore publié un volume *in-8.º* sur les

connoissances des anciens dans l'intérieur de l'Afrique comparées avec celles des modernes, dans lequel on retrouve plusieurs des qualités que nous avons remarquées dans l'ouvrage précédent.

Le même sujet a occupé M. Dureau de Lamalle fils dans sa *Géographie physique de la mer Noire, de l'intérieur de l'Afrique et de la Méditerranée*. Cet ouvrage est celui d'un jeune homme qui annonce de l'érudition, mais qui n'a pas encore les connoissances nécessaires pour résoudre et même pour bien comprendre les difficultés dont il croit avoir triomphé.

On peut faire les mêmes reproches à M. Albanis-Beaumont, pour ce qu'il a dit de la géographie ancienne de la Savoie, dans le premier volume de sa Description de cette contrée. Son ouvrage est bon à consulter pour les gravures qu'il renferme; mais la carte qu'il y a jointe, ne se trouvant d'accord, ni avec les autorités d'après lesquelles il dit l'avoir construite, ni avec son propre texte, ne peut offrir que des incertitudes aux géographes.

M. de Sainte-Croix a joint à des mémoires publiés en 1797 sur les pays situés entre la mer Noire et la mer Caspienne, une Dissertation sur le cours de l'Arax et du Cyrus, et des Éclaircissemens sur les Portes Caucasiennes et Caspiennes. Dans ces écrits, M. de Sainte-Croix, éclairé par la plus vaste érudition, discute et explique plusieurs points de géographie ancienne qui offroient de grandes difficultés : il relève quantité d'erreurs commises par les historiens, sur le cours des rivières de l'ancienne Ibérie, et sur l'emplacement des défilés ou Portes Caucasiennes et Caspiennes, qu'ils ont souvent confondues les unes avec les autres.

M. Hager, dans sa *Numismatique Chinoise* et dans son *Panthéon Chinois*, a voulu prouver que les anciens connoissoient la Chine, et que la *Sera metropolis* de Ptolémée étoit située dans la province moderne de Schensi ; il s'est sur-tout attaché à combattre M. Gossellin, qui, dans un mémoire imprimé dans le quarante-neuvième volume du Recueil de l'Académie des inscriptions et belles-lettres, dont la publication est très-prochaine, paroît avoir prouvé, par des raisons solides, que la *Sera metropolis* est Séri-nagar sur le Gange.

Il a paru dans les pays étrangers, pendant l'époque que nous examinons, un assez grand nombre de dissertations sur plusieurs points de géographie ancienne ; mais elles sont, en général, plus recommandables par l'érudition qu'elles renferment, que par les notions positives qu'elles peuvent donner. Nous nous bornerons à citer les dissertations de M. Schœnmann, sur la géographie des Argonautes ; de M. Kœnigsmann, sur la géographie d'Aristote ; de M. Seidel, sur les fragmens géographiques d'Ératosthènes ; de MM. Schlicthorst, Hennicke, Bredow et Breiger, sur les connoissances géographiques d'Hérodote ; de M. Lüneman et de M. Rommel, sur le Caucase et les nations qui l'habitent ; de M. Rambach, sur la ville de Milet et sur ses colonies ; de M. Mannert, sur la conquête de la Dace par Trajan, et sur la Table de Peutinger ; de M. Bose, sur le mont Carmel de Tacite et de Suétone.

En France, M. de Latreille, savant naturaliste, a fait paroître une dissertation sur les connoissances des anciens dans l'intérieur de l'Afrique, qui présente quelques aperçus curieux, mais non suffisamment développés.

Plusieurs ouvrages périodiques, François ou étrangers, et les mémoires des différentes sociétés savantes de l'Europe, renferment aussi des dissertations, souvent intéressantes, sur la géographie ancienne : mais, comme ces grandes collections sont difficiles à réunir, et que l'on n'en possède, en France, qu'une assez petite partie, l'énumération des articles qu'elles contiennent, sur l'objet qui nous occupe, seroit nécessairement incomplète.

Éditions et traductions.

Nous terminerons ce qui regarde la géographie ancienne proprement dite, par les éditions et les traductions des géographes anciens.

M. Walckenaer est le seul qui, depuis plus d'un siècle, nous ait fait connoître un ouvrage original et inédit de géographie ancienne ; c'est celui de Dicuil, intitulé *de Mensura orbis terræ*. Quoique ce traité n'ait été composé que sous le règne de Charlemagne, il a le grand mérite d'être extrait de géographes plus anciens, dont plusieurs sont perdus : les cinq premiers chapitres et le huitième sont le résumé d'une description de l'empire Romain, faite sous le règne de Théodose ; description que nous n'avons plus, et dont ces chapitres réparent, en quelque sorte, la perte.

Les traductions et les nouvelles éditions de géographes anciens ont été assez nombreuses.

Le travail le meilleur et le plus important en ce genre, est la traduction Françoise de Strabon par MM. du Theil et Coray. Cet ouvrage, dont on est redevable à la munificence du Gouvernement, se continue sans relâche : le premier volume a déjà paru. M. Gossellin, indépendamment des observations préliminaires dont il a déjà été question, y a inséré un grand nombre de notes relatives à la géographie astronomique des anciens, à leur géographie physique, aux idées qu'ils s'étoient faites sur la forme et l'étendue des continens, à l'emplacement des lieux dont Strabon a parlé, à l'intelligence des voyages d'Ulysse et de Ménélas, décrits par Homère, &c.

M. Siebenkees a donné en 1796, à Leipsick, le premier volume d'une édition Grecque et Latine de Strabon, dans laquelle il a rétabli un grand nombre de passages qui avoient été altérés. M. Siebenkees est mort après avoir terminé le sixième livre ; l'édition est continuée avec soin par M. Tzschucke : les notes critiques et géographiques n'ont pas encore paru.

En Angleterre, Falconer a donné, en 1797, une traduction du Périple d'Hannon.

Le texte de Pausanias a été réimprimé à Leipsick, en 1794, par les soins de Facius.

Une traduction Allemande en avoit été publiée à Berlin, par M. Goldhagen, de 1789 à 1799 ; une traduction Italienne a été donnée sans nom d'éditeur, à Rome, en 1792 ; et l'on a réimprimé à Paris, en 1797, l'ancienne traduction Françoise de l'abbé Gédoyn.

M. Larcher a formé, du huitième volume de sa traduction d'Hérodote, réimprimée en 1802, une table géographique raisonnée de tous les lieux mentionnés dans cet historien. Les recherches savantes qui accompagnent chaque article, font de ce volume un des ouvrages les plus intéressans que l'on ait sur la géographie historique.

Le tome V de la belle édition des *Poetæ Latini minores* de Wernsdorff, publiée à Helmstadt en 1791, contient plusieurs petits géographes Latins, réimprimés avec des

notes nouvelles et des préfaces intéressantes ; entre autres,
l'Itinéraire de Numatianus, que M. Kapp a également
donné, en 1804, dans un volume séparé.

Il a paru en 1807, à Leipsick, une nouvelle et excellente édition de Pomponius Mela, en sept volumes, par
M. Tzschucke : on en a publié aussi quelques petites éditions, en Allemagne et en divers pays ; mais elles ont peu
d'importance, et sont destinées, pour la plupart, à l'usage
des écoles. M. Fradin a fait imprimer à Poitiers, en 1804,
une traduction du même géographe : c'est la première que
nous connoissions en françois, mais elle n'en mérite pas
plus d'éloges.

Nous devons encore remarquer que M. Wyttenbach
a compris dans son édition des Œuvres de Plutarque,
publiée à Oxford en 1795, le traité *de Fluviis*, faussement
attribué à Plutarque.

Compilations.   Les ouvrages de pure compilation, ou dans lesquels les
auteurs ne se sont eux-mêmes proposé que de propager les
découvertes des autres, n'appartiennent réellement pas à
l'histoire des progrès de la science : nous croyons cependant
devoir parler de quelques-unes des nombreuses productions
de ce genre qui ont paru dans ces dernières années.

La Géographie des Grecs et des Romains, par M. Mannert, a déjà plus de dix volumes, et est loin d'être terminée.
L'auteur a réellement lu et puisé dans les auteurs anciens, et
il montre de l'érudition, mais peu d'habileté en géographie.
Ses cartes sont absolument inutiles, puisqu'elles ne sont
que les cartes de Ptolémée, moins bien faites et même moins
bien gravées que celles qu'avoit données Mercator.

M. Mentelle a très-peu puisé dans les sources pour la

composition de son *Dictionnaire de géographie ancienne* qui fait partie de l'Encyclopédie méthodique ; mais il traduit et copie fidèlement Ortelius, d'Anville, et quelques autres modernes. Son *Dictionnaire* peut être utile à ceux qui ne possèdent pas les ouvrages de ces grands géographes.

Nous ne nous arrêterons pas sur une mauvaise compilation faite par M. B*** d'après les cartes dressées par d'Anville pour l'Histoire ancienne de Rollin, non plus que sur l'*Atlas historique et géographique* de M. le Sage.

Ceux qui travaillent pour les progrès de la science, savent que de tels ouvrages ne sont presque jamais que des spéculations mercantiles qui lui sont absolument étrangères, puisque la vie entière de plusieurs hommes très-savans et très-laborieux suffiroit à peine pour exécuter passablement un plan de cette étendue. Quand on examine, par ordre de temps, les grandes entreprises géographiques du même genre qui ont été faites depuis un siècle, on aperçoit, au premier coup-d'œil, que les différens auteurs de ces productions superficielles n'ont fait que copier et souvent que défigurer les ouvrages et les cartes d'Ortelius, de Nicolas Sanson, de Guillaume de Lisle, de d'Anville, et de quelques autres hommes de mérite, auxquels il faut remonter pour trouver des géographes vraiment originaux et qui aient utilement servi la science.

Malgré tous ces atlas historiques, annoncés comme donnant la géographie des différentes époques, on peut dire que la géographie du moyen âge est encore à faire. D'Anville a cherché à débrouiller celle de l'Europe ; mais il suffit de jeter les yeux sur la carte qu'il en a publiée, et de lire son ouvrage sur les *États formés en Europe après la chute de*

Géographie du moyen âge.

l'empire Romain, pour voir qu'il n'a pu que tracer, souvent même d'une main incertaine, une foible esquisse d'un tableau qu'il n'a pas osé ou n'a pas voulu entreprendre d'achever.

Le dernier ouvrage de M. Koch sur l'histoire des révolutions de l'Europe a ajouté à cette esquisse quelques traits précieux : mais, si l'on joint à cet ouvrage quelques dissertations isolées, le voyage de *Giraldus Cambrensis* dans la principauté de Galles, qui vient de paroître à Londres, accompagné de cartes et de discussions intéressantes, les recherches que nous avons déjà citées de Durandi sur le Piémont, et quelques dissertations qui ont paru en Allemagne, on aura tout ce qui a été fait sur cette partie de la science.

On voit que ces ouvrages sont en petit nombre, et ils ne concernent que l'Europe; mais on ne doit pas regretter que la géographie du moyen âge ait été un peu négligée jusqu'ici. En effet, comme les auteurs qui ont écrit dans les siècles d'ignorance, ont servilement copié les écrivains plus anciens, et que la plupart des anciennes dénominations des pays et des lieux existoient encore de leur temps, il en résulte que la géographie du moyen âge repose, dans presque toutes ses parties, sur la géographie ancienne, à laquelle elle succède et doit se rattacher; et qu'ainsi, avant que les savans travaillent essentiellement à en fixer l'ensemble et les détails, il est important qu'ils dirigent tous leurs efforts vers la géographie ancienne, dont il reste encore une multitude de points à discuter et à éclaircir.

Géographie renaissante.

Il n'en est pas de même de la géographie considérée depuis l'invention de la boussole, et pendant les deux siècles

qui

qui ont précédé la découverte de l'imprimerie : les travaux qu'elle exige ont pour base, non ceux des anciens, mais de nombreux monumens qui existent encore, et qui sont, 1.º les portulans et les cartes manuscrites, 2.º les écrits des premiers voyageurs, 3.º les géographies publiées par les Arabes et les autres auteurs Orientaux.

Les portulans et les anciennes cartes manuscrites offrent une mine qu'on est encore bien loin d'avoir exploitée ; ce n'est que depuis peu de temps qu'elle est ouverte. On s'est borné jusqu'ici à donner la liste et la description de plusieurs de ces monumens, sans les comparer entre eux. 1.º Portulans.

M. Murr, dans sa nouvelle édition de la Vie diplomatique de Martin Béhaim, écrite en allemand, et M. le comte Potocki, dans un mémoire récemment publié sur le Pont-Euxin, en ont fait connoître plusieurs qui existent à Vienne dans la bibliothèque de l'empereur. Le feu cardinal Borgia a fait graver un ancien planisphère qui étoit dans sa riche bibliothèque. Dom Placido Zurla a publié en 1806, en un volume *in-folio*, la description de la carte du célèbre Fra-Mauro, qui existe à Venise dans la bibliothèque de Saint-Marc. On assure que les Anglois la font graver dans toute sa grandeur. Formaleoni a fait graver, dans son Essai sur l'histoire de la navigation des anciens Vénitiens, une carte du même genre, faite par un nommé Bianco. Barthélemi Borghi s'est aussi utilement occupé de l'étude de ces cartes. Le savant Morelli vient de découvrir, dans la même bibliothèque de Saint-Marc, une autre carte faite par les frères Pizzigani, les mêmes qui ont dessiné le grand portulan de la bibliothèque de Parme. M. Walckenaer, dans ses notes sur la Géographie de Pinkerton, a fait connoître un portulan qu'il a

acquis à Londres, et qui provenoit de la bibliothèque de
Pinelli à Venise. La comparaison qu'il en a faite avec une
belle carte manuscrite sur bois qui existe à Paris à la Bibliothèque impériale, et avec la copie que M. Buache possède
de l'ancienne carte de Parme par les frères Pizzigani, et les
discussions dans lesquelles il est entré sur le degré d'antiquité de cette dernière, ont été bien résumées par M. Pez-
zana, conservateur de la bibliothèque de Parme, dans un
petit ouvrage intitulé *l'Antichità del mappamondo de' Pizzigani fatto nel 1367, &c.* (1).

M. Buache s'est servi des mêmes cartes pour tâcher de
fixer l'époque de la découverte de plusieurs îles. Le desir
de découvrir le temps où la Nouvelle-Hollande a été
connue des Européens, a pareillement fixé l'attention de
MM. Dalrymple, Pinkerton, Coquebert-Mombret et Barbié
du Bocage, sur deux atlas bien postérieurs à l'invention de
l'imprimerie, dont l'un se trouve dans le muséum Britannique, et l'autre dans la bibliothèque de M. le prince de
Bénévent.

Mais nous devons répéter que le peu qui a été fait sur
ces anciennes cartes est très-superficiel, et qu'on ne les
a point encore suffisamment comparées entre elles, soit
pour les bien apprécier, soit pour en tirer un parti avantageux aux progrès de la science.

2.° Écrits des premiers voya-geurs.   Nous ne connoissons, sur les relations que nous ont
laissées de leurs découvertes les premiers voyageurs, et qui
forment une des branches les plus curieuses de la géographie, que deux ouvrages un peu importans publiés depuis

(1) Ce petit ouvrage a été depuis traduit en françois par M. Brack, et
imprimé à Gênes.

1789 : ils ne sont que commencés, et appartiennent aux Anglois.

Le premier est une Histoire complète des découvertes maritimes, composée par M. Clarke : il n'en a encore publié qu'un volume, et une livraison de l'atlas fait par Arrowsmith. L'auteur, ayant voulu embrasser tous les temps comme toutes les nations, a tracé l'histoire de la navigation et des découvertes maritimes des anciens ; mais cette partie est extrêmement foible, et c'est sur les découvertes des modernes qu'il paroît avoir principalement dirigé ses efforts.

Le second ouvrage, dont il a déjà paru deux volumes, est une *Histoire de l'océan Pacifique*, par le capitaine Burney. Il y a cinquante ans que le président de Brosses fit imprimer son excellente *Histoire des navigations aux Terres australes*, qui a dû être d'un grand secours à l'auteur Anglois ; cependant M. Burney a prouvé, par de nouvelles et intéressantes recherches, que le savant académicien François n'avoit pas épuisé la matière. M. de la Borde, dans son *Histoire de la mer du Sud*, en trois volumes *in-8.º*, Paris, 1789, a aussi traité ce sujet avec méthode, quoiqu'un peu superficiellement. L'introduction du Voyage de Pigafetta, publié à Milan, en 1800, par le savant Amoretti, mérite aussi d'être mentionnée.

Nous devons encore observer qu'on trouve une histoire, assez bien faite, des découvertes des Espagnols sur la côte nord-ouest de l'Amérique septentrionale, dans une introduction, aussi longue que le corps de l'ouvrage, placée à la tête du Voyage Espagnol de la *Goëlta Mexicana*. Les preuves de cette histoire ont été puisées dans les archives manuscrites de la cour de Madrid, que des raisons que l'on ignore ont dérobées jusqu'à présent aux regards curieux des savans, qui ont bien souvent, mais en vain, demandé la permission de les consulter.

Il y a peu de recherches et de critique dans l'*Histoire philosophique et politique de la navigation et du commerce de la mer Noire,* publiée, en 1790, par M. Formaleoni, auteur de l'*Essai sur l'histoire de la navigation des anciens Vénitiens.*

M. Sprengel a également publié à Halle, en 1792, un abrégé bien fait des principales découvertes géographiques, jusqu'à l'arrivée des Portugais au Japon, en 1542.

Mais on doit distinguer les ouvrages de Pinkerton sur les *Antiquités de l'Écosse,* ses *Recherches sur l'origine et les divers établissemens des Scythes ou Goths,* et ses discussions sur plusieurs points de géographie ancienne et du moyen âge, qui se trouvent éparses dans sa Géographie moderne. La seconde édition de cet ouvrage, qui vient de paroître à Londres, en trois gros volumes *in-4.°,* renferme deux nouveaux mémoires intéressans, l'un sur les progrès de la géographie dans ce siècle, l'autre sur les progrès des découvertes géographiques en Asie. M. Pinkerton montre, dans ces différens écrits, de grandes connoissances et beaucoup de sagacité.

L'histoire des découvertes est aussi redevable à M. Morelli pour sa Dissertation sur d'anciens voyages faits par des Vénitiens, et qui étoient peu connus, ou qui ne l'étoient pas du tout.

Géographes Arabes et Orientaux.

Rien ne seroit plus utile aux progrès de la géographie que la connoissance exacte des travaux géographiques des Orientaux, et sur-tout des Arabes, de ce peuple ingénieux qui cultivoit toutes les sciences, tandis que les nations de l'Europe étoient plongées dans la barbarie : mais cette partie a été jusqu'ici extrêmement négligée, et les orientalistes ne lui ont rendu que de foibles services. En effet, le petit nombre de géographes qu'ils ont traduits, n'ont été publiés que par extraits, ou d'une manière fautive.

Il a paru, depuis 1789, plusieurs ouvrages de ce genre; et quoiqu'ils laissent beaucoup à desirer, ils offrent néanmoins un assez grand intérêt. Ces ouvrages sont, la Géographie orientale d'Ebn-Haukal, traduite du persan en anglois, par W. Ouseley, en 1800 ; l'Afrique d'Édrisi, traduite de l'arabe en latin par Hartmann, en 1796 ; l'Espagne du même auteur, dont la traduction n'a été que commencée par Hartmann, et qu'Antonio Conde a fait paroître en espagnol ; une nouvelle édition de l'Arabie d'Aboulféda, par M. Rommel; et des Fragmens inédits du même géographe, publiés en arabe par M. Rinck. Mais tous ces extraits sont insuffisans ; et comme, pour accélérer les progrès de la géographie ancienne, il s'agit moins d'indiquer les ouvrages à faire, que les matériaux, dont, avant tout, il faut augmenter la masse, nous dirons que la Géographie d'Édrisi, la plus complète et la plus exacte de toutes celles que les Arabes ont faites, n'a jamais été publiée en entier. Il seroit fort à desirer que le Gouvernement la fît imprimer avec une bonne traduction Latine ou Françoise ; elle jetteroit une grande lumière sur la géographie du moyen âge, et particulièrement sur celle de l'intérieur de l'Afrique.

Il conviendroit de joindre à cet auteur tous les autres écrivains Arabes et Persans qui ont traité de la géographie, tels qu'Aboulféda, Makrizi, Ebn al-Ouardi, Bakoui,

Kiatib-tchéléby, Ebn-Haukal, Yacuti, al-Biruni, &c.; les tables de Nassir-Eddin, d'Ulug-Beig, d'al-Fergani, et de beaucoup d'autres dont on n'a encore imprimé que des extraits.

Il seroit fort utile aussi de faire graver les premières cartes que les Portugais et les Italiens ont faites dans le XIII.ᵉ et le XIV ᵉ siècle. S'il étoit possible de se procurer les cartes dont les Maures se servoient quand les Portugais ont doublé pour la première fois le cap de Bonne-Espérance, elles fourniroient des renseignemens qu'on ne trouve plus nulle part; elles montreroient les connoissances que les Arabes avoient des mers de l'Asie dans un temps où ces mers étoient encore inconnues aux Européens; et l'on pourroit juger combien ces connoissances ont influé sur les découvertes des Portugais dans cette partie du monde.

La publication des voyages antérieurs au XV.ᵉ siècle présenteroit aussi de grands avantages; il faudroit les donner dans leur langue originale, avec une traduction Latine ou Françoise.

La Géographie de Ptolémée a été traduite en arabe. Cette version doit offrir des leçons différentes de celles des manuscrits Grecs et Latins, et qui sont probablement plus anciennes : d'ailleurs la synonymie que les Arabes peuvent avoir établie entre les noms des pays et des villes indiqués par le géographe Grec, seroit très-propre à faire connoître l'Asie et l'Afrique de Ptolémée, sur lesquelles on ne peut souvent présenter que des conjectures plus ou moins fondées. Il seroit donc de la plus grande importance, pour l'avancement de la géographie ancienne, d'avoir une bonne traduction de cette version Arabe.

LÉGISLATION.

DE toutes les époques de notre histoire, aucune n'a été plus féconde en travaux et en projets sur la législation, que l'année 1789 et celle qui la suivit. Jamais, peut-être, on ne communiqua un mouvement plus universel à un grand peuple. Ce n'est pas dans quelques détails, sous quelques rapports, en quelques-unes de ses parties, qu'on attaqua l'édifice de nos lois ; il fut menacé tout entier. Rangs, dignités, pouvoirs, prérogatives, impôts, revenus des propriétés, division des citoyens en classes et de l'État en provinces, les coutumes les plus respectées, les institutions les plus antiques, les tribunaux les plus redoutés, tout succomba presque à-la-fois ; et telle étoit la force de cette impétuosité même, que les racines les plus profondes semblèrent les plus faciles à arracher.

Depuis un grand nombre d'années, la nécessité de réformer nos lois frappoit tous les esprits ; mais peu d'hommes étoient dignes qu'on les chargeât d'y concourir. Les rapports infinis dont la législation se compose, la placent au rang des sciences les plus difficiles : toujours elle a nos passions en perspective et pour objet ; elle agit continuellement sur le cœur humain, table mobile où les empreintes ne sont pas toujours les mêmes, où les mêmes empreintes n'opèrent pas toujours le même effet, n'ont pas toujours la même profondeur : aussi l'antiquité eut à peine quelques législateurs parmi un grand nombre de philosophes, de savans, de poëtes, d'artistes, de personnages illustres dans tous les genres. Mais il est beaucoup de choses que les hommes croient bien comprendre, parce qu'ils les voient sans cesse en action devant eux. Pendant plusieurs années, on ne sembla pas douter que la science de la législation ne fût aisément la science de tous. Les membres les plus éclairés de nos assemblées publiques furent souvent vaincus, dans ces débats tumultueux, par la médiocrité active et passionnée. Vainement ils rappelèrent les leçons de l'expérience et les principes de la justice; plus les agitations croissoient autour de nous, moins ils étoient écoutés, moins ils pouvoient être entendus. De toutes les sciences, celle qui craint le plus les orages politiques, c'est la législation. Appliquée alors à des maux violens, mais qui, par leur nature même et leur caractère, ne devroient pas être durables, conduite par des passions plus violentes encore, se croyant sans cesse forcée de recourir à des mesures extraordinaires pour conserver une autorité que ces mesures mêmes usent et détruisent, elle s'égare bientôt; et, foulant aux pieds ses propres maximes, elle ne marche plus qu'à travers les injustices.

Cependant, au milieu de ces orages, s'étoient montrés des hommes faits pour coopérer à la législation d'un peuple; et la première de nos assemblées auroit marqué sa carrière par de salutaires institutions, si elle n'avoit été presque aussitôt entraînée par ce mouvement irrésistible qu'elle-même avoit communiqué. Elle se crut d'ailleurs obligée d'embrasser à-la-fois tous les objets; lois politiques, lois religieuses, lois civiles, lois criminelles : on voulut, en même temps, un nouveau système de contributions, une nouvelle organisation des tribunaux, de la marine, de la force publique. Les travaux même qui auroient dû être utiles

ne

ne purent souvent l'être, parce qu'il leur manqua deux principes sans lesquels ils ne pouvoient être féconds, la méditation et le temps. Des efforts plus modérés eussent produit des résultats plus heureux. Mais comment les espérer, quand tant de passions étoient irritées, quand chaque jour, chaque événement, les irritoient davantage!

Une foule d'écrits parurent aussi, dans un court espace, sur les matières les plus importantes pour le bonheur des familles et des empires. Les institutions morales et politiques, l'état du culte et de ses ministres, l'organisation des pouvoirs publics, l'autorité paternelle, le mariage, l'adoption, le divorce, le droit de tester, les propriétés particulières, les finances publiques, l'administration de la justice, l'instruction criminelle, les peines capitales, la police, l'éducation, les arts, les diverses constitutions des divers États anciens et modernes, furent l'objet de nombreuses discussions, présentées en sens contraire, et quelquefois avec un talent distingué ; et si l'on y joint tous ces ouvrages d'un moment pour leur composition et pour leur durée, dont la France étoit inondée chaque jour, le nombre en devient infini. Un volume suffiroit à peine pour conserver les titres seuls des écrits plus ou moins étendus, plus ou moins utiles, qui se montrèrent successivement, pendant quelques années, sur les différentes parties de la législation, ou sur les travaux des assemblées occupées de la confection de nos lois. On en trouve soixante mille à la Bibliothèque impériale, qui, encore, n'a pas tout recueilli. Les étrangers même s'armèrent pour combattre ou pour défendre nos nouvelles lois. Des discussions s'ouvrirent en Angleterre, dans quelques États de l'Allemagne,

Littérature ancienne.   Bb

jusqu'au-delà des mers. La même exagération qui, parmi nous, entraînoit les esprits hors de toute mesure, se montra dans les éloges et les censures des écrivains qui n'étoient pas François. Mais il seroit trop injuste de ne pas rappeler ici tant de modestes travaux préparés et mûris en silence dans les comités de nos assemblées nationales, et qui, presque oubliés aujourd'hui, ne méritent pas tous un semblable dédain. On liroit encore, souvent avec intérêt, et non sans fruit, les rapports faits et les lois proposées pour les progrès de l'agriculture, pour la sûreté et la liberté du commerce, pour la répression de la mendicité et une meilleure distribution des secours publics, &c. &c. Les travaux faits à l'Assemblée constituante, sur l'instruction publique, sont dignes encore de servir de guide et de modèle.

Dès que les temps furent plus calmes, on s'occupa de recueillir les lois, de les simplifier, d'abroger celles que les circonstances avoient produites, de les rendre plus conformes au véritable intérêt du peuple, et, pour cela, de ramener d'abord ces principes d'ordre public, sans lesquels on espère en vain la justice; car la justice avoit péri, en France, le jour où elle avoit perdu ce caractère que lui assigne si bien la loi Romaine : « Une volonté ferme et » perpétuelle de rendre à chacun ce qui lui est dû. » De nouveaux troubles qui survinrent, empêchèrent l'exécution de ce projet.

Cependant un général illustre revenoit des champs de l'Italie, ayant fixé de toute part la victoire; et, ne s'occupant que de l'empire des lois au moment où il venoit d'exercer toute la puissance des armes, le desir de leur réforme est le premier sentiment qu'il exprime, le seul qu'il éprouve pendant qu'on le félicite sur ses triomphes, qui sembloient déjà ne pouvoir être surpassés. L'Empereur réclamoit alors des autres un bienfait qu'il devoit bientôt accorder lui-même. De retour une seconde fois après de nóuveaux dangers et de nouveaux succès, donner un code civil, est toujours sa plus active pensée : nommer une commission pour le préparer, fut un des premiers actes du gouvernement consulaire. Toutes ces lois que les passions avoient commandées au milieu de nos orages révolutionnaires, disparurent enfin; et à leur place, s'éleva un monument qui embrasse également toutes les parties de la législation civile, et qui réunit, dans un ensemble plus régulier et plus parfait, ces portions isolées et si souvent diverses dont notre ancien droit se composoit. Les lois n'ont pas été seulement rangées dans un ordre meilleur; elles sont devenues plus équitables, plus égales pour tous. Des écoles ont été formées pour leur enseignement; de nombreux élèves y reçoivent d'utiles leçons.

Ainsi s'est préparé le moyen de rendre à la France son ancienne gloire, sous un autre rapport. Quel pays, en Europe, eut de plus grands jurisconsultes, de plus grands magistrats? N'est-ce pas un François que tous les hommes instruits dans la science du droit, à quelque nation qu'ils appartiennent, proclament le premier des jurisconsultes anciens et modernes? Aucun, effectivement, ne jugea mieux les lois; aucun n'apprit mieux quelle route et quels principes on devoit suivre pour les bien faire; aucun n'unit davantage les grandes pensées du législateur à un étonnant savoir et à une admirable sagacité. L'Hôpital, son contemporain, s'honora d'être son ami. Quel siècle pour la jurisprudence,

que celui où l'Hôpital faisoit les lois, et où Cujas les enseignoit! Le premier a reçu de la postérité des hommages que
le second attend encore. Placée sur-tout dans nos écoles de
droit, la statue de Cujas y offriroit un témoignage de plus
de la justice du Gouvernement pour les grands services
rendus aux sciences et à la patrie.

Des jurisconsultes également dignes d'une plus haute
célébrité qu'on n'en accorde ordinairement à leurs travaux, ont long-temps soutenu la gloire que la France avoit
acquise dans le XVI.ᵉ siècle. Le Procès-verbal des ordonnances de 1667 et de 1670 honorera long-temps ceux qui
y concoururent, et sur-tout Lamoignon. Riche de l'expérience de beaucoup de peuples, l'ordonnance de la marine
est devenue comme la loi universelle de l'Europe, et le
plus beau monument peut-être de la législation moderne.
D'Aguesseau, dans le siècle suivant, s'éleva au rang où
l'Hôpital s'étoit jadis élevé, et il dispute encore à ce grand
homme la gloire d'avoir été le premier des magistrats François. Inspirés par lui, d'autres firent faire quelques progrès
à la jurisprudence, et y ramenèrent ce choix, cet ordre,
cette méthode, dont les esprits médiocres sentent mal le
prix, et que les esprits supérieurs peuvent seuls trouver.
Enfin Montesquieu parut : son génie avoit approfondi
toutes les parties de la législation; il avoit posé les principes et signalé les erreurs. Le mouvement donné par lui
se communiqua bientôt à tous les esprits, à tous les peuples;
les vices de la jurisprudence criminelle furent attaqués les
premiers, et ils le furent d'une extrémité de l'Europe à
l'autre. Quelques monarques s'occupèrent de la réformer :
on distingua parmi eux Joseph et Léopold; une princesse

illustre, l'impératrice de Russie, composa elle-même, des ouvrages de Montesquieu et de ses disciples, les instructions offertes à la commission chargée de donner un code plus juste à son Empire. L'impulsion fut moins rapide en France, quoiqu'elle eût été l'ouvrage d'un écrivain François. Des opinions exagérées s'y combattirent en s'exagérant toujours davantage. Tandis que quelques hommes excédoient toutes les mesures, violoient tous les droits en les réclamant tous, devenoient les apologistes du crime en étudiant les moyens de le réprimer, détruisoient ainsi toute idée d'ordre public, de protection sociale, de respect pour l'honneur et la propriété; d'autres, invariablement attachés à ce qui existoit depuis long-temps, ne voulant admettre aucune modification, aucune amélioration, écrivoient pour faire l'éloge des tortures, du refus d'un défenseur, d'une procédure mystérieuse, des supplices barbares: ils sembloient ignorer, eux qui attachoient tant de prix à ce qui fut, que la jurisprudence criminelle des François avoit été, sous beaucoup de rapports, pendant plusieurs siècles, la plus humaine de l'Europe; que, depuis Charlemagne jusqu'à la fin du règne de François I.er, la procédure avoit été publique, le prévenu constamment placé sous la protection de la loi; et que ces institutions tutélaires vantées chez un peuple étranger, ce peuple les avoit toutes reçues de la France. Les principes les plus évidens sur l'accusation, sur la preuve, furent méconnus, attaqués; et Montesquieu, l'éternel honneur de la magistrature, fut poursuivi dans des libelles dont des magistrats même étoient les auteurs, pour avoir voulu rapprocher l'humanité du trône de la justice.

Quelques efforts furent tentés, dès le commencement de la révolution, pour donner à la France une législation criminelle moins imparfaite. Les cahiers faits pour les États-généraux de 1789 avoient exprimé des vœux qui n'étoient eux-mêmes que l'expression d'une opinion générale parmi tous les hommes qui avoient médité sur les principes et les fondemens d'une bonne législation : ils demandoient que l'instruction criminelle fût publique, que l'accusé eût un conseil, que l'on abolît envers les condamnés la question préalable qui subsistoit encore, que les supplices fussent moins cruels, que les peines fussent égales pour tous les citoyens. Leurs vœux avoient été remplis ; et des progrès si rapides vers un meilleur ordre de lois nous promettoient moins d'incertitude dans la conviction, une meilleure graduation des peines, une meilleure classification des crimes : mais bientôt les échafauds couvrirent la France ; par-tout on accusa, par-tout l'accusation fut une preuve, par-tout le sang coula ; les bourreaux mêmes devinrent mutuellement leurs victimes.

Après ces temps de calamité, un nouveau code fut publié : il présente quelquefois des précautions sages, des dispositions humaines ; il donnoit, à l'époque où on le proclama, quelques règles fixes substituées à un grand désordre public ; il en renferme plusieurs qui méritent d'être conservées : mais il est loin de pouvoir être à jamais le code de la France. Le Gouvernement en étoit convaincu, lorsqu'il nomma cette commission qui nous prépare ainsi un des plus grands bienfaits que nous puissions recevoir encore du chef de l'État. Félicitons ceux qui ont mérité que l'Empereur leur confiât le travail le plus important peut-être dont des citoyens puissent être chargés ; un travail qui embrasse tous les devoirs des hommes, tous leurs inté-rêts, les droits de chacun d'eux à une garantie commune, les droits et les obligations de la société toute entière ; qui assure et affermit le repos et le bonheur des gens de bien, la protection certaine et constante de l'accusé, la punition inexorable du crime.

Sans doute, alors, des professeurs particuliers seront chargés, dans les écoles de droit, d'enseigner cette partie de la législation. Le non-achèvement du code qui doit la régir, est vraisemblablement le motif qui a empêché d'en nommer, lorsqu'on a organisé ces écoles ; et ce motif étoit juste : il y auroit eu plus d'inconvéniens que d'avantages à enseigner une doctrine imparfaite, dont les règles, pour la plupart, seront bientôt modifiées ou remplacées par d'autres mieux adaptées à notre civilisation, à nos lumières, à notre caractère, à nos mœurs, à notre situation politique, par des institutions plus fortes, plus répressives, plus justes. Mais ce seroit aussi tout confondre, ce seroit abaisser et dénaturer la partie la plus importante et la plus difficile de la législation, que de la réduire à l'étude, si nécessaire d'ailleurs, des formes judiciaires ; et la confusion redouble-roit, si l'on vouloit apprendre la marche des actions civiles en même temps que l'instruction criminelle, deux sortes de travail qui ont leurs règles bien distinctes.

La procédure civile a déjà reçu un code particulier ; et s'il est susceptible d'être amélioré, on ne doit pas moins le regarder comme le terme de beaucoup de maux qui depuis long-temps assailloient la justice. Un nouveau code commercial nous a été donné ensuite : en posant des principes clairs et sûrs, en rappelant des maximes trop oubliées, en protégeant la bonne foi pour porter contre le brigandage toute sa vigilance et une juste sévérité, il affermira le crédit et les mœurs publiques.

D'autres travaux ont été ordonnés : car, si dans les autres sciences les progrès faits depuis vingt années sont dus à tant d'hommes distingués que la France possède, dans la science des lois on a dû presque tout à la prévoyance active et à la volonté ferme du Gouvernement. Les recueils diplomatiques vont être faits d'une manière plus exacte, plus complète, plus instructive. La collection des ordonnances de nos rois, cette utile pensée du chancelier d'Aguesseau, qui en dirigea lui-même la première exécution, a été reprise, et nous conservera le monument le plus curieux de la législation Françoise, de nos antiques usages, de l'état des mœurs, des professions, des prérogatives, des droits, des impôts, des principes et de la marche du Gouvernement, aux différentes époques de notre histoire.

Néanmoins, dans les travaux même qui, par leur nature et leur caractère, appartiennent au Gouvernement, qui ne peuvent émaner que de lui, quelques écrivains ont secondé utilement les méditations du chef suprême de l'Empire. Dans plusieurs États de l'Europe, c'est à la lumière répandue par les auteurs François, que la plupart des codes ont été réformés. Au moment même où le désordre de nos lois étoit successivement la cause et l'effet de nos malheurs publics, les étrangers cherchoient dans les ouvrages de ces écrivains les principes qui devoient assurer une meilleure législation. L'Allemagne, si riche en savans jurisconsultes, ne craignoit pas de donner cet exemple : elle traduisoit nos livres,

livres, et en fécondoit les travaux entrepris pour l'amélioration des lois. La Suisse et le Danemarck ont offert les
mêmes témoignages d'estime à quelques écrivains François, dans les rapports ou les discussions préparatoires
ordonnés par leurs gouvernemens pour la réforme de la
justice criminelle.

En Allemagne aussi, en Angleterre, en Italie, divers
traités ont paru sur diverses parties de la législation ; quelques-uns, mais en petit nombre, l'ont embrassée toute entière. La plupart ont eu des traducteurs François. Beccaria
et Filangieri avoient trouvé des interprètes dignes d'eux : on
nous a donné quelques ouvrages d'Heineccius, les Œuvres
complètes de Blackstone, celles de quelques écrivains plus
anciens qui appartiennent encore plus à la science politique
qu'à la jurisprudence, comme Machiavel et Harrington.
Des statistiques étrangères ont été traduites, dans le même
temps que nous nous occupions pour nous-mêmes d'en
obtenir de plus exactes dans tous les départemens de l'Empire. On a traduit enfin les écrits publiés et les lois faites
sur les pauvres dans plusieurs contrées de l'Europe.

Le Code civil et les autres codes ont fait éclore subitement une infinité de commentaires, dont quelques-uns
méritent le suffrage des hommes instruits, mais dont la
plupart ne supposent que des spéculations de librairie,
toujours si dangereuses quand elles s'appliquent à des ouvrages de législation. Peut-être même seroit-ce une question digne d'examen, de savoir jusqu'à quel point il doit
être permis à des individus sans caractère, et quelquefois
sans lumières, de s'ériger en interprètes de nos lois, d'en
proclamer au hasard l'esprit et les motifs, de tromper ainsi

ou d'égarer les hommes qui veulent les étudier ou les connoître. Heureusement les discussions du Conseil d'état ont
été publiées; elles peuvent servir de guide. Interrogés par
le Gouvernement, les tribunaux avoient aussi présenté beaucoup d'utiles observations.

La jurisprudence civile n'a pas été seule cultivée : le droit
de la nature, le droit des gens, l'ont été pareillement; et des
ouvrages élémentaires sont venus en faciliter l'étude. Les
grands principes de la législation et de la morale publique
ont été examinés dans leurs rapports nécessaires avec l'ordre
social, et aussi avec les liens les plus étroits de la famille et
de la cité, le mariage, le divorce, les devoirs des enfans et des
époux, la puissance des pères. Les maximes et les lois relatives à la propriété, au commerce, à l'impôt, ont été dis-
cutées et approfondies dans quelques ouvrages d'économie
politique, en France et en Angleterre, mais en France sur-
tout. Le droit maritime a plus particulièrement fixé l'attention de quelques écrivains Italiens ou Danois. Plusieurs
Italiens ont également discuté les plus hautes questions de
la jurisprudence criminelle.

C'étoit un desir naturel à tous les amis de la science des
lois, que d'en voir aussi enseigner l'histoire. L'Empereur
a partagé ce sentiment; et, grâce à lui, les jeunes gens
retrouveront ainsi dans d'utiles leçons les pensées des plus
grands législateurs et les résultats de l'expérience des
peuples. Que de lumières sortiront de l'explication de ces
lois, souvent uniformes, souvent diverses, des nations les
plus célèbres de l'antiquité, à des époques différentes, sous
des gouvernemens opposés, avec d'autres cultes et d'autres
climats, depuis le commencement de la civilisation jusqu'au

dernier degré de l'asservissement et de la corruption publique.

Peu de temps avant la révolution, on avoit publié en France quelques ouvrages sur les anciennes législations de l'Asie, sur celles que Moïse, Zoroastre, Confucius, donnèrent aux Hébreux, aux Perses, aux Chinois, et Mahomet ensuite aux Arabes. Les lois civiles et politiques des Romains ont été, depuis, l'objet spécial de plusieurs ouvrages, en Allemagne, en Italie, en Angleterre, et principalement en France. Les uns se sont plus attachés à nous en retracer l'histoire ; les autres sont remontés à leur conduite publique, à leurs institutions, à leur gouvernement ; d'autres ont de nouveau discuté ou commenté les principes de leur jurisprudence ; d'autres enfin, parmi nous, ont comparé ces principes aux lois actuelles qui nous régissent. Quelques parties séparées de cette grande législation ont été examinées ou rappelées. Un commentaire avoit paru, en 1787, sur ces douze Tables qui nous conservent beaucoup d'anciennes lois des Grecs, en même temps qu'elles nous offrent celles des Romains ; il a été réimprimé avec des additions en 1803 : son auteur venoit de donner un Traité sur la police du même peuple. Beaucoup de lumières avoient été répandues, quelques années auparavant, sur les gouvernemens fédératifs de la Grèce et sur les lois de Crète, dans un ouvrage qui leur est particulièrement consacré.

Nous pouvons considérer également comme un service rendu à la science des lois, de nous avoir mieux fait connoître les ouvrages des plus habiles écrivains des peuples les plus illustres de l'antiquité. La Politique d'Aristote a été traduite deux fois dans notre langue ; elle l'a été aussi en anglois, avec des commentaires très-étendus. Les Traités de Xénophon sur l'administration politique de Sparte et d'Athènes ont eu pareillement un nouveau traducteur. La République de Cicéron n'existoit plus pour nous que dans quelques fragmens épars : on les a rassemblés ; et, les liant ensemble par des passages analogues du même écrivain, l'auteur François a recomposé en latin et traduit ensuite l'ouvrage de ce grand homme.

Ainsi aucune partie de la science du droit n'a été abandonnée ; et dès qu'il a été permis de rattacher la législation à ces principes fondamentaux dont elle ne s'écarte pas sans danger pour le repos et le bonheur des peuples, on en a repris l'étude avec une ardeur qui promet de jour en jour de nouveaux succès. Seulement, tous les amis de cette science ont éprouvé un véritable regret, en apprenant que l'on traduisoit en françois ces lois Romaines, source féconde et supplément naturel de toutes les autres. Jamais, autrefois, on n'avoit cru pouvoir le permettre : d'Aguesseau s'y refusa toujours ; et cette opinion étoit juste. On étudie mal dans une autre langue le texte précis d'une loi. Quand la traduction suit de près le code nouveau, quand le législateur dont on reproduit les pensées vit encore, il est facile d'être sûr que l'on a conçu, saisi, exprimé sa volonté. Mais, après tant de siècles, que d'erreurs possibles, que de débats interminables sur la manière dont tel ou tel paragraphe aura été entendu ! Sans doute, on ne souffrira jamais que la loi soit citée autrement que dans la langue où elle a été publiée ; son texte doit être sacré : mais il ne suffit pas qu'on ne la cite jamais autrement ; il faut qu'on ne l'étudie que là, qu'elle n'arrive dans la tête du jurisconsulte qu'avec les mots mêmes dont le législateur a préféré l'emploi. Une paresse naturelle entraînera les hommes, même les plus capables de bien entendre le Digeste, à le lire dans un langage toujours plus commode et plus facile; et, insensiblement, on cessera d'étudier ailleurs que chez les interprètes François cette législation Romaine, la plus complète de toutes. et souvent la plus parfaite.

Nous seroit-il permis de rappeler, en finissant, une institution judiciaire que la révolution a détruite, et dont les avantages sont faciles à sentir? Dans toutes nos grandes cités, des bureaux gratuits s'étoient formés pour l'examen des procès des pauvres. Les magistrats et les jurisconsultes les plus distingués s'honoroient d'en faire partie. L'indigent, appelé devant les tribunaux, pouvoit se présenter d'abord dans ces bureaux charitables; ils examinoient l'affaire, détournoient le plaideur de la poursuivre si ses droits étoient mal fondés; et, s'ils les trouvoient légitimes, lui accordoient gratuitement tous les conseils, tous les secours, dont il avoit besoin pour se défendre. Une honorable fonction existoit aussi; c'étoit celle d'*avocat des pauvres:* je crois même que le prince s'en étoit réservé le choix. Combien d'hommes, en France, se trouveroient heureux d'exercer un si touchant ministère!

PHILOSOPHIE.

LE tableau général du progrès des connoissances humaines pourroit paroître incomplet, si l'étude de l'homme lui-même, de ses facultés et de ses devoirs, n'y étoit placée comme le lien commun de toutes les autres études. En effet, la philosophie est, aux yeux des hommes éclairés, non l'opinion d'une secte, le système d'un individu, l'esprit d'un moment ou d'un siècle, la devise d'une classe particulière d'écrivains, mais bien cette science antique qui se place à l'origine de toutes les autres, et qu'on pourroit appeler la science mère, dont les traditions se sont conservées au travers des erreurs, des exagérations contraires, et des abus même commis en son nom; cette science qu'on vit, dans les temps les plus reculés, éclairer l'Inde, l'Égypte, l'Orient tout entier; illustrer la Grèce, et associer ses paisibles succès, sur cette terre heureuse, à toutes les palmes de la gloire et du génie; lutter ensuite, dans l'empire des Césars, contre la décadence des mœurs, des lumières et des lois, s'honorer des proscriptions que dirigèrent contre elle les Néron et les Domitien; monter sur le trône avec les Antonins; s'allier bientôt avec l'auguste religion de l'Évangile, en rendant hommage à ses bienfaits; rallumer, au sortir des ombres de la barbarie, le flambeau des sciences, inspirer, diriger leurs premiers pas; qu'on a vue enfin, dans les derniers siècles, donner au monde un Bacon, un Descartes, un Leibnitz, et remontant à l'origine des connoissances humaines, en pénétrer la nature, en tracer la méthode, ouvrir au génie une nouvelle voie, et présider à la grande époque des découvertes.

C'est d'après ces illustres exemples, c'est sur le type qu'ils ont laissé, que nous devons fixer la règle et la mesure des progrès obtenus, ou que nous devons du moins apprécier les intentions et les efforts. Nous le déclarons donc, en nous félicitant de trouver une aussi mémorable circonstance pour cette déclaration publique, nous n'avouons pour philosophes que ceux-là seulement qui se sont pénétrés de l'esprit de ces grands modèles ; qui, en tendant au même but, se sont montrés dignes de suivre les mêmes traces. Nous n'avouons qu'une seule philosophie, comme il n'en est qu'une seule de véritable. Ses fondemens sont dans la connoissance de nous-mêmes ; notre perfectionnement intellectuel et moral est son but. Si, par une critique sévère, elle s'efforce de séparer la vérité de l'alliage impur des préjugés et de l'erreur, c'est pour donner à celle-là une garantie nouvelle, en légitimant les caractères de la certitude. Placée au centre du système des connoissances humaines, elle en éclaire les rapports, elle en fonde l'harmonie, elle en fixe les premiers principes ; elle prête à toutes les sciences, des nomenclatures, des méthodes ; elle crée à elle seule le plus utile des arts, celui qui est nécessaire à tous les hommes et dans tous les momens de la vie, celui de penser sainement et de se conduire avec sagesse. Amie des mœurs, elle étudie le cœur de l'homme, le mouvement des passions ; elle met dans toute leur évidence les maximes primitives et éternelles qui fondent nos devoirs. Amie des lois, elle leur assure une obéissance éclairée et raisonnable, la seule qui soit digne des bonnes lois ; elle enseigne le respect à l'ordre établi, rappelle les hommes aux instructions de l'expérience, et repousse les innovations téméraires. Amie des idées religieuses, elle a reçu l'auguste mission d'annoncer l'Être des êtres à la raison de l'homme, de servir d'interprète au témoignage unanime de la nature. Comment n'honoreroit-elle pas le culte qui développe cette auguste vérité, et qui ennoblit l'homme en l'élevant à son auteur ?

Si des esprits ambitieux s'autorisent de son nom pour accréditer dans la société des systèmes arbitraires, elle les désavoue ; s'ils l'empruntent pour introduire des doctrines funestes, elle les condamne. Si des hommes ignorans et aveugles calomnient ses honorables travaux, elle méprise leurs efforts, elle plaint leur égarement, et elle dédaigne de leur répondre ; car ils sont incapables de l'entendre, et elle est elle-même assez justifiée par le noble but qu'elle se propose.

En général, la philosophie ne peut aspirer à des découvertes aussi éclatantes et aussi rapides que celles qu'obtiennent quelquefois les sciences physiques. Son principal objet est d'éclaircir les doutes, de rectifier les erreurs, d'ordonner les idées, de perfectionner les méthodes ; et les vérités qu'elle met au jour, tirées de notre propre nature, semblent moins des découvertes que des réminiscences. Les systèmes brillans qu'elle a vus naître, n'ont pas toujours signalé ses progrès réels, et quelquefois ils ont pu occasionner de grands écarts.

Allemagne.   Elle n'a présenté sous ce rapport, vers la fin du dernier siècle, qu'un seul phénomène extraordinaire ; et l'Allemagne en a été le théâtre. Les causes cependant qui l'ont produit, quoique se présentant sous une autre forme, agissant d'une autre manière, étoient communes à toutes

les

les nations éclairées : c'étoit l'esprit de doute, de critique, d'analyse, et le goût des innovations. Et ce qu'il y a de remarquable, c'est que c'est du sein de la France et de l'Angleterre que sont venues les impulsions qui ont changé, du moins passagèrement, la direction des idées dans le nord de l'Europe. En essayant d'exposer, le plus brièvement qu'il sera possible, cette révolution, nous n'oublierons pas l'impartialité qu'on a le droit d'attendre de nous, et nous jetterons d'abord un coup-d'œil rapide sur les circonstances qui l'ont précédée.

Rien ne justifie peut-être mieux les caractères que nous avons assignés à la vraie philosophie, que l'influence exercée pendant un siècle, en Allemagne, par l'école de Leibnitz. En élevant les esprits à une grande hauteur, elle les avoit réglés par un code de sages disciplines. Étroitement unie à l'histoire, à la jurisprudence, à l'étude des langues, à la géométrie, à toutes les sciences, aux beaux-arts eux-mêmes, elle les avoit éclairés d'un jour nouveau. Elle avoit prêté aux idées religieuses tous les appuis de la raison : elle se présentoit avec un caractère grave, moral, utile ; et toute sa doctrine formoit un ensemble parfaitement lié. Ayant triomphé de toutes les contradictions, elle voyoit ses disciples, excités par une noble émulation, s'efforcer à l'envi d'étendre cette influence bienfaisante, lorsque le scepticisme, ouvertement professé par quelques écrivains de la France et de l'Angleterre, commença à pénétrer en Allemagne, accompagné de toutes les séductions que peut employer le talent d'écrire ; lorsque les systèmes glaçans du matérialisme et les rêveries de l'idéalisme commencèrent aussi à y trouver des partisans ; lorsque les subtiles analyses

Littérature ancienne.   D d

de Hume parurent avoir rompu la grande chaîne qui unit les effets aux causes, cette chaîne éternelle et universelle qui, seule, tient unis tous les élémens de la science humaine, comme elle seule tient unis entre eux tous les phénomènes de la nature. Les premiers principes de nos connoissances, leur certitude, leur réalité, la légitimité et l'étendue des droits de la raison, se trouvoient mis en question. La doctrine de Leibnitz opposoit le poids d'une immense autorité à l'introduction des idées nouvelles; mais, par l'effet d'une imperfection fondamentale dans ses méthodes, et d'une insuffisance imprévue dans son code, elle ne put leur opposer des remèdes efficaces. Conservant trop peu d'estime pour les témoignages de l'expérience, donnant un privilége absolu aux déductions *à priori*, et ne cherchant que dans les principes abstraits la source de nos connoissances, elle auroit dû justifier par ses propres méthodes les principes qu'elle avoit supposés, établir, avant tout, le domaine de la raison sur la vérité, sur les objets extérieurs, et démontrer préalablement la possibilité même de la connoissance.

Ce fut dans cet état d'incertitude et de crise que parut Emmanuel Kant, et il démêla, avec une sagacité vraiment admirable, les causes de la maladie qui affligeoit son siècle. Trompé par la forme de ses écrits, on a supposé quelque temps, en France, qu'ils ne se rattachoient qu'à de frivoles spéculations, lorsqu'ils rouloient au contraire sur les questions les plus importantes, les mêmes précisément qui depuis l'origine ont occasionné la divergence des sectes philosophiques, et qui se sont renouvelées chaque fois que l'analyse a fait un pas de plus. Kant a vu la lutte du dogmatisme, qui affirme aveuglément, et du scepticisme, qui détruit sans réserve; du matérialisme, qui n'admet que des corps, et de l'idéalisme, qui n'admet que des apparences. Il a dit, « Remontons plus haut encore, » avant de permettre à la raison de prononcer de tels » arrêts du haut de son tribunal; soumettons à une cri- » tique sévère les prérogatives et les droits de cette raison » elle-même; `fixons l'étendue et les limites de sa juridic- » tion; » et il a osé tenter cette grande entreprise. Le courage, la patience, l'étude, le génie même, ne lui ont pas manqué; mais il a pris malheureusement une route dans laquelle il ne pouvoit que s'égarer. Après avoir re- connu ce qui manquoit à la doctrine de Leibnitz pour en former un système complet, non-seulement il n'a pas aperçu l'imperfection de sa méthode, mais il a voulu com- bler ce vide à l'aide de la méthode elle-même : il a voulu, et ici nous employons ses propres expressions, il a voulu *reconstituer la science, à priori.* Ainsi renfermé dans la ré- gion des spéculations abstraites, il a cru pouvoir expliquer, démontrer la possibilité de cet acte mystérieux que nous appelons *connoître,* et en déduire la nature même de la connoissance, comme s'il pouvoit y avoir quelque lumière pour expliquer cet acte qui lui seul explique et illumine tout le reste. Il avoit posé un problème insoluble et con- tradictoire; et quoiqu'il ait accumulé d'incroyables efforts, les efforts les plus hardis peut-être que la métaphysique ait jamais tentés depuis Aristote, il n'a pu que déguiser un paralogisme continuel sous l'immense appareil de sa doctrine. S'il paroît échapper, à force de subtilités, au système qu'il veut combattre, c'est pour se précipiter dans le système contraire; et il se dérobe ensuite à celui-ci par un artifice semblable. Nouveau Protée, il prend successivement toutes les formes, et se dépouille à l'instant de celle sous laquelle on veut le saisir.

Kant a été également frappé de la contradiction qu'ont fait naître, dans les systèmes de philosophie morale, l'opposition établie entre les principes de l'utile et ceux de l'honnête, et les vains efforts faits pour les concilier; ici encore, il a voulu s'ouvrir une route nouvelle. Le libre arbitre, que le plus grand nombre des philosophes avoient considéré seulement comme une condition nécessaire à la moralité, lui a paru en devoir être le fondement. « Libre » de toute coaction extérieure, l'homme ne peut recevoir » dans ses déterminations d'autre loi que de sa raison » seule; et les maximes que sa raison lui prescrit, sont » celles qui peuvent devenir comme le texte d'une législa- » tion universelle pour le genre humain. » De là dérivent des préceptes absolus et désintéressés; de là dérive aussi, suivant Kant, une croyance pratique qui lui prescrit de croire ce qui devient un motif nécessaire pour bien agir : croyance singulière, il faut le dire, qui ne sauroit avoir aucun rapport avec ce qui est réellement vrai en soi-même, qui ne repose sur aucune preuve, qui ne porte avec elle aucune lumière, et qui ne résulte que de la convenance ou de l'utilité des applications.

Le public parut d'abord peu empressé de dévorer les difficultés de cette théorie ardue et immense, redoublées encore par l'introduction d'une nomenclature toute nouvelle. Mais lorsque la plume éloquente de Rheinold en eut développé la partie morale, et en eut revêtu les principaux résultats d'une forme brillante et animée; lorsque le professeur de Kœnigsberg lui-même eut, dans un écrit rapide et analytique, mis au jour les vices de la métaphysique existante, et annoncé les solutions qu'il s'étoit proposées pour les faire disparoître, la curiosité universelle fut excitée : les esprits qui eurent le courage d'entreprendre cette étude, se tinrent satisfaits d'une solution qui avoit coûté tant d'efforts, prirent peut-être leur lassitude pour une conviction, et crurent avoir trouvé le point d'appui qu'ils cherchoient au milieu de la fluctuation des systèmes. On admira l'ensemble systématique qui unissoit toutes les parties de la doctrine nouvelle ; on applaudit à une foule d'analyses ingénieuses, d'aperçus féconds, dont son exposition étoit semée ; on éprouva une sorte d'enthousiasme pour cette morale stoïque et désintéressée qui donnoit à tous ses préceptes un caractère absolu, qui exerçoit une censure sévère sur le moderne épicuréisme, qui bannissoit du code de nos devoirs tous les calculs de l'égoïsme réduits en systèmes, pour les faire dériver de la seule autorité inflexible de la raison. Les obstacles qui avoient d'abord repoussé de cette étude difficile, qui l'avoient environnée comme d'un rempart, servirent à retenir captifs ceux qui se trouvèrent engagés dans ce système ; et comme les forces d'une pénétration ordinaire étoient épuisées pour le comprendre, peu d'hommes en conservèrent encore assez pour le juger. Les formules du kantisme étoient comme une sorte d'initiation d'autant plus puissante pour former des adeptes aveugles et dévoués, qu'elle avoit été plus difficile.

L'établissement ou plutôt le triomphe du nouveau système ne fut point l'effet de ce succès lent, progressif et paisible, qui appartient à la vérité et à la sagesse ; ce fut une irruption violente d'idées nouvelles, adoptées avec une sorte de passion, célébrées avec exagération. Elles envahirent à-la-fois et la moitié de l'Allemagne, et toutes les carrières dans lesquelles s'exerce l'esprit humain. De nombreux écrivains, et, dans le nombre, des hommes d'un talent très-distingué, s'en déclarèrent-spontanément les apôtres. Les uns en commentèrent, d'autres en résumèrent les maximes ; plusieurs ne dédaignèrent pas de composer les dictionnaires du nouvel idiome; le plus grand nombre se hâta d'étendre l'empire de cette doctrine sur la littérature, les arts et les sciences physiques. La théologie, l'enseignement public, la prédication même de la morale, furent soumis à cette influence, et, s'exprimant dans un langage jusqu'alors inconnu, parurent animés d'un nouvel esprit. L'éclat de ce triomphe fut malheureusement terni par l'intolérance et l'orgueil de quelques nouveaux adeptes; on fut blessé de les entendre répondre par des injures aux observations des hommes les plus éclairés; on crut voir en eux plutôt des sectaires que des sages ; et lorsqu'à force de leur entendre dire qu'ils n'étoient pas compris, on commença à soupçonner qu'ils pouvoient bien ne pas se comprendre parfaitement eux-mêmes, la secte nouvelle, dans son attitude dédaigneuse, resta exposée aux atteintes du ridicule.

Kant, qui, sur la fin de sa carrière, avoit obtenu un des succès les plus brillans peut-être et certainement les plus rapides dont un philosophe ait jamais joui, a vécu cependant assez pour le voir déjà décliner ; et il a survécu à une portion de sa propre gloire. Il a vu ses disciples divisés

entre eux ; quelques-uns, précipités dans les exagérations
auxquelles il avoit voulu porter remède, s'autoriser, contre
son propre témoignage, de son nom et de ses préceptes, au
milieu de leurs erreurs ; les systèmes les plus absurdes pré-
sentés comme des corollaires inévitables de sa doctrine, et
l'incrédulité religieuse, dont il avoit voulu écarter les dangers, propagée par l'école même dont il étoit le fondateur.
Cette seconde révolution étoit facile à prédire, et avoit été
prédite, en effet, par le petit nombre d'hommes qui, comme
le sage Jacobi, avoient, dès l'origine, saisi le véritable esprit
et la tendance naturelle de ce système.

Kant a trouvé la science reposant sur deux antiques
bases, les principes et les faits : sa prétention a été de placer une base nouvelle et plus profonde sous ces deux-là,
qui lui paroissoient mal assises. Mais ses disciples, à leur
tour, ont prétendu lui rendre le même service ; et chacun
d'eux, à l'envi, a cru devoir, à aussi bon droit, poser une base
au-dessous de la dernière. Le maître avoit creusé l'abîme,
les disciples s'y sont plongés ; et cet abîme est sans fond.

Kant, en prétendant, non-seulement écarter l'idéalisme
et le scepticisme, mais encore prévenir à jamais leur retour, a cependant donné à sa doctrine le résultat suivant :
« Nous ne connoissons point les objets en eux-mêmes,
» mais tels qu'ils nous apparoissent sous de certaines formes
» qui sont propres à notre esprit, et qui sont autant de
» cadres dans lesquels ils viennent s'enchâsser ; et la con-
» nexion que nous croyons voir entre les effets et les causes,
» n'est qu'une loi intérieure et nécessaire de notre entende-
» ment, qui unit pour lui les apparences des phénomènes :
» la croyance même à la cause première n'est qu'une croyance

» pratique, bonne et légitime pour l'usage, mais sans au-
» cune force de conviction réelle et raisonnable. » De là à
l'idéalisme et au scepticisme il n'y a qu'un pas; ou plutôt,
il suffit, pour y tomber, de tirer les conséquences rigou-
reuses d'une telle doctrine; et ces conséquences, les disciples de Kant n'ont pas manqué de les déduire. Les uns
ont concentré toute la nature et toute la science dans le
seul *moi individuel;* espèce de force mystérieuse et toute-
puissante, créateur universel auquel ils ont donné jusqu'au
pouvoir de s'ériger et de se reproduire lui-même. Les autres
ont essayé de faire dériver d'un principe unique, d'une
proposition identique, même dans les termes, tout ce qui
compose le domaine de nos connoissances, et d'expliquer
ainsi l'univers, à l'aide d'une identité abstraite et absolue.
D'autres enfin ont dit : « Si ce qui existe au dehors, si notre
» être lui-même, ne sont que des apparences, sans analogie
» avec des objets réels, si nous ne sommes qu'une appa-
» rence à nos propres yeux, qu'est-ce que la science de
» l'homme? qu'un amas de vains fantômes. Car la vérité
» n'est en rien séparée de la réalité; et les notions dépouil-
» lées de leurs rapports avec les objets ne diffèrent point
» des imaginations les plus arbitraires. »

Nous n'avons garde, sans doute, de prétendre autoriser
ici et confirmer les préventions excessives qu'ont élevées
quelques physiciens modernes contre toute espèce d'in-
tervention d'une saine métaphysique. Si la physique est
redevable de ses plus brillans et de ses derniers succès aux
applications de la géométrie, qui ne sont qu'un moyen
de saisir les analogies des phénomènes et de les soumettre à des formules abstraites; si elle a vu simplifier et

transformer

transformer ainsi les données expérimentales, il peut
appartenir à la métaphysique de saisir des analogies plus
variées, en portant à un plus haut degré l'art de généraliser ; et, selon les oracles du grand Bacon, elle fécondera
aussi à sa manière les résultats de l'expérience. Celui qui
ne saura voir que des faits isolés, restera enfermé dans
l'étroite enceinte de l'empirisme. C'est sur-tout lorsque la
physique se trouve ramenée aux notions élémentaires de
l'étendue et du mouvement, qu'elle peut tirer un grand
secours de l'analyse rationnelle. Il ne faut pas oublier que
Kant avoit prédit les découvertes que l'astronomie fit bientôt après dans le système planétaire.

Mais vouloir attribuer aux principes abstraits le privilége
de créer les sciences positives, vouloir suppléer aux faits
par des maximes identiques, c'est mettre les mots à la place
des choses, c'est substituer un vrai jeu de l'esprit à l'étude
de la nature et à la contemplation de l'univers. Que diroit-
on d'un géomètre qui, avec quelques formules algébriques,
aspireroit à remplacer tout l'ensemble des observations
astronomiques ? Que diroit-on d'un physicien qui, ses instrumens à la main, prétendroit tirer les corps du néant, et
les revêtir à son gré de propriétés essentielles ? Voilà ce
que tentent cependant ces écrivains entraînés par la manie
des méthodes transcendantes à l'idéalisme absolu. Ils ont
voulu faire envahir par la philosophie rationnelle tous les
domaines de la physique ; ils ont prétendu imposer leurs
spéculations, comme autant de lois suprêmes, à la nature.
C'est à une autre classe de l'Institut à faire connoître si
la nature, en effet, a reconnu une telle autorité, et si le
monde réel a réglé sa marche sur ces nouvelles théories.

Pour nous, nous ne pouvons y voir que le renversement de toutes les méthodes d'une saine philosophie et la source des plus dangereux écarts, et nous ne devons point nous arrêter à porter un examen sérieux sur des systèmes dont on auroit peine à fixer même le nombre, à suivre les continuelles et rapides révolutions, et qui sont jugés par le vice même de leurs principes. Ils peuvent séduire, dans les universités, quelques têtes ardentes et ambitieuses, entraînées par l'espoir d'obtenir, à l'aide d'une espèce de divination, les lumières qui ne peuvent être que le fruit de l'étude, ou trop sensibles au frivole orgueil d'engendrer la science avec les seules combinaisons de leur esprit : mais les hommes sages et éclairés de l'Allemagne se sont réunis pour censurer de tels égaremens et en déplorer les abus.

Quoique les systèmes de Kant se soient décrédités eux-mêmes par les caractères de ceux qu'ils ont engendrés, par l'esprit de parti et les débats quelquefois scandaleux qu'ils ont fait naître, par une influence, défavorable à quelques égards, sur le goût et les mœurs, on doit cette justice cependant aux véritables disciples de ce philosophe, que, demeurés fidèles à ses intentions, ils ont désavoué de tels écarts. Les efforts de plusieurs d'entre eux n'auront point été inutiles à la morale publique, à l'étude de l'histoire, et à la discussion de plusieurs points fondamentaux de la philosophie ; il en est du moins résulté cet effet utile, que l'émulation des penseurs s'est généralement portée sur la détermination des principes qui fondent la certitude et la réalité des connoissances humaines, sur la classification des phénomènes de l'entendement, et par conséquent sur la recherche des facultés premières et fondamentales, seule base d'une bonne classification pour les actes qui en émanent. L'école de Leibnitz, et les sectateurs que Locke avoit trouvés en Allemagne, ont été conduits à modifier ou à compléter leurs théories. Quelques censeurs originaux se sont formés au milieu de ces controverses; d'autres, par un éclectisme éclairé, ont su emprunter librement aux maximes des diverses écoles, des élémens qu'ils ont réunis et conciliés avec succès.

Parmi ces hommes recommandables, nous devons indiquer Tetens, l'auteur des Recherches philosophiques sur la nature humaine et son développement, écrivain profond, qui de la simplicité du principe pensant fait dériver l'unité qui préside au système de ses facultés; Feder, l'auteur du nouvel Émile, partisan de Locke, mais avec indépendance, et qui, sans demeurer étranger aux progrès de la philosophie, a tâché d'en simplifier et d'en populariser les préceptes; Platner, l'auteur de l'Anthropologie et des Aphorismes philosophiques, qui se distingue par la rigueur de sa méthode, les savantes recherches et la sagacité de ses analyses; le sage et judicieux Eberhard, qui a particulièrement éclairé la théorie de l'imagination et de l'association des idées; Jacobi, que les Kantiens euxmêmes regardent comme leur plus dangereux adversaire, et qui, en servant la cause de la philosophie, sait aussi la faire aimer; Merian, mort depuis peu, après avoir honorablement rempli pendant un grand nombre d'années une des places de secrétaire de l'académie de Berlin; Ancillon, qui continue, dans cette illustre société, la chaîne dont le premier anneau se rattache à Leibnitz. Digne héritier d'un si grand homme, il montre, par son exemple, que le but de la vraie philosophie est de multiplier et non de détruire les vérités, qu'elle tire sa principale force de l'alliance des sentimens avec les principes, et que c'est parmi les ames élevées qu'elle aime à chercher ses premiers adeptes.

L'académie que nous venons de citer, la seule de l'Europe qui consacre expressément à la philosophie une portion spéciale de ses travaux, a puissamment concouru par ses exemples et ses conseils à retenir le plus grand nombre des écrivains dans une utile direction; elle a opposé son autorité à l'influence de l'esprit de secte : le choix des problèmes qu'elle a posés, a valu à la philosophie des solutions importantes; et ses Mémoires éclairoient la science par d'utiles observations, pendant que ses concours en indiquoient les besoins.

Un mérite qui appartient aux philosophes éclectiques de l'Allemagne, c'est d'avoir, en cherchant à simplifier le système des facultés humaines et à lui donner un caractère d'unité, distingué cependant avec soin les facultés passives et les facultés actives, et mis en opposition les caractères qui les distinguent, de la manière la plus lumineuse. Ils y ont trouvé le moyen d'unir fortement les vérités morales avec l'étude de l'entendement, de mettre dans tout son jour l'immatérialité du principe pensant et la liberté de nos déterminations. En vain chercheroit-on dans leurs travaux un prétexte à ces déplorables abus qui ont ailleurs affligé les amis du bien, lorsqu'on a vu ou attaquer la religion au nom de la philosophie, ou proscrire la philosophie au nom de la religion. Ils n'ont point séparé les intérêts des mœurs publiques, des intérêts des lumières; ils ont fourni un nouvel appui à ces nobles titres de la dignité de notre nature, à ces sublimes garanties du bonheur des hommes; et l'art de penser, dans leurs leçons, n'a été en quelque sorte qu'une grande introduction à la science de la morale. Nous comptons avec une sorte d'orgueil au nombre des philosophes qui ont également servi cette cause, un prince qui les éclaire par ses écrits en même temps qu'il les encourage par ses bienfaits, qui, guidant par son exemple sur la route de la vérité et sur celle du bien, fait également chérir l'un et l'autre, et que nous nous honorons de compter au rang de nos confrères.

L'Allemagne conservera également avec reconnoissance et respect la mémoire de deux moralistes qu'elle a perdus dans ces dernières années, Garve et Herder : Garve, l'apôtre et le héros de la patience, Garve, qui, en observant le monde avec pénétration, ne l'étudia que pour l'améliorer; Herder, cet ami du bien, appelé le *Fénélon de l'Allemagne*, qui mérita une si honorable comparaison par l'élévation de ses sentimens, son amour pour l'humanité, et le caractère généreux, serein et pur qui respire dans sa doctrine.

L'étude des facultés humaines n'a point d'application plus utile que l'éducation de l'homme. L'Allemagne est riche à cet égard : craignant de sortir du cercle qui nous est tracé, nous nous bornerons à indiquer les écrits de Gedike, de Seehale; les Principes de l'éducation, de Schwartz et de Hermann-Niemeyer; l'estimable Traité publié sans nom d'auteur, en 1795, à Francfort-sur-l'Oder, sur la culture de l'esprit, les moyens de l'entretenir, de la perfectionner, de la répandre. Nous acquitterons aussi la dette des amis de la jeunesse et de l'enfance envers Campe; dont les efforts

soutenus ont donné d'utiles manuels pour toutes les méthodes de l'éducation, comme pour toutes les branches de
l'enseignement.

On est généralement porté à croire que l'attention du
public éclairé de l'Allemagne et les efforts de ses écrivains sont exclusivement concentrés dans les doctrines
spéculatives ; et la multitude des systèmes philosophiques
dont elle a été en quelque sorte inondée, a pu fournir un
prétexte à ces préventions : mais, dans un compte aussi
solennel que celui dont nous nous occupons, nous saurons
rendre plus de justice à cette nation, et aux hommes distingués qu'elle renferme. Cette obligation pour nous est
d'autant plus sacrée, que la liaison des études philosophiques aux travaux de l'érudition rentre plus particulièrement dans notre domaine. Si la philosophie est aussi une
science expérimentale (et elle a sans doute ce caractère),
l'histoire doit être sa première école : l'histoire des opinions l'éclaire sur la marche de l'esprit humain ; l'histoire
des mœurs l'éclaire sur la théorie des passions et des devoirs : l'histoire, étudiée sous ce point de vue, doit aux
Allemands, depuis vingt ans, les plus nombreuses et les
plus profondes recherches.

Il n'est d'abord aucune nation de l'Europe qui ait réuni
un ensemble aussi complet de travaux sur l'histoire de la
philosophie. Les services que lui ont rendus les écrivains
Allemands, ne se bornent point à une critique savante et
approfondie des écrits de l'antiquité, à une analyse sévère
et judicieuse des systèmes et des doctrines qui ont vu le
jour dans les divers âges : leurs travaux se recommandent
encore par le soin avec lequel ces matériaux ont été classés,

mìs en ordre ; par les efforts qui ont été faits pour développer et l'origine et l'influence des divers systèmes , les
caractères distinctifs de chacun de ces systèmes, leur enchaînement ou leurs contrastes. Nous placerons au premier
rang l'Histoire générale de Tiedemann, dont le mérite est
encore relevé par des rapprochemens lumineux entre le
tableau des institutions, des mœurs, et celui des opinions
philosophiques ; celle de Tennemann, où les doctrines
de l'antiquité se trouvent développées d'une manière plus
complète et plus méthodique que dans aucune autre ; l'Histoire plus abrégée , mais sage , impartiale et judicieuse,
dont Eberhard est l'auteur ; les Mélanges de Fulleborn,
remplis d'aperçus neufs et profonds, qui font vivement
regretter la perte prématurée d'un écrivain aussi distingué;
les Recherches de Platner, où les opinions anciennes sont
comparées d'une manière sommaire, mais avec la sagacité
la plus remarquable ; les ouvrages de Buhle, estimables par
la méthode et par le soin que l'auteur a eu d'indiquer
fidèlement les sources ; ceux de Bardili, de Gurlitt ; et ,
parmi les travaux partiels, les savantes Dissertations de
Heyne, l'Histoire du scepticisme de Staudling, les Dissertations contenues dans le Magasin de Hismann ; enfin les
Sommaires de Meiners, guides précieux pour ceux qui se
livrent à ces recherches.

S'élevant ensuite à un point de vue plus général, et sai-
sissant la vaste chaîne qui unit l'état des mœurs avec le
développement des idées au sein des nations, les écrivains
Allemands ont traité l'histoire générale des sciences , des
arts, des mœurs, des institutions et des langues, dans les
rapports qui les unissent; en un mot, comme ils l'ont dit

eux-mêmes, l'histoire de l'humanité. Si ce sujet ne leur appartient pas exclusivement, du moins l'ont-ils traité d'une manière qui leur est propre, l'ont-ils embrassé avec une émulation dont l'exemple a été donné par leurs écrivains les plus distingués; Herder, si justement honoré et regretté en Allemagne, Meyners, Reinhard, Mayer, Jenisch, Eichhorn, Iselin, Tetens, Tiedemann, &c. Une Société qui jouit dans toute l'Europe d'une juste et noble réputation, la Société royale de Gottingue, s'est réunie presque entière pour tracer l'histoire universelle des sciences et des arts; espèce d'encyclopédie qui suivra progressivement, dans tous les temps, le recensement des connoissances, ainsi que nous en formons le tableau pour une époque déterminée.

La philosophie a conservé généralement, en Angleterre, un caractère distinctif qu'elle tient autant de l'influence exercée par Bacon, Locke et Shaftesbury, que du génie de la nation. Moins portés que les Allemands aux théories spéculatives, la plupart des écrivains Anglois ont considéré la philosophie comme une science qui repose sur l'observation, et qui doit se terminer à des résultats pratiques. Ils se sont attachés à étudier les faits, à les mettre en ordre, à les généraliser, et à chercher les applications utiles. Si cette marche prudente les a privés quelquefois des succès qui appartiennent à la hardiesse des abstractions, elle leur a permis de recueillir des fruits plus appropriés aux besoins de la société humaine.

Ce n'est pas que le siècle dernier n'ait vu les esprits partagés aussi en Angleterre entre divers systèmes spéculatifs, l'idéalisme de Berkeley, le matérialisme de Priestley, le scepticisme de Hume, l'hypothèse de Hartley sur

le

le principe d'association , liée de près à la doctrine de Stahl. D'autres hypothèses ont été tentées pour expliquer les déterminations de la volonté par des caractères mécaniques, et la loi du devoir par des caractères étrangers au principe de la moralité; hypothèses produites, développées avec beaucoup d'art, soutenues, au défaut de preuves solides , par le secours d'une dialectique exercée , et mêlées souvent , au travers des erreurs, d'observations neuves et judicieuses sur les opérations de l'esprit ou sur l'étude du cœur humain. Chacun de ces systèmes conserve encore aujourd'hui un certain nombre d'adhérens et de défenseurs ; mais la lutte qu'ils ont excitée a peut-être enfin contribué , par une sorte de lassitude et d'irrésolution , à l'indifférence que la plus grande partie du public Anglois témoigne aujourd'hui pour les recherches philosophiques.

Cependant une école célèbre entretenoit le feu sacré , conservoit et développoit par de glorieux travaux tout ce que la philosophie peut offrir de plus nobles et de plus précieuses vérités ; l'école d'Écosse faisoit revivre les pures doctrines des sages de l'antiquité, enrichies des lumières modernes. Reid, Oswald, Beattie, opposoient à l'idéalisme et au matérialisme, au doute systématique (conséquence presque inévitable de l'un et de l'autre), l'autorité de ces vérités primitives, de ces faits d'intuition, qui sont pour tous les hommes la source des connoissances, et qui ne sont point sujets à être démontrés, précisément parce qu'ils sont la base nécessaire de la démonstration. Hutcheson faisoit prévaloir sur le code insuffisant d'une morale déduite du calcul de l'habitude ou des conventions, la voix éternelle et sacrée de la nature, qui, parlant au cœur de l'homme, lorsqu'il ne se refuse pas à l'entendre, lui annonce sa destination et ses devoirs ; doctrines peu ambitieuses sans doute, mais qui se recommandent par leur simplicité et leur sagesse ; qui donnent des bases solides aux deux biens les plus précieux de la terre, la vertu et la vérité, et qui préviennent le retour des subtilités oiseuses, dans lesquelles on s'égara trop souvent par la manie de subordonner au raisonnement les notions élémentaires.

Ces doctrines ont reçu, pendant les vingt dernières années, de nouveaux appuis et des perfectionnemens très-sensibles, par les soins des dignes continuateurs de l'école Écossoise. Les faits primitifs d'intuition ou de sentiment, que la philosophie est appelée, non à prouver, mais à reconnoître et à développer, ont été mieux définis, et déterminés avec plus de précision ; la génération des vérités subordonnées, l'analyse des opérations de l'entendement, la théorie des affections et des devoirs, ont été éclaircies de jour en jour. Le célèbre auteur de la Richesse des nations et de l'Analyse des sentimens moraux a légué après lui à la philosophie, des fragmens du plus haut prix, recueillis et publiés par une main amie ; fragmens qui sont comme autant de traités abrégés, mais profonds, sur la marche de l'esprit humain, l'origine des systèmes et les notions fondamentales d'une saine métaphysique. Reid et Beattie, deux des lumières de cette école, vivoient encore au commencement de la période que nous embrassons. Le premier venoit de publier son Traité *on active powers*, complément d'une théorie qu'on pourroit justement appeler le *Code du bon sens :* il avoit achevé de détruire l'antique opinion des philosophes sur le caractère d'images ou d'empreintes attribué à nos sensations, en distinguant l'impression reçue, du jugement d'extériorité qui vient s y joindre. Le second a continué, jusque vers la fin du siècle, ses travaux sur la philosophie morale, la théorie du langage et les fondemens de la vérité. Ferguson a cherché dans une morale saine et pure les élémens des sciences politiques; et avec le même flambeau dont il a éclairé l'histoire des nations et la législation civile, il a mis au jour les lois constitutives de notre nature, les mouvemens de la sensibilité, le mécanisme de l'habitude, le jeu des facultés humaines, et observé la marche progressive de l'esprit humain. M. Duguald-Stewart, l'ami, le disciple et en quelque sorte l'héritier de ces grands hommes, a ordonné, continué, complété leur ouvrage; et, par un privilége bien rare, il voit de son vivant ses écrits devenus presque classiques dans sa patrie. La philosophie morale, soumise par lui à la méthode de Bacon, à une classification judicieuse, à un rigoureux enchaînement, achève de prendre son rang parmi les sciences positives. Les lois de l'attention, de la mémoire, de l'imagination, celles de l'association des idées et des habitudes intellectuelles, reçoivent de lui des principes simples et des applications fécondes. Il prête de nouvelles vues à l'antique étude des causes de nos erreurs, recueille de nouvelles observations sur les phénomènes de la folie et des songes : il expose sur-tout, dans toute leur étendue, et l'utilité et le danger des notions abstraites et générales; leur utilité dans toutes les branches de connoissances, leur danger particulièrement dans les sciences politiques; conciliant ainsi deux maximes qui, pour avoir été ou imparfaitement connues, ou séparées l'une de l'autre, ont occasionné successivement ou les écarts d'un dogmatisme aveugle, ou les retards d'un empirisme stérile ; deux maximes dont la réunion doit fournir les plus précieux secours au perfectionnement des sciences et aux progrès de l'esprit humain.

Le docteur Hutton a tenté de nouvelles recherches sur le principe des connoissances humaines et l'étude de la sagesse. Il a essayé de s'ouvrir une route entre la doctrine de Berkeley et celle de Hume, en expliquant comment se forment artificiellement en nous-mêmes les idées des propriétés que nous attribuons au corps, et comment l'activité de l'esprit, excitée par la sensation, obtient sur les causes qui l'ont produite, des lumières que la sensation même ne pouvoit fournir. Les explications qu'il a présentées, ne nous paroissent pas avoir donné une solution satisfaisante; mais elles servent du moins à éclairer un des problèmes les plus difficiles qui aient occupé la sagacité des philosophes. Quoique le Traité de Malthus sur la population appartienne par ses résultats aux sciences politiques, on peut regarder le développement de ce principe nouveau et fécond comme une précieuse acquisition pour la philosophie morale.

Si l'école d'Écosse professe une doctrine à-peu-près uniforme, ce n'est point l'effet d'un esprit de secte; son enseignement n'est accompagné d'aucun de ces prestiges, d'aucune de ces formes d'initiation, que trop souvent les auteurs de systèmes ont employés pour retenir leurs partisans dans une dépendance aveugle. L'amour de la vérité a formé le lien qui unit ces écrivains, et ils se sont accordés, parce que des communications assidues leur ont donné le moyen de se bien entendre. On a pu trouver quelque chose de trop vague dans les termes de *sens commun*, d'*instinct moral*, qu'ils ont employés pour désigner la faculté donnée à l'homme de percevoir immédiatement les vérités primitives, et de reconnoître, par un sentiment qui lui est naturel, les lois de la moralité; mais on leur doit cette justice, qu'ils ont, dans l'une et l'autre branche de la philosophie, posé sagement la limite où doivent s'arrêter les analyses de l'esprit humain, et qu'ils ont ainsi rendu à la raison, au sein du vague des spéculations, le point d'appui qu'elle demande pour élever l'édifice des connoissances humaines.

De même que Hartley avoit combattu le principe du *sens commun*, quelques écrivains Anglois ont aussi, dans les derniers temps, attaqué le principe de l'*instinct moral*, et, par divers motifs, se sont efforcés de replacer les idées du juste et de l'injuste au nombre des notions artificielles. Ainsi Thomas Cogan, en soumettant, dans son Traité des passions, à l'analyse de la raison et à une sorte de classification ou nomenclature méthodique, les affections du cœur humain, n'en indique la source que dans l'amour de soi-même et l'état de société. Ainsi Priestley, lorsqu'il anéantissoit, avec le libre arbitre, la condition nécessaire de toute moralité, cherchoit dans la révélation la sanction, l'appui, qu'il avoit refusé de lui assigner dans la nature. Ainsi W. Paley, dans ses Essais de morale et de politique, si éminemment recommandables d'ailleurs par la sagesse des corollaires et par la pureté des intentions, a cru prêter une nouvelle force aux idées religieuses, et assigner au code de la morale une origine plus relevée, en faisant dériver exclusivement d'un système de peines et de rémunérations éternelles tous les motifs de nos devoirs, sans remarquer qu'une telle doctrine pourroit donner quelque force, ou du moins quelque prétexte, aux écarts d'un aveugle enthousiasme; qu'elle enleveroit à la religion elle-même un des plus nobles témoignages qu'elle reçoit, celui qui résulte de l'accord de ses préceptes avec la morale naturelle. Loin de nous cependant la pensée de méconnoître les puissans secours que cette morale reçoit des sentimens religieux, et le caractère d'élévation que cette alliance lui donne! Considéré sous le rapport pratique, l'ouvrage de Paley sera donc encore très-utile. Nous ne pouvons malheureusement trouver la même excuse pour celui de Bentham, qui, en aspirant à fonder sur la morale l'ensemble de la législation civile, a tenté de reproduire cette vieille opinion des sophistes, si éloquemment réfutée par les sages de l'antiquité, qui fait dériver l'honnête de l'utile, ou plutôt subordonne le premier au second; qui donne l'intérêt de l'individu pour règle de la morale privée, et l'intérêt du plus grand nombre pour règle de la morale publique : doctrine qui, sous l'appareil dogmatique dont elle s'environne, ne peut conduire l'homme qu'à l'égoïsme, les États qu'à un machiavélisme funeste, et qui égareroit à-la-fois le législateur et le moraliste.

Contraints de marquer ici les erreurs de quelques systèmes à côté des découvertes, pourrions-nous taire les écarts auxquels Godwin a été entraîné par la manie de l'originalité, ou plutôt de la bizarrerie, lorsqu'affectant de prétendre à être le Jean-Jacques de l'Angleterre, il n'a emprunté de son modèle que la censure exagérée des institutions sociales, et l'a portée bien plus loin encore ; lorsque, dans ses aveugles critiques, il a semblé se faire un art d'attaquer tout ce qu'il y a de respectable, abusant d'un talent qui seroit quelquefois digne d'une meilleure cause ? Pourrions-nous taire les paradoxes du lord Monboddo, qui avoit éclairé de quelques vues utiles l'histoire du langage, mais qui a défiguré par des rêves absurdes celle de l'espèce humaine ? Au reste, l'opinion que nous exprimons ici est celle du public éclairé de l'Angleterre.

Les progrès que les sciences physiques ont obtenus dans le sein de cette nation, n'ont pas été inutiles à la philosophie. La théorie de la vision, qui doit beaucoup, comme on sait, aux travaux de Priestley, a été enrichie par Dalton de remarques précieuses sur la manière de voir les couleurs ; la théorie de l'instinct est redevable de vues nouvelles au petit Traité, par Adam Smith, sur les sens externes, et à la Zoonomie de Darwin, dont les aperçus hardis, quelquefois féconds, portent cependant trop souvent le caractère d'une hypothèse arbitraire.

La théorie du beau, cette portion brillante de la philosophie morale, cultivée aujourd'hui avec tant d'émulation en Allemagne, a vu éclore dernièrement en Angleterre un système nouveau. Burke, en essayant, sur les traces de Hogarth, de fixer les caractères des notions que nous attachons au sublime et à la beauté, a restreint les premiers à ce qui est terrible en soi, ou lié à des objets terribles ; les seconds, à ce qui excite, mais dans des limites étroites et dans de foibles proportions, des sensations agréables et des dispositions bienveillantes. Il fait naître le sublime et le beau, des deux principes qui, suivant lui, servent d'objet à toutes nos passions, la conservation de nous-mêmes et de la société. M. Uvedale Price a cru rectifier ce que la seconde de ces deux analyses avoit de trop incomplet, en introduisant un troisième caractère, auquel il a donné le nom de *pittoresque*, et qu'il fait consister dans la complication et la diversité. Cette théorie, dont le talent de Burke n'a pu déguiser la foiblesse, a été combattue avec succès, en particulier par le chevalier Reynolds : mais elle a appelé des discussions utiles à la philosophie des beaux-arts ; et, quoique suivant une fausse route, son illustre auteur a fondé sur la connoissance du cœur humain et les lois de l'imagination, ces maximes profondes qu'il avoit su mettre en pratique d'une manière si brillante dans la carrière de l'éloquence.

Nous ne saurions trop le répéter, une des branches par lesquelles la philosophie se rapproche davantage de son véritable but, c'est l'exposition de la morale pratique; exposition qui long-temps même, et particulièrement chez les nations Orientales, fut presque la seule philosophie. Plusieurs écrivains Anglois l'ont cultivée avec un zèle honorable. Dans le nombre, nous nous plaisons à indiquer Aikin, Wilberforce, Gisborne, Miss Anna Moore, M. Edgeworth, Miss Edgeworth sa fille, Morrice, &c. qui ont recueilli, développé les préceptes propres à chaque ordre de nos actions, à chaque condition de la société; qui ont appliqué les leçons de la morale au premier des arts, à l'éducation. Il nous sera permis, sans doute, de placer au nombre de ces moralistes estimables, l'illustre Blair, devenu le modèle comme le guide des orateurs sacrés de

la

la Grande-Bretagne; cet orateur vraiment philosophe, qui a si heureusement uni à la connoissance du cœur de l'homme le talent de lui inspirer l'amour du bien et la pratique de la vertu.

Nous devons rendre ici ce témoignage aux écrivains dont l'Angleterre s'honore plus particulièrement dans cette période, que non-seulement ils ont professé pour les idées religieuses un respect sincère et éclairé, mais que plusieurs se sont attachés à fortifier l'auguste alliance de la religion et de la philosophie; alliance qui offre à l'une de nouveaux appuis, qui élève l'autre à toute sa dignité.

Deux ouvrages sur-tout se classent au premier rang de ceux que dicta jadis un si noble dessein; celui de Butler sur l'analogie de la religion avec la nature, celui du respectable Paley sur la théologie naturelle. L'un et l'autre exempts de toute espèce d'exagération, l'un et l'autre parfaitement en accord avec l'état actuel de nos connoissances et avec la marche d'une saine raison, présentant dans un nouvel éclat aux esprits élevés les plus nobles perspectives, peuvent être considérés, dans le siècle où nous vivons, comme de véritables bienfaits pour l'humanité.

La patrie de Grotius, qui devint aussi celle de Descartes, cette terre si riche des dons de l'érudition, n'a point été stérile pour l'art de penser. Elle réclame, dès le commencement de l'époque dont nous embrassons le cours, un philosophe formé à l'école de Socrate, pénétré de ses sublimes leçons, cher aux amis de la vérité comme aux amis de la vertu. Si les services rendus à ces deux grands intérêts de l'humanité fondent une juste gloire, la mémoire

Littérature ancienne.   G g

Hollande.

d'Hemsterhuys sera glorieuse pour la Hollande : il a reproduit avec succès la méthode des anciens, le dialogue ; il a conservé leur simplicité ; il cherche la vérité, et la fait éclore en s'interrogeant lui-même, à l'exemple de Socrate son modèle ; il parle de la vertu comme Platon. Sa métaphysique, comme celle de ce dernier, est quelquefois trop peu solidement assise, et sa doctrine des essences manque d'exactitude ; mais si ses idées ne sont pas toujours rigoureusement justes, toujours du moins elles lui appartiennent en propre : et combien ses intentions sont pures et éclairées ! quelle droiture préside à ses recherches ! La philosophie, dans ses écrits, conserve toujours le langage et la dignité qui lui conviennent, soit qu'elle dévoile les secrets des affections humaines, qu'elle trace les caractères du beau, qu'elle fixe les rapports de l'homme avec la nature et ses semblables, qu'elle définisse les lois de ses facultés intellectuelles, qu'elle détermine la nature du principe pensant, ou qu'enfin elle s'élève à l'auteur de toutes choses. En détruisant les erreurs modernes, il conserve ce calme qui appartient à une raison supérieure, et cette indulgence qui appartient à une bienveillance éclairée.

Ce philosophe a eu un disciple et un successeur dans M. Wyttenbach, professeur à Leyde, qui, en suivant ses nobles exemples, a déployé la plus saine et la plus vaste érudition sur l'histoire de la philosophie et les doctrines de l'antiquité, et qui a publié aussi une excellente Logique en latin. Les dissertations de M. Wyttenbach font partie de la littérature Hollandoise ; mais il appartient lui-même par sa naissance à la Suisse.

Suisse.　　Placée entre l'Allemagne et la France, la Suisse offre , sous le rapport des opinions et des mœurs, une nuance intermédiaire entre les deux peuples. Elle ne s'est pas garantie toujours d'une imitation un peu docile des idées qui circuloient chez ses voisins. C'est ainsi qu'on a vu un ancien magistrat, devenu trop célèbre peut-être dans les révolutions de sa patrie, essayer de transplanter chez les simples habitans des Alpes ces doctrines éphémères qu'engendra quelque temps parmi nous la prétention au bel esprit; doctrines que la frivolité peut accréditer, mais dont la morale publique s'affligea trop justement. C'est ainsi qu'un professeur de Zurich, en essayant de présenter, d'après les idées de Fichte, le système de la morale, a déployé tout le luxe des subtilités scolastiques, dans un genre d'étude pour lequel elles sont plus inutiles ou plus dangereuses que pour aucun autre. Mais ce ne sont là que des exceptions. Lorsque les systèmes modernes du nord de l'Allemagne, adoptés avec transport par les jeunes étudians de Suisse, essayèrent d'envahir les chaires de ce pays en expulsant les doctrines de Leibnitz et de Wolff, des hommes sages se portèrent pour médiateurs, et tempérèrent par leurs conseils et leurs exemples l'influence de ces innovations. Plusieurs d'entre eux s'efforcèrent sur-tout de conserver, au milieu de ces révolutions, l'alliance salutaire des idées religieuses et des doctrines philosophiques. M. Stapfer, suivant les traces d'un oncle qui avoit puisé dans la philosophie de Leibnitz de nouveaux appuis pour la religion, a cherché à mettre la partie la plus épurée de la doctrine de Kant en harmonie avec le christianisme.

Une philosophie éclectique, la connoissance des hommes et du monde, une morale douce, quelquefois trop facile

peut-être, un style agréable et pur, caractérisent les productions de M. Meister (de Zurich); on a goûté en France
sa Morale naturelle, ses Études sur l'homme, ses Lettres
sur l'imagination, &c. Ce dernier sujet a été traité également d'une manière distinguée par le disciple chéri de
Bonnet, M. de Bonstett (de Berne); et le maître respectable dont il a suivi les traces, n'eût pas désavoué ces ouvrages. On trouve la même profondeur et la même méthode
dans les nouveaux écrits du même auteur, publiés en allemand, à Copenhague, dans les années 1800 et 1801; on
y recueille de judicieuses observations sur la philosophie
des langues et sur la nature des facultés humaines.

M. le professeur Develey a donné au public de sages
considérations sur le principe des méthodes, et a montré
lui-même l'utilité qui pouvoit en être retirée dans l'enseignement élémentaire du calcul et de la physique.

Deux penseurs véritablement originaux ont attiré sur la
Suisse l'attention de l'Europe éclairée, Lavater et Pestalozzi; l'un et l'autre méritent un tribut d'estime, autant
par leur caractère personnel, que par l'intention qui a pré-
sidé à leurs travaux.

La naissance de cette science, ou de cette hypothèse, à
laquelle on a donné le nom de *physiognomie,* remonte sans
doute à une grande antiquité, et a exercé ou les recherches
ou l'imagination d'une suite d'auteurs peu connus aujour-
d'hui: mais aucun ne lui avoit donné un développement
plus étendu que Lavater, une forme plus méthodique, et
ne l'avoit entourée d'observations plus neuves sur le mouvement des passions et les opérations de l'esprit humain;
aucun d'eux aussi n'a fixé plus vivement sur ce sujet la

curiosité publique. S'il est vrai que les émotions de l'ame et l'action de la pensée s'expriment et s'annoncent par un certain jeu de la physionomie, fait incontestable et reconnu de tous les hommes, puisqu'il compose une portion essentielle du langage de la nature, on devra sans doute admettre, avec Lavater, que l'habitude des mêmes phénomènes intérieurs, et leur fréquent retour, doivent donner aux portions mobiles du visage une disposition habituelle qui leur corresponde. Mais peut-on supposer que ces dispositions soient même naturelles dans nos organes, au lieu d'être de simples traces d'une modification souvent répétée? peut-on supposer que ces dispositions portent leur empreinte jusqu'aux parties immobiles de la physionomie humaine? peut-on trouver dans les formes géométriques de la charpente même du visage, quelque indice de ces penchans ou de ces idées qui n'agissent point sur elle? Ces inductions, nous l'avouons, ne nous paroissent fondées sur aucune analogie raisonnable; et Lavater, entraîné par son imagination ou par l'empressement à généraliser, a trop exposé une théorie (qu'il a au reste modifiée dans les dernières années de sa vie) à n'être plus aux yeux des bons esprits qu'un système arbitraire, dangereux même dans sa rigoureuse application. Si les écrits physiognomiques de Lavater ont sur-tout contribué à sa célébrité, d'autres lui ont valu un plus véritable succès : dans son Journal d'un observateur de soi-même, son Essai sur le cœur humain, ses Réponses aux questions d'hommes sages et bons, ses fragmens philosophiques qui ont enrichi l'*Urania*, dans ses sentences et dans plusieurs autres morceaux détachés, on remarque une foule de pensées profondes, originales,

exposées sous une forme presque toujours piquante, quelquefois obscure, il est vrai ; on y recueille avec émotion les
empreintes de cet ardent amour du bien, de cet enthousiasme religieux, de cette morale sublime, qui ont recom-
mandé la mémoire du bienfaisant pasteur de Zurich à la
vénération des hommes.

Pestalozzi s est fait connoître d'abord par un ouvrage
philosophique (en allemand), intitulé *mes Recherches sur
la marche de la nature dans les développemens de l'espece humaine*, l'un des plus remarquables que la Suisse ait vus
naître : ce début annonçoit un penseur profond et un observateur judicieux. La méthode d'éducation qu'il a publiée
quelques années après, et qu'il a mise en action dans l'institut dont il est l'auteur, n'est elle-même que le développement rigoureux d'un principe philosophique. Locke,
Condillac, Rousseau, et plusieurs autres philosophes,
avoient dit que, dans l'enseignement de l'enfance, il faut
suivre l'ordre naturel de la génération des idées, s'élever
du simple au composé, du sensible à l'abstrait ; mais cette
maxime, pour être mise en usage avec toute la rigueur dont
elle est susceptible, exigeoit une étude entièrement nouvelle, et que Pestalozzi a le mérite d'avoir entreprise le
premier avec la persévérance que demandoient ses immenses détails. Ses élèves sont conduits par une chaîne de
notions qui n'est jamais interrompue ; ils composent en
quelque sorte eux-mêmes toutes celles qu'ils acquièrent : les
élémens du calcul, de la géométrie descriptive, de la géographie, de la physique, ceux de l'art du dessin, paroissent
sur-tout susceptibles de l'emploi de ce procédé. Nous avons
vu avec intérêt la description qu'en fait l'inventeur dans

ses ouvrages élémentaires : car il ne cherche point à en faire un secret ; et mu par la seule ambition du bien, il s'est même efforcé de les mettre à la portée des mères de famille. Nous avons suivi la discussion que sa méthode a fait naître en Allemagne ; nous avons recueilli le suffrage que lui ont donné des hommes éclairés, témoins des effets produits à Berthon sous la direction de M. Pestalozzi lui-même, à Berlin, à Francfort, à Mayence, à Passau, à Leipsick, à Copenhague, &c. Ces témoignages réunis nous porteroient à croire qu'elle peut offrir des avantages notables, sur-tout dans l'éducation des classes inférieures de la société : cependant, comme cette méthode ne peut être bien appréciée que par l'expérience, nous préférons attendre le résultat de l'essai qu'on espère en voir exécuter par l'ordre du Gouvernement dans la capitale par des hommes capables de la bien faire juger ; essai qui méritoit en effet d'exciter sa sollicitude.

Nous regrettons de ne pouvoir offrir un tableau aussi étendu des productions qui appartiennent dans ces vingt dernières années aux contrées méridionales de l'Europe. Mais, soit qu'elles arrivent moins abondamment en France et que les correspondances littéraires avec ces régions languissent davantage, soit que les idées dans cette partie de l'Europe se dirigent moins vers les études sérieuses et abstraites, soit qu'une obstination trop aveugle pour les anciennes méthodes scolastiques, et peut-être des alarmes exagérées sur l'influence de la philosophie, ne lui aient pas permis de prendre l'essor, nous n'avons pu obtenir que des documens assez stériles sur les travaux qu'elle y a engendrés.

Espagne, Italie, &c.

Nous ne connoissons en portugais qu'une traduction d'Épictète par M. Azevedo. Il ne paroît pas que les louables efforts de Paul-Antoine Verney pour préparer la réforme des études en Portugal, et pour y transporter la doctrine de Bacon et de Locke, aient été jusqu'à ce jour suivis d'aucun succès. Nous ne remarquons en Espagne que les Institutions philosophiques publiées en latin par Ant. Ximénès; les Vérités philosophiques en l'honneur de la religion et de la patrie, par Don Vincent Fernandès; les Recherches philosophiques sur la beauté idéale, par D. Estevan de Astraga, auxquelles nous pourrions joindre un poëme de D. Isidore Perez sur la philosophie des mœurs. Genovesi, le Locke de l'Italie, l'émule de Verney, a été plus heureux que lui dans l'influence qu'il a exercée. Il terminoit dans l'exil et l'abandon son illustre carrière, au commencement de la période que nous parcourons; mais il a laissé du moins un disciple dans Francesco Longano, auteur des Élémens de métaphysique et de logique, et de quelques autres écrits. Ant. de Martiis a traité les mêmes sujets sous le même titre : leurs ouvrages cependant sont plus utiles à l'enseignement qu'au perfectionnement de la science. Les Verri, Beccaria, n'étoient plus ou avoient cessé d'écrire. Le célèbre Alfieri, capable sans doute d'unir les paisibles couronnes de la philosophie aux palmes brillantes de la muse tragique, après avoir prêté trop facilement les secours d'un talent hardi et d'une imagination impétueuse à des systèmes politiques dont le tableau de nos malheurs lui découvrit bientôt les dangers, sembloit désespérer de l'influence des lumières, lorsqu'il eût dû se borner à déplorer les effets de quelques erreurs. Toutefois l'Italie n'est

pas

pas restée étrangère aux travaux philosophiques de l'Europe : elle peut y joindre elle-même quelques productions, telles que le Traité de la vraie et de la fausse philosophies ; les estimables travaux du P. Francesco Soave ; les Institutions d'Altieri, de Facciolati, de Parti, de Farnocchi ; les Dissertations de Cesarotti sur la langue ; les Préceptes de Baldinotti sur la direction de l'ame ; les Élémens de logique et de métaphysique, par deux auteurs anonymes ; le Voyage de Platon en Italie, espèce de roman philosophique placé dans un cadre assez heureux. Tels encore sont les utiles écrits de M. Bava Saint-Paul et de M. Fallette Barrol, qui l'un et l'autre ont utilement coopéré à l'analyse des idées et à l'histoire de l'esprit humain. Tous les deux sont membres de cette académie de Turin, justement célèbre par ses travaux, devenue Françoise aujourd'hui par une adoption que nous devons compter parmi les plus précieuses acquisitions de cet Empire, et dont la gloire devient ainsi une portion de notre propre gloire.

Quoique les communications littéraires aient été depuis vingt ans moins libres et moins continues qu'à aucune époque des deux derniers siècles, et que nous nous soyons trouvés, par cette circonstance, privés de connoître une portion des travaux qui ont pu avoir lieu chez les nations étrangères, nous nous sommes cependant fait un devoir de recueillir, autant qu'il a été en nous, les fruits que ces travaux ont fait naître dans les différentes divisions que nous parcourons.

Si la classe attache sa première gloire à servir les intérêts de la gloire nationale, elle croit aussi qu'il importe à cette

France.

Littérature ancienne.   Hh

gloire d'être juste envers les étrangers ; et c'est en rendant toujours à leurs succès un témoignage sincère, que nous acquérons le droit de rappeler ceux qui ont été obtenus au milieu de nous.

Mais si, en présentant le tableau de nos autres travaux, nous avons pu faire, pour ainsi dire, à chaque auteur, la part qui lui revient dans la masse des connoissances acquises ou améliorées, cette espèce de jugement indivi‧ duel nous paroît trop délicat à prononcer, quand il s'agit de nous-mêmes ; aucun de nous ne prétend s'isoler dans les succès qu'il a pu obtenir. Ici donc nous ne parlerons pas des hommes, mais seulement de la science.

Les mêmes causes qui ont préparé la révolution politique dont nous avons été les témoins, avoient dû arrêter le perfectionnement des théories philosophiques : la corruption des mœurs, la frivolité des opinions, qui, dès le milieu du XVIII.ᵉ siècle, devinrent malheureusement si générales, mirent un grand obstacle aux études sérieuses et profondes ; l'esprit de censure et de critique, le goût des innovations, donnèrent également aux esprits une sorte d'inquiétude trop contraire au calme qu'exige la science de la sagesse. Si Condillac porta dans l'analyse des opérations de l'esprit humain une précision et une netteté qui ont rendu ses ouvrages classiques dans notre langue, si Rousseau opposa sa voix éloquente aux systèmes superficiels de l'épicuréisme, le plus grand nombre des écrivains crurent pouvoir s'attribuer le rang de philosophes sur des titres plus faciles. On transporta le nom de philosophie à une simple tournure de l'esprit, à une manière particulière de voir dans les objets de la politique ou de la littérature. Le scepticisme devint une sorte de mode ; mais ce n'étoit pas toujours ce doute éclairé, prudent, méthodique, qui épure sans détruire, qui ne suspend un moment l'assentiment de l'esprit que pour soumettre ses opinions à une sorte d'épreuve et le ramener ensuite avec plus de force à la vérité : c'étoit trop souvent ce doute qui tient plus à l'indifférence qu'à la sagesse, qui est l'effet de la légèreté, de l'irréflexion, de la subtilité de l'esprit, ou même d'une raison énervée ; ce doute enfin qui ne rend inhabile à être convaincu que parce qu'il tient à l'incapacité d'examiner.

Lorsque le souffle glacé du scepticisme détruisoit ainsi de toute part les croyances légitimes et naturelles, on vit cependant, par un contraste singulier, certaines doctrines mystérieuses obtenir une faveur subite ; le penchant au merveilleux servit, comme une sorte de jeu, d'aliment à la curiosité publique. Le besoin de croire est une loi de notre nature ; et lorsqu'il ne peut s'exercer dans la sphère assignée par la raison, il cherche quelque issue extraordinaire. C'est une sorte d'aberration produite par le trouble de nos facultés ; c'est la rupture du juste équilibre, de l'heureuse harmonie, que la sagesse avoit préparés. L'amour immodéré des innovations, devenu général, disposoit aussi à ce genre de crédulité.

La révolution commença : alors commença aussi une longue succession d'espérances, grandes sans doute, mais rapidement déçues, de secousses extraordinaires, d'alarmes, de désastres, de ruines universelles. Comment la tranquille et silencieuse méditation eût-elle pu suivre ses travaux au sein de ces orages politiques! comment l'étude de la sagesse eût-elle pu conserver son empire au milieu du désordre

des passions? Les hommes qui faisoient profession de se
livrer à la recherche de la vérité ou au zèle du bien, ces
deux élémens inséparables de la vraie sagesse, furent
d'ailleurs, comme on devoit s'y attendre, honorés d'une
persécution spéciale, et Malesherbes éprouva le sort de
Socrate.

Échappée du naufrage qui menaça les institutions, les
mœurs, et le dépôt des connoissances humaines, la philosophie bénit la main tutélaire qui a calmé la tempête, et
à laquelle elle doit la conservation de tout ce qu'il y a
de plus sacré et de plus précieux parmi les hommes. Elle
saura tirer de ces tristes expériences elles-mêmes, de
nouvelles lumières sur le cœur humain et sur les vérités
les plus nécessaires au bonheur de la société; et cette instruction tirée des circonstances, semblable à celle que l'art
médical puise dans les maladies les plus funestes, ne sera
pas perdue pour l'avenir.

L'histoire, considérée comme un tableau moral des opinions et des mœurs, des révolutions qu'elles ont éprouvées, des causes et des effets de ces révolutions, est la
première école de la philosophie; car la philosophie est
aussi une science expérimentale.

Cette étude, trop négligée parmi nous, a été cependant
éclairée, pendant la période offerte à nos considérations,
par des travaux de quelque importance. Le premier qui
s'offre à nous est cette Esquisse tracée dans des circonstances
extraordinaires, au sein de la proscription, sur le bord de
la tombe, exécutée sans livres et en quelques mois par
le secrétaire perpétuel de l'Académie des sciences. Ce
n'est qu'un cadre sans doute, mais un cadre conçu avec

hardiesse et grandeur. Pourquoi Condorcet y a-t-il mêlé à des vues profondes, à de vastes rapprochemens, des opinions politiques que réfutoient malheureusement trop bien les événemens dont il étoit la victime, et des doctrines destructives des consolations qui lui étoient devenues si nécessaires? Plus géomètre que philosophe, il présuma trop des applications d'une science à laquelle il avoit consacré sa vie; essayant lui-même de transporter le calcul dans le domaine des sciences morales, il donna par ses propres erreurs la preuve du vice et de l'insuffisance de sa méthode. S'il a conçu, sur les destinées futures de l'espèce humaine, des hypothèses dans lesquelles la saine raison a le regret de n'apercevoir qu'un vain roman, pourrions-nous cependant juger avec une inflexible sévérité des erreurs auxquelles le conduisoit peut-être le besoin de tempérer l'amertume des désordres présens par les espérances de l'avenir?

D'autres ont su, en s'exerçant dans la même carrière, éviter de semblables écarts. Les uns ont reproduit, analysé, comparé les doctrines des premiers sages et des premiers législateurs de l'antiquité (1); car ces deux titres étoient alors réunis et sembloient nécessaires l'un à l'autre : plusieurs ont fait connoître parmi nous les doctrines des philosophes étrangers, et alimenté de la sorte ce commerce d'idées entre les nations éclairées, contre lequel on a reproché à la France de s'être montrée quelquefois trop prévenue. Nous devons ici payer un juste tribut d'éloges aux rédacteurs de la Bibliothèque Britannique, qui depuis dix

(1) M. Pastoret.

ans se sont attachés à nous faire connoître les productions les plus utiles de l'Angleterre, et qui ont réuni dans ce travail le plus sage discernement à la critique la plus judicieuse; et, dans leur nombre, nous distinguerons sans doute ce philosophe modeste qui, à la suite des œuvres posthumes d'Adam Smith, a si bien caractérisé les écoles modernes, et qui a perfectionné dans sa Logique l'art difficile des méthodes.

La France ne possède pas une histoire générale de la philosophie vraiment digne de ce titre; et nous avouons même avec regret que la plupart des tentatives de ce genre, telles que celles de Deslandes et de Diderot, étoient restées bien inférieures à leur objet: mais nous avons acquis depuis quelques années, sinon une histoire complète, du moins un sommaire de cette histoire, et un tableau comparatif de toutes les doctrines anciennes et modernes, où elles se trouvent définies et classées par leurs caractères essentiels et fondamentaux, ramenées à un petit nombre de principes générateurs, et jugées par ce seul rapprochement; où cette longue suite d'opinions, considérée comme une série de phénomènes intellectuels, et soumise à la méthode de Bacon, conduit à la découverte des premières lois générales sur la marche de l'esprit humain, et confirme par l'autorité d'une expérience de trente siècles les maximes de la saine et véritable philosophie.

Ces recherches historiques, à l'exactitude desquelles les étrangers eux-mêmes ont rendu témoignage, et qui sont devenues ainsi une sorte de traité de philosophie expérimentale, ont donné les résultats suivans : tous les écarts des systèmes philosophiques ont été principalement l'effet du vice des méthodes, soit qu'on ait voulu subordonner les lumières de l'expérience aux théories, qui ne doivent en être que le commentaire, soit qu'on se soit refusé à féconder l'expérience par les théories, qui seules peuvent les transformer par l'analogie : la plus grande erreur des philosophes a été de prétendre expliquer les premiers phénomènes qu'il faut admettre comme des faits, et démontrer les vérités élémentaires, base première et indispensable de tout raisonnement. Ainsi se trouve éclairée par les exemples du passé la route sûre, quoique lente sans doute, qui évite également et les écarts des faux systèmes et les abîmes du doute absolu.

Une analyse fidèle de la philosophie de Platon, d'Aristote, et des autres sages de l'antiquité, en détachant de leurs écrits un choix des pensées les plus fécondes, en les plaçant dans un ordre qui en fait mieux sentir l'harmonie, a fait découvrir, entre leurs doctrines et les doctrines modernes, des rapports plus étroits qu'on ne l'avoit cru, et a fait voir dans les premières un abrégé en quelque sorte anticipé des plus importantes vérités développées dans les secondes. On a remarqué que les travaux du moyen âge, enveloppés aujourd'hui d'un mépris trop général, renfermoient cependant quelquefois des aperçus précieux, voilés sous des formes repoussantes. Enfin, et nous nous arrêtons à ces deux résultats particuliers, par l'intérêt qu'ils offrent pour l'honneur national, il a été démontré que la doctrine dont la découverte est généralement attribuée à Locke, a eu réellement notre Gassendi pour auteur : la philosophie de Descartes, épurée, dégagée des hypothèses qui en avoient défiguré l'aspect, a recouvré un éclat nouveau ; elle a été caractérisée comme le *code de la réflexion*, et il a été démontré que l'Angleterre et l'Allemagne elle-même sont redevables à son influence, de la réforme qu'ont éprouvée leurs doctrines dans le cours du xvii.e siècle.

A cette espèce de critique, ou du moins de révision générale, qui résulte de la comparaison méthodique des diverses doctrines, nous devons joindre plusieurs critiques partielles qui se sont exercées sur les systèmes soit anciens, soit modernes, soit nationaux, soit étrangers.

Un homme célèbre, dont la carrière littéraire a embrassé la dernière moitié du xviii.e siècle, et qui, au commencement de celui-ci, siégeoit encore au premier rang parmi les arbitres de la république des lettres, plutôt cependant par l'autorité de ses préceptes que par le caractère de ses propres ouvrages, Laharpe, a consacré les dernières années de sa vie à réfuter les opinions d'une classe d'écrivains au milieu desquels il avoit vécu. Il avoit eu le malheur d'appartenir à une secte : il éprouva des regrets lorsqu'il reconnut son erreur ; et ces regrets, dans une ame ardente, ne furent point exempts d'exagération. Tour-à-tour porté vers les extrêmes, lui-même ne fut pas jugé avec impartialité. Son affirmation presque despotique déplut encore davantage dans un genre d'étude où la première des règles est celle de *ne jurer sur la parole d'aucun maître*. Aujourd'hui la sincérité de ses intentions, sur lesquelles on avoit élevé quelques nuages, est reconnue. On séparera, dans les trois derniers volumes de son Cours de littérature, le fond des observations qu'en accord avec tous les bons esprits il a pu faire sur le danger attaché au scepticisme et à l'épicuréisme modernes, du ton de déclamation qui dénature le

caractère

caractère de son talent, autant qu'il nuit à sa cause; on en appellera de ses jugemens sur Sénèque et sur quelques autres philosophes devant un tribunal plus compétent et moins passionné : mais on rendra justice à son zèle pour les bonnes mœurs ; et si ses derniers écrits manquent de la profondeur qu'exigeoient de telles matières, on se rappellera que lui-même prétendit plutôt au titre d'orateur qu'au caractère de philosophe.

Trompés cependant par son exemple, quelques hommes qui n'avoient pas son talent, ont cru y suppléer en surpassant encore son exagération. Mais ne rappelons pas ici des écrits de circonstance déjà oubliés ; bornons-nous à leur opposer l'autorité d'un homme qui, dans des temps difficiles, reçut par excellence le nom de *juste*, et le reçut de tous les partis, le sage Mounier. L'écrit qu'il publia en Allemagne sur l'influence de la philosophie , offrit un point de ralliement aux hommes impartiaux; il mit à couvert les droits de la morale et de la vérité, en les replaçant au-dessus de la sphère où s'agitent les passions humaines. Il n'eut besoin, pour justifier la philosophie, que de la bien définir. Mounier avoit honoré et consolé son exil par cette étude : ainsi l'avoient pratiqué les plus illustres Romains au temps des discordes civiles. Espérons que le fruit de ses travaux sera donné un jour au public : ils offriront la logique d'une raison saine et les méditations d'un homme de bien.

On a eu généralement en France le mérite de sentir que les élémens d'une bonne logique sont dans l'étude des facultés humaines (1). Pour attester les succès obtenus dans cette

(1) En rappelant ici les services que les écrivains François ont rendus à cette branche des connoissances humaines, nous n'emprunterons point

carrière pendant les dernières années, il nous suffiroit peut-être de rappeler ici quelques circonstances honorables aux écrivains de notre nation ; des concours ouverts par les académies étrangères, et dans lesquels la palme a été décernée à des François ; d'autres concours établis par la classe de l'Institut à laquelle celle-ci a succédé, et qui, roulant sur des questions vraiment fondamentales, ont donné lieu à des solutions satisfaisantes.

L'école Françoise, au milieu de la diversité des doctrines, présente un caractère propre et distinctif ; c'est le prix éminent qu'elle attache au mérite de la clarté, et la préférence qu'elle donne aux méthodes d'analyse. Ce caractère a été fixé par Descartes ; il est, pour ainsi dire, l'essence de sa philosophie ; et il nous explique l'influence prodigieuse et trop peu connue que cette philosophie a exercée sur notre langue et sur notre littérature. Elle retiroit de ce principe de clarté, et de l'appel qu'elle avoit fait à la réflexion, l'avantage de renfermer en elle-même le germe de son propre perfectionnement : cherchant la source de la vérité dans le compte que la pensée se rend à elle-même, dans

la dénomination nouvelle que lui ont donnée plusieurs d'entre eux ; non que la classe puisse tenir aucun compte des efforts tentés par quelques esprits frivoles, toujours prêts à verser le ridicule sur les choses sérieuses, pour décréditer une science qu'ils ignorent, en jouant sur le nom qui la désigne : mais, en général, nous ne croyons point qu'on doive légèrement changer, dans les sciences, les dénominations reçues ; nous croyons qu'avant d'être adopté, un tel changement doit être justifié, et, en quelque sorte, nécessité par des découvertes fondamentales qui renouvellent la face de la science elle-même ; enfin nous pensons que le nom d'*idéologie* (on auroit dû dire plutôt *eidologie*) peut présenter une acception inexacte et même dangereuse, en paroissant réduire l'étude de l'esprit humain aux représentations qu'il se forme des objets, et consacrer ainsi une erreur trop généralement répandue.

la conscience intime de l'esprit, elle tenoit constamment
la raison en éveil, et l'invitoit à revoir, à corriger, à compléter ses premiers essais. Aussi l'esprit de Descartes, cet
esprit actif et investigateur, revit encore dans Condillac,
et s'y montre dans la critique même des opinions dogma-
tiques de son prédécesseur. Le disciple de Locke a été plus
Cartésien qu'il ne croyoit l'être. Les écrits de Condillac,
à leur tour, ont conduit ses successeurs à rectifier quelques
maximes trop vagues ou inexactes de sa doctrine. Telle
étoit, par exemple, cette maxime qui réduit toutes les
opérations de l'esprit à la sensation transformée ; maxime
qui a séduit son auteur par son apparente simplicité et
par sa forme absolue, mais qui, soumise à une analyse
sévère, a paru ne présenter aucun sens. Telle étoit encore sa
définition du jugement, qui, ne le faisant consister que dans
la simple comparaison ou dans une double attention, ne
s'applique effectivement qu'aux jugemens abstraits ou d'i-
dentité, et ne peut s'étendre aux jugemens de fait ou d'observation, les plus importans de tous. Telle est cette règle,
conséquence naturelle de la précédente, qui réduit la science
à n'être qu'une langue bien faite ; ce qui ne peut s'entendre
que de la partie rationnelle de chaque science. On a re-
dressé sa doctrine sur ces divers points ; on a montré qu'il
avoit été en opposition avec ses propres maximes, lorsqu'il avoit supposé que toutes les connoissances humaines
peuvent dériver d'un principe identique, que toutes les
classes de nos idées sont susceptibles de recevoir des signes
rigoureusement analogues, et qu'ainsi les vérités morales
et métaphysiques peuvent être soumises à l'empire des dé-
monstrations géométriques. On a montré que sa théorie

de la sensation étoit incomplète; qu'il avoit trop peu distingué la sensation proprement dite, de la perception qui seule donne un caractère intellectuel à l'impression sensible ; que, dans ces opérations délicates, il avoit en général trop peu tenu compte de ce qui appartient à l'activité propre de l'esprit humain. On a fait voir que la nomenclature des cinq sens, adoptée par Condillac d'après les anciens, est insuffisante; qu'il est un ordre de sensations importantes et très-variées auquel elle n'assigne aucune place; sensations qu'on peut appeler internes, et qui exercent en particulier une influence si active sur les passions : on a présenté des explications ou des hypothèses ingénieuses sur ces mystérieuses perceptions qui nous introduisent à la connoissance des objets extérieurs. La théorie de la réflexion, si heureusement commencée par Locke, trop négligée par Condillac, a été reprise avec succès; elle a prêté des vues fécondes à la philosophie morale; elle a fourni la solution du problème difficile auquel donnent lieu l'origine et la formation du langage; elle a fait découvrir la source de la prééminence intellectuelle de l'homme sur les animaux : elle seule a pu expliquer la véritable nature de la science humaine. Une judicieuse analyse a fixé les lois de l'attention, de l'imagination, des souvenirs. On a dévoilé les secrets ressorts du mécanisme des habitudes; une loi simple a rendu compte des effets contraires qu'il produit sur les impressions passives et sur les opérations actives de l'entendement, facilitant certains actes, et paroissant nous enchaîner dans quelques autres. L'art des méthodes, mettant à profit les brillans exemples que lui offrent aujourd'hui les sciences physiques et mathématiques, a été rappelé à des principes plus sages et plus sévères. Le calcul des probabilités et la théorie des vraisemblances ont acquis une nouvelle étendue. Enfin on a perfectionné la classification et la nomenclature des opérations de l'esprit humain, des facultés qui s'y appliquent, et des idées qui en sont le produit : on a établi l'ordre dans ce règne mystérieux qui compose le domaine de la pensée, et qui pour nous représente tout l'univers.

Nous avons vu que le caractère distinctif qu'a reçu dès l'origine la philosophie dans l'école Françoise, lui donne des rapports plus étroits avec la culture des lettres et avec les principes de la langue. La clarté ne dépend pas seulement de l'ordre des idées, elle dépend aussi du choix de l'expression : de là vient, sans doute, qu'une des applications de l'étude de l'esprit humain qui semble avoir été parmi nous plus particulièrement cultivée, est celle qui embrasse la grammaire générale et les principes du langage. Il est à remarquer que les premiers auteurs d'une véritable logique Françoise, les illustres écrivains de Port-royal, ont aussi donné les premiers une grammaire générale et raisonnée : à mesure qu'on a mieux saisi les rapports et les propriétés des notions de l'esprit, on a mieux démêlé aussi les fonctions des signes qui les représentent ; et réciproquement on a observé les caractères des idées dans les élémens du langage, comme on étudie un type dans son empreinte. La grammaire générale a fait depuis peu, au milieu de nous, des progrès sensibles ; et la France est peut-être le pays de l'Europe où cette science se trouve éclairée aujourd'hui par de plus nombreux et de plus utiles travaux.

Les expériences faites sur les sourds-muets de naissance, et les succès obtenus dans leur instruction , ont
beaucoup concouru à ces résultats; ils ont concouru aussi
à en répandre et à en faciliter la connoissance. Pendant
qu'ainsi la philosophie enseignoit à suppléer à l'organe de
l'ouïe par celui de la vue, elle enseignoit à faire passer
par l'ouïe et par le tact, dans l'éducation des aveugles,
les idées que le sens de la vue a coutume de fournir. A
ce recueil d'expériences ou d'applications nous joindrons
un phénomène singulier, qu'une curiosité frivole a trop
peu ou trop mal observé; l'essai tenté pour l'éducation d'un
enfant amené à Paris, dans un état d'abrutissement jusqu'alors sans exemple; éducation qui a exigé des méthodes
ingénieuses, suivies avec un art et une patience dignes
d'éloge. Nous tiendrons compte des remarques récentes
faites sur diverses nations sauvages, sur leurs mœurs, sur
leurs habitudes, leurs arts, leurs langages , par des voyageurs que guidoit un excellent esprit d'observation. Les
récits des deux voyages faits dans le nord de l'Amérique et
aux Terres australes, ne seront pas moins utiles à l'histoire
de l'espèce humaine qu'au progrès des sciences naturelles
et de la physique.

La physiologie et l'anatomie elles-mêmes ont offert
des secours empressés à l'étude de l'homme. Nous avoue-
rons que ces secours ne nous ont pas toujours paru aussi
désintéressés qu'ils auroient pu l'être ; la philosophie a pu
se plaindre que la médecine vouloit lui faire acheter cette
alliance par des concessions injustes : on a reproché à
cette dernière de vouloir concentrer le siége de toutes
nos facultés morales dans les organes qui n'en sont que

les instrumens ou l'enveloppe. Le scalpel et le microscope ne peuvent atteindre qu'une portion de nous-mêmes ; il en est une autre, et la plus noble, qui leur échappe, mais qui se découvre à cet œil intérieur de la réflexion, dont les observations, pour être plus délicates, ne sont pas moins réelles. La physiologie, qui ne peut expliquer la vie physique elle-même, expliqueroit-elle le sentiment et la pensée ? Cette science cependant s'est montrée quelquefois plus généreuse et plus juste ; et, du moins dans le cercle qui appartient à ses attributions légitimes, elle a souvent éclairé, soit le jeu de ces instrumens déliés qui tour-à-tour excitent ou servent les mouvemens de l'esprit et de la volonté, soit les caractères des phénomènes accidentels qui se produisent dans certains désordres organiques, dans le délire et dans les songes.

Peut-être les hommes qui cultivent les sciences médicales, reconnoîtront-ils que l'étude de la marche des passions et des opérations de l'esprit ne leur a pas été moins utile à son tour. Peut-être la philosophie de Condillac, qui a reçu un si illustre témoignage de la bouche de Lavoisier, sur les vues qu'elle lui a prêtées pour la réforme de la nomenclature chimique, aura-t-elle aussi une part dans les succès obtenus par le perfectionnement de la nosologie médicale.

Un de nos géomètres les plus distingués a donné une preuve non moins éclatante des avantages que les élémens de la mécanique peuvent retirer des notions d'une saine métaphysique.

La métaphysique est de toutes les sciences la seule qui ait éprouvé cette destinée singulière, de voir élever des doutes sur la réalité même de son existence. Elle a porté aussi la peine des excessives prétentions qu'elle affecta trop long-temps, et des fausses méthodes auxquelles elle s'étoit abandonnée : ajoutons aussi que des esprits légers et super-ficiels ont trouvé plus facile de la rayer du tableau des connoissances que d'en approfondir l'étude. Sans doute c'étoit une entreprise téméraire que de prétendre, par les seules forces de la spéculation abstraite, dévoiler l'essence intime des êtres et fixer les lois universelles de la nature ; et les droits que la métaphysique s'étoit attribués pour ré-véler de tels mystères, ont dû s'évanouir devant le tribunal de la philosophie de Bacon. Mais, s'il reste dans chaque science une partie rationnelle, plus ou moins étendue, qu'on peut appeler la métaphysique de cette science, pour-quoi les sciences réunies n'auroient-elles pas aussi une commune métaphysique, qui, dans les plus hauts degrés de l'abstraction, éclaireroit les rapports les plus généraux comme les propriétés les plus générales, qui remonteroit aux premières causes dans le système de l'univers ? et si une telle science adopte la marche prudente qui, dans les autres, conduit aux vérités rationnelles par des expériences comparées, pourquoi ses résultats ne jouiroient-ils pas de la même solidité? Ainsi la métaphysique aura le droit d'étu-dier les propriétés ou les rapports qui constituent les notions de la causalité, de la nécessité, de l'existence, de la durée, de l'espace, de l'étendue, du mouvement, &c. Ainsi elle observera, dans ses déterminations, la volonté humaine, cet agent moral dans son principe, indéfiniment varié dans ses effets ; elle aura le droit d'y reconnoître ce caractère de spontanéité qu'atteste la conscience intime,

et

et qui, rendant la volonté de l'homme indépendante des
agens mécaniques, en fait une cause proprement dite, la
seule même qui nous soit, comme cause réelle, immédiatement connue. Ainsi elle observera, dans ses opérations,
ce principe actif de l'intelligence, qui, toujours identique à
lui-même, dans des temps divers comme dans des perceptions distinctes, se rend à lui-même témoignage de son
unité, et seul nous fournit même le type immédiat de l'u-
nité véritable ; et voyant ainsi converger dans un seul foyer
tous les rayons de la lumière qui éclaire l'entendement,
elle apprendra à établir une distinction essentielle entre le
principe pensant et les organes matériels, qui ne lui appor-
tent que des impressions isolées, et qui eux-mêmes exercent
leur action sur des points divers. Replaçant de la sorte le
principe pensant au nombre des élémens de la nature, pour-
quoi ne lui permettroit-elle pas de survivre, comme des
élémens moins nobles sans doute, à la décomposition du
mécanisme dont il étoit le centre, sur-tout lorsque l'autorité
bienfaisante de la morale vient montrer à l'homme, dans
sa passagère existence, le germe d'un autre avenir ? Ainsi
enfin, développant dans leur étendue la plus générale les
principes à l'aide desquels la science humaine descend des
causes aux effets, remonte des effets aux causes, et détermine par les conditions des unes les caractères des autres, elle
suivra sur le grand théâtre de la nature les traces de la suprême intelligence, de l'éternelle bonté : portée sur l'échelle
des phénomènes jusqu'au sommet du système des êtres, elle
saisira l'harmonie des lois qui le régissent ; elle contem-
plera avec le grand Bacon, dans l'ordre constant de l'univers, la grande et sublime chaîne qui le rattache à son auteur.

Littérature ancienne.   K k

Telle est la sphère légitime de la métaphysique ; telles en sont les limites. Si quelques auteurs ont prétendu l'exclure de la sphère qui lui fut assignée, et lui interdire le droit de tirer quelques vérités importantes de l'interprétation de la nature, on en a vu d'autres, même de nos jours, méconnoître les limites auxquelles la raison lui prescrit de s'arrêter. Pendant que les premiers restreignoient l'empire de la raison au domaine des sens extérieurs, et se fondoient sur une fausse application de la maxime qui place dans les impressions sensibles la première occasion de nos connoissances, les seconds reproduisoient des systèmes analogues à ceux qui égarèrent autrefois l'école d'Élée, celle d'Alexandrie, et les scolastiques dans le moyen âge : ils annonçoient la découverte d'un principe unique comme servant de nœud à tout le système des sciences ; ils recouroient à des théories mystiques pour expliquer les lois naturelles qui régissent le monde physique, ou pour rendre raison de la constitution de la société. Dans leurs hypothèses ambitieuses, ils prétendoient juger ce qui est par ce qui leur sembloit devoir être, ne s'apercevant pas qu'ils prenoient les habitudes factices de leur esprit pour la nécessité des choses ; ils essayoient de rendre aux systèmes abstraits la préférence sur les méthodes d'observation : manière de procéder dont le moindre inconvénient est d'être essentiellement obscure, et de laisser, au sein des ténèbres qu'elle enfante, une fatale liberté aux conceptions les plus arbitraires. Un style qui ne manque ni d'élévation ni de force, des vues quelquefois profondes, et des intentions louables, donnent lieu de regretter que plusieurs d'entre eux n'aient pas adopté une plus sage méthode. Mais nous comptons aussi des métaphysiciens qui savent se garantir et de la timidité excessive des uns et de la hardiesse téméraire des autres ; nous les avons vus déterminer avec justesse et netteté les notions les plus abstraites, et prêter un nouvel éclat aux vérités rationnelles, en les réduisant à n'être que les résumés les plus généraux de l'expérience.

La portion spéculative de la philosophie morale n'a pas produit en France, dans ces derniers temps, une aussi grande étendue de travaux qu'on auroit cru devoir l'attendre. Mais les mêmes circonstances qui offroient un si vaste et souvent un si triste tableau à l'observation des moralistes, touchèrent de trop près aux intérêts individuels pour permettre une étude impartiale et libre : peu d'hommes étoient placés dans une situation qui leur laissât la faculté de n'en être que les spectateurs ; et quel spectateur même eût été calme, s'il étoit sensible ?

Lorsqu'ensuite un génie bienfaisant, en réparant nos malheurs, a réparé aussi les plus cruels de tous, en restaurant les mœurs publiques et les institutions qui les protégent, un sentiment unanime, un besoin général, a ramené tous les cœurs au sentiment des devoirs, et les esprits aux maximes qui peuvent leur donner plus d'empire. Les moralistes ne pouvoient faire de leurs travaux un plus noble emploi que de seconder cet heureux retour. Un homme célèbre, qui occupa parmi nous les premières fonctions du ministère, qui, à la première époque de sa retraite, développa l'importance des idées religieuses, a lui-même consacré les dernières années de sa vie à les montrer dans leur alliance avec les lois de nos devoirs. La réforme opérée dans la législation du divorce, en remplissant le vœu des bonnes mœurs, a fait éclore plusieurs écrits recommandables sur le caractère moral du premier lien de la société. La voix de la morale et de la nature a réclamé avec le même succès les droits et les devoirs de l'autorité paternelle. Un concours ouvert par la classe des sciences morales de l'Institut, en appelant une discussion approfondie sur les maximes de l'auteur d'Émile, a fait poser de sages limites entre l'emploi et l'abus du ressort de l'émulation dans l'éducation de la jeunesse.

S'il suffisoit à la morale que la nomenclature de ses préceptes fût exposée avec clarté, avec méthode ; si, ayant à lutter contre le torrent des passions et les obstacles que les événemens lui opposent, elle n'avoit besoin de s'aider, en s'adressant aux hommes, de toute la chaleur du sentiment, de cet enthousiasme juste et légitime, et, comme disoit Platon, de ces *amours admirables* qu'excite la vertu dans les cœurs honnêtes, le Catéchisme universel de Saint-Lambert auroit pu remplir son objet : mais on se demande quel peut être l'usage d'un traité qui sembloit destiné à devenir un manuel ; on est surpris que le chantre des saisons, après avoir, dans ses élégans tableaux, animé toute la nature matérielle, ait pu priver ensuite, dans cet ouvrage, la nature morale de son esprit de vie et de fécondité. Une erreur philosophique en est la cause : il n'a considéré la morale que comme une prudente économie, si l'on peut dire ainsi, dans le cours de la vie ; il a cru qu'il suffisoit de lui prêter un flambeau sans lui donner aucun moteur ; il n'a voulu accorder pour principe à l'amour du devoir que cet intérêt sensible qui peut bien en faciliter quelquefois la pratique aux ames foibles, mais que les ames généreuses apprennent de la vertu même plutôt à immoler qu'à satisfaire ; et cette doctrine, qui glaceroit, dans la pratique, le cœur de l'homme dont elle seroit le seul aliment, a répandu la même influence sur les méditations et sur la théorie de cet auteur.

Marmontel, en traitant le même sujet, et quoique se renfermant dans un cadre plus étroit, n'est pas tombé dans la même faute : il fait chérir la vertu en la faisant connoître. Il n'entroit pas dans son dessein d'étudier la marche des passions humaines ; c'étoit un père qui enseignoit à ses enfans à être bons : il a du moins emprunté par-là un des plus beaux caractères du ministère des moralistes parmi les hommes.

Marmontel, dans ses œuvres posthumes, a laissé aussi un Traité de logique et un Traité de métaphysique : il n'y faut pas chercher non plus des vues neuves et profondes ; mais ces écrits renferment un choix fait avec discernement et sagesse dans les travaux des philosophes de tous les temps. C'est un recueil de vérités utiles, présentées avec simplicité, avec netteté et méthode.

On peut remarquer que plusieurs des hommes de lettres distingués qui ont terminé leur carrière pendant l'intervalle qui nous occupe, en ont consacré les dernières années et les derniers efforts aux travaux philosophiques. Peut-être l'âge et les événemens les avoient-ils ramenés plus fortement aux idées sérieuses ; peut-être aussi avoient-ils jugé que l'époque à laquelle nous sommes arrivés, ouvroit à ceux qui embrassent ce genre d'étude de nouvelles perspectives. Le malheur des temps a dû réveiller avec force le sentiment et le besoin de la morale : les travaux d'un grand nombre de siècles sont accumulés devant nous ; et si l'exemple de tant de systèmes rapidement élevés et détruits nous indique les fautes à éviter, la possession des vérités acquises nous encourage à les étendre. Les tentatives du scepticisme ont été poussées si loin, qu'elles ont en quelque sorte épuisé ses forces, et que tout ce qui sera conquis sur lui sera désormais hors d'atteinte : les hommes qui cultivent les études philosophiques sont plus disposés à s'entendre ; et la diversité des opinions ne produit plus au même degré l'esprit de secte. Enfin, s'il reste encore beaucoup de problèmes à résoudre, les problèmes fondamentaux sont au moins définis avec plus de précision que jamais. Ceux qui les méditeront profondément, y trouveront de puissans secours pour avancer dans la carrière ; ils marcheront d'autant plus directement au but, qu'ils porteront dans cette étude des intentions plus pures, et que le zèle pour les intérêts sacrés de la vertu s'associera plus profondément dans leur ame à l'amour de la vérité : ils avanceront aussi avec d'autant plus de certitude, qu'ils seront mieux préparés par les recherches historiques et par l'étude de l'antiquité ; introduction indispensable pour les travaux philosophiques. Les écrits des anciens contiennent une foule de germes épars, mais précieux, et susceptibles d'être fécondés : les rapprochemens de leurs préceptes étendent les idées ; l'esprit s'élève, à la vue de ces grands modèles. C'est à la philosophie qu'il appartient d'expliquer l'érudition, comme l'érudition explique les monumens ; mais, ainsi traduites, les matières de l'érudition deviennent à leur tour autant de pensées fécondes. Une érudition solide et bien choisie nourrit les méditations de la pensée.

Nous ne saurions donc recommander trop fortement la réunion de ces deux genres d'étude : elle offre encore de nombreuses palmes à cueillir, d'autant plus honorables, qu'attachées à un but utile et noble, elles exigent de longs efforts et de difficiles épreuves. Cultivée dans cet esprit, la philosophie exercera une influence favorable sur les progrès des connoissances humaines, et se montrera toujours digne de la place qui lui fut assignée dans l'arbre généalogique de Bacon. L'alliance qu'elle entretiendra avec les lettres, maintiendra celles-ci dans toute leur dignité. Ses maximes seconderont les intérêts de la morale publique, et prêteront, dans l'opinion des hommes, un nouvel appui aux institutions qui les garantissent. Ses leçons seront particulièrement méditées par les hommes qui se livrent aux honorables fonctions de l'enseignement, ou auxquels est confié le ministère sacré de former le cœur de la jeunesse à la vertu : ils puiseront à l'école de la sagesse, et les lumières qui doivent diriger leurs pas, et les nobles sentimens qui doivent nourrir leur zèle. Nous terminerons par un vœu que cette conviction nous inspire : l'érection de quelques chaires de philosophie en France, et particulièrement dans les établissemens destinés à former des instituteurs, nous paroît non-seulement utile, mais nécessaire pour compléter le système des études. Ce fut sous le règne d'Auguste que les écoles de philosophie, fermées pendant les désordres du triumvirat, furent rouvertes, et avec un éclat nouveau, à Rome et dans tout l'Empire.

FIN.

IMPRIMÉ

Par les soins de J. J. MARCEL, Directeur de l'Imprimerie impériale, Membre de la Légion d'honneur.

For EU product safety concerns, contact us at Calle de José Abascal, 56–1°, 28003 Madrid, Spain or eugpsr@cambridge.org.

www.ingramcontent.com/pod-product-compliance
Ingram Content Group UK Ltd.
Pitfield, Milton Keynes, MK11 3LW, UK
UKHW030900150625
459647UK00021B/2714